图灵数学 · 统计学丛书

Core Statistics

统计学核心方法及其应用

[英] 西蒙 · N. 伍德 著
（Simon N. Wood）
石丽伟 译

人民邮电出版社
北京

图书在版编目(CIP)数据

统计学核心方法及其应用/ (英)西蒙 · N. 伍德
(Simon N. Wood)著；石丽伟译. —北京：人民邮电出版社, 2018.12（2022.7重印）
(图灵数学 · 统计学丛书)
ISBN 978-7-115-49746-8

Ⅰ. ①统··· Ⅱ. ①西··· ②石··· Ⅲ. ①统计学 Ⅳ. ①C8

中国版本图书馆 CIP 数据核字（2018）第 238572 号

内 容 提 要

本书主要介绍了统计模型及统计推断中的问题，并引入极大似然法和贝叶斯方法来解答这些问题；概述 R 语言；简括极大似然估计的大样本理论，然后讨论应用该理论所涉及的数值方法；讲述贝叶斯计算所需的数值方法——马尔可夫链蒙特卡罗方法；介绍线性模型的理论及其应用.

本书适合具有数理知识基础、想要了解统计学核心方法和应用的读者阅读.

◆ 著 [英] 西蒙 · N. 伍德
◆ 译 石丽伟
责任编辑 张海艳
责任印制 周昇亮
◆ 人民邮电出版社出版发行 北京市丰台区成寿寺路 11 号
邮编 100164 电子邮件 315@ptpress.com.cn
网址 http://www.ptpress.com.cn
北京九州迅驰传媒文化有限公司印刷
◆ 开本：700×1000 1/16
印张：13.5 2018 年 12 月第 1 版
字数：273 千字 2022 年 7 月北京第 6 次印刷
著作权合同登记号 图字：01-2017-0673 号

定价：69.00 元

读者服务热线：(010)84084456-6009 印装质量热线：(010) 81055316

反盗版热线：(010)81055315

广告经营许可证：京东市监广登字 20170147 号

前　　言

本书主要面向具有数理知识的读者，他们学习过统计学和概率论的入门课程，并且想简要了解统计学中的核心方法及其应用. 这些方法并非完全建立在标准模型的基础上. 第 1 章简要介绍了本书所需的基本概率理论. 第 2 章讨论了统计模型及统计推断中的问题，并引入极大似然法和贝叶斯方法来解答这些问题. 第 3 章概述了 R 语言. 第 4 章简单概括了极大似然估计的大样本理论，第 5 章讨论了应用该理论所涉及的数值方法. 第 6 章涵盖了贝叶斯计算所需的数值方法，主要是马尔可夫链蒙特卡罗方法. 第 7 章简单介绍了线性模型的理论及其应用. 附录内容包括常用分布、矩阵计算和随机数生成等有用的信息. 本书既非百科全书，也非操作手册，书后的参考文献并不宽泛，其目的是为读者进一步学习提供最为有用的资源. 本书的目标是简要涵盖理解和运用参数统计方法所需的核心知识，为数据分析构建新的方法. 现代统计学是介于计算和理论之间的一门学科，本书体现了这一点.

感谢 Nicole Augustin、Finn Lindgren、剑桥大学出版社的编辑、巴斯大学“应用统计推断”课程的同学以及统计学博士培训学会“统计计算”课程的同学提出的宝贵意见和建议.

目　录

第 1 章　随机变量

1.1　随机变量概述

统计学的本质是从具有不可预测性的数据中提取信息，**随机变量**则是为这种可变性建立模型的数学工具. 在每一次观测中，随机变量随机取不同的值. 我们无法提前预测随机变量的精确取值，但是可以对可能的取值做出概率性的刻画. 也就是说，我们可以描述随机变量的取值的**分布**. 本章简要回顾应用随机变量时所涉及的专业知识，以及一些常用的结果. 详细论述见参考文献 [8]、[19].

1.2　累积分布函数

随机变量（r.v.）X 的累积分布函数（c.d.f.）是满足下式的函数 $F(x)$：

$$F(x) = \Pr(X \leqslant x).$$

即，$F(x)$ 给出了 X 的取值小于或等于 x 的概率. 显然，$F(-\infty)=0$，$F(\infty)=1$，并且 $F(x)$ 是单调函数. 该定义的一个有用的结论是，如果 F 是连续函数，那么 $F(X)$ 在 [0, 1] 上呈均匀分布：它取 0 和 1 之间任意值的概率是相等的. 这是因为

$$\Pr(X \leqslant x) = \Pr\{F(X) \leqslant F(x)\} = F(x) \Rightarrow \Pr\{F(X) \leqslant u\} = u.$$

（如果 F 是连续函数），那么后者是 [0, 1] 上的均匀随机变量的累积分布函数.

定义累积分布函数的反函数为 $F^-(u) = \min(x|F(x) \geqslant u)$. 当 F 为连续函数时，F^- 正是 F 在一般意义下的反函数. F^- 通常叫作 X 的**分位函数**. 如果 U 在 [0, 1] 上呈均匀分布，那么 $F^-(U)$ 的分布就是 X 的累积分布函数 F. 对于可计算的 F^-，在给定均匀随机偏差的产生方式的前提下，上述定义给出了任意分布下的随机变量的生成方法.

令 p 为 0 和 1 之间的一个数. X 的 p **分位数**是一个数值，X 小于或等于该值的概率是 p，即 $F^-(p)$. 分位数有广泛的应用，其中一个应用是验证 $x_1, x_2, \cdots, x_n$ 是否是累积分布函数为 F 的随机变量的观测值. 将 x_i 按顺序排列，把它们作为“观测分位数”. 这些点和理论上的分位点 $F^-\{(i-0.5)/n\}(i=1,\cdots,n)$ 共同绘制的图叫作**分位数–分位数图**（QQ 图）. 如果观测值来自于累积分布函数为 F 的分布，那么得到的 QQ 图应该接近直线.

1.3 概率函数与概率密度函数

在很多统计学方法中，描述随机变量取某个特定值的概率的函数比累积分布函数更有用. 为了探讨这类函数，首先需要区分取离散值（例如非负整数）的随机变量和取值为实数轴上的区间的随机变量.

对于离散型随机变量 X，**概率函数**（又叫**概率质量函数**）$f(x)$ 是满足下式的函数:

$$f(x) = \Pr(X = x).$$

显然，$0 \leqslant f(x) \leqslant 1$，并且因为 X 的取值一定存在，所以对 x 的所有可能取值（记为 x_i）求和可得 $\sum_i f(x_i) = 1$.

对于连续型随机变量 X，因为它所有可能的取值有无限个，所以取任意特定值的概率一般是 0，因此，概率函数对连续型随机变量不适用. 取而代之的是**概率密度函数**$f(x)$，它给出了 X 在 x 附近的单位区间内取值的概率，即 $\Pr(x - \Delta/2 < X < x + \Delta/2) \simeq f(x)\Delta$. 更加正式的定义是，对任意常数 $a \leqslant b$，

$$\Pr(a \leqslant X \leqslant b) = \int_a^b f(x)\mathrm{d}x.$$

显然，$f(x)$ 必须满足 $f(x) \geqslant 0$ 且 $\int_{-\infty}^{\infty} f(x)\mathrm{d}x = 1$. 注意，$\int_{-\infty}^{b} f(x)\mathrm{d}x = F(b)$，因此如果 F' 存在，那么 $F'(x) = f(x)$. 附录 A 给出了一些常用的标准分布的概率函数或概率密度函数.

除特别注明外，后续几节主要考虑连续型随机变量，用适当的求和代替积分，可以得到等价的对离散型随机变量适用的结果. 为了简洁起见，约定当自变量不同时，概率密度函数不同（例如，$f(y)$ 和$f(x)$ 表示不同的概率密度函数）.

1.4 随机向量

从单次观测中很难得到有用的信息. 有效的统计分析需要多重观测和同时处理多元随机变量的能力. 因此，我们需要概率密度函数的多元形式. 二维的情形能够充分阐释所需的概念，因此考虑随机变量 X 和 Y.

设 Ω 是 $x-y$ 平面上的任意区域，X 和 Y 的**联合概率密度函数**$f(x, y)$ 是满足下式的函数:

$$\Pr\{(X, Y) \in \Omega\} = \iint_\Omega f(x, y)\mathrm{d}x\mathrm{d}y. \tag{1.1}$$

因此，$f(x,y)$ 在 x, y 的取值是 $x - y$ 平面上**单位面积**的概率. 设 ω 是包含点 x, y 的面积为 α 的小区域，那么 $\Pr\{(X, Y) \in \omega\} \simeq f_{xy}(x, y)\,\alpha$. 同单变量的概率密度函数一样，$f(x, y)$ 是非负的，并且在 $\mathbb{R}^2$ 上的积分值为 1.

例 图 1-1 给出了下式中的联合概率密度函数的图像.

$$f(x,y)=\begin{cases} x+3y^2/2, & 0<x<1, 0<y<1, \\ 0, & \text{其他}. \end{cases} \tag{1.2}$$

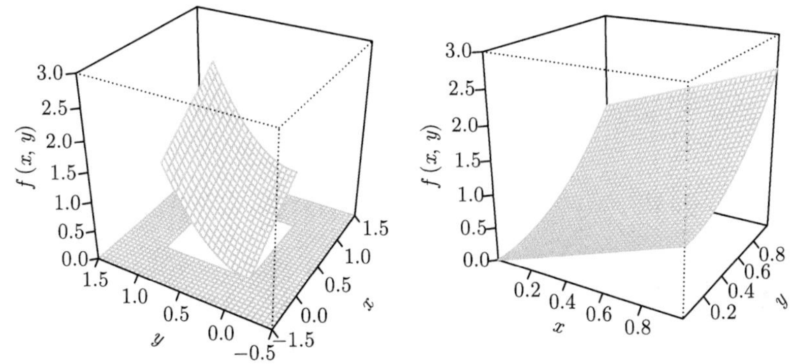

图 1-1 式 (1.2) 的联合概率密度函数. 左图: $[-0.5, 1.5] \times [-0.5, 1.5]$ 上的概率密度函数. 右图: 概率密度函数的非 0 部分

该概率密度函数下的两个概率值的估计如图 1-2 所示.

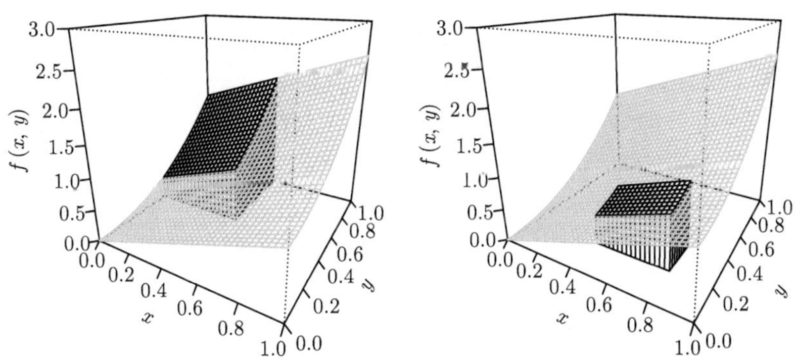

图 1-2 灰色部分表示用式 (1.2) 的联合概率密度函数估计概率值. 左图: 黑色部分的体积用于计算 $\Pr[X<0.5, Y>0.5]$. 右图: $\Pr[0.4<X<0.8, 0.2<Y<0.4]$

1.4.1 边缘分布

继续沿用 X 和 Y 的例子, 忽略其中一个变量, X 或 Y 的概率密度函数可以通过 $f(x,y)$ 来计算. 在给定 $-\infty<Y<\infty$ 的条件下, X 的概率密度就是 X 的**边缘概率密度函数**. 由概率密度函数的定义显然可以得到

$$f(x)=\int_{-\infty}^{\infty} f(x,y)\mathrm{d}y,$$

$f(y)$ 的定义同理.

1.4.2　条件分布

假设已知 Y 取定值 y_0，那么关于 X 的分布，我们有什么结论? 因为 X 和 Y 的联合概率密度函数是 $f(x,y)$，所以在给定 $Y=y_0$ 的条件下，我们预计 x 的密度与 $f(x,y_0)$ 成正比，即

$$f(x|Y=y_0)=kf(x,y_0),$$

其中 k 是常数. 如果 $f(x|y)$ 是一个概率密度函数，那么它一定能够取到积分值 1. 因此

$$k\int_{-\infty}^{\infty} f(x,y_0)\mathrm{d}x=1\Rightarrow kf(y_0)=1\Rightarrow k=\frac{1}{f(y_0)},$$

其中 $f(y_0)$ 表示 y 取 y_0 时的边缘密度. 因此我们有:

定义　如果 X 和 Y 的联合概率密度函数是 $f(x,y)$，那么在 $Y=y_0$ 的条件下，X 的**条件密度**是

$$f(x|Y=y_0)=\frac{f(x,y_0)}{f(y_0)},\tag{1.3}$$

假设 $f(y_0)>0$.

注意，当 Y 取定值 y_0 时，这是随机变量 X 的概率密度函数. 在意义明确的前提下，为了简洁起见, 可以用 $f(x|y_0)$ 代替 $f(x|Y=y_0)$. 显然，在给定 X 时，Y 的条件分布有类似的定义：$f(y\,|\,x_0)=f(x_0,y)\,/\,f(x_0)$. 联合概率密度函数和条件概率密度函数之间的关系如图 1-3 所示.

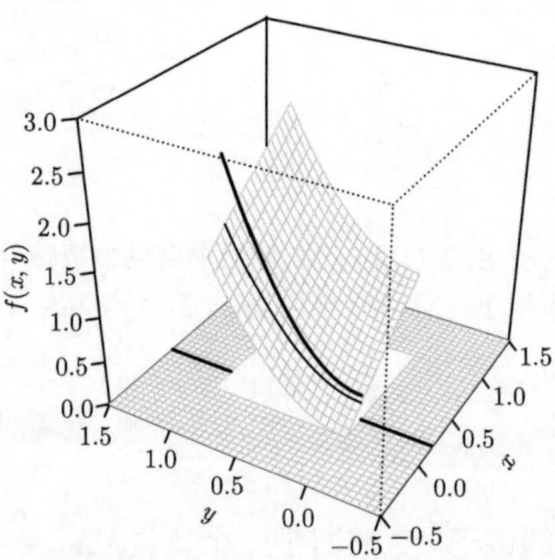

图 1-3　条件概率密度函数 $f(y|0.2)$. 灰色面表示联合概率密度函数 $f(x,y)$, 黑色细线表示 $f(0.2,y)$, 黑色粗线表示 $f(y|0.2)=f(0.2,y)\,/\,f_x(0.2)$

在统计学中，常常利用 $f(x,y)=f(x|y)\,f(y)$ 将联合概率密度替换为条件概率密度，但当维数超过 2 时，结论不能直接推广. 以下是 3 个较为常用的例子.

(1) $f(x,z|y)=f(x|z,y)\,f(z|y)$.

(2) $f(x,z,y)=f(x|z,y)\,f(z|y)\,f(y)$.

(3) $f(x,z,y)=f(x|z,y)\,f(z,y)$.

1.4.3 贝叶斯定理

从上一小节可知

$$f(x,y)=f(x|y)\,f(y)=f(y|x)\,f(x)\,.$$

重组上式的后两项可以得到

$$f(x|y)=\frac{f(y|x)\,f(x)}{f(y)}.$$

这个重要的结论叫作**贝叶斯定理**，在该定理的基础上形成了一个完整的统计学模型体系，见第 2 章和第 6 章.

1.4.4 独立性和条件独立性

对于随机变量 X 和 Y，如果 $f(x|y)$ 的取值不依赖于 y 的取值，那么在统计意义上 x **独立于** y. 由此可以推导出

$$\begin{aligned}f(x)&=\int_{-\infty}^{\infty}f(x,y)\,\mathrm{d}y=\int_{-\infty}^{\infty}f(x\,|\,y)\,f(y)\,\mathrm{d}y\\&=f(x\,|\,y)\int_{-\infty}^{\infty}f(y)\,\mathrm{d}y=f(x\,|\,y)\,,\end{aligned}$$

反过来可以得到 $f(x,y)=f(x\,|\,y)\,f(y)=f(x)f(y)$. 显然反之结论也成立，因为由 $f(x,y)=f(x)f(y)$ 可以得到 $f(x\,|\,y)=f(x,y)\,/\,f(y)=f(x)f(y)\,/\,f(y)=f(x)$. 一般来说：

当且仅当联合概率（密度）函数等于边缘概率（密度）函数的乘积，即 $f(x,y)=f(x)f(y)$ 时，随机变量 X 和 Y 相互独立.

在建模时假设随机向量的元素相互独立通常能够简化统计推断. 与之相比，假设元素**独立同分布**更加简便，但是适用性较差.

在很多实际应用中，建模时无法将一组观测值看作独立的，但是可以将其看作**条件独立**的. 大量的现代统计学研究致力于利用各种各样的条件独立性为非独立数据建立有用的模型，从而实现其计算的可行性.

考虑一个随机变量序列 $X_1,X_2,\cdots,X_n$，并且令 $\boldsymbol{X}_{-i}=(X_1,\cdots,X_{i-1},X_{i+1},\cdots,X_n)^{\mathrm{T}}$. 条件独立性的一种简单形态是一阶马尔可夫性，

$$f(x_i|\boldsymbol{x}_{-i})=f(x_i|x_{i-1})\,.$$

也就是说，X_{i-1} 完全决定了 X_i 的分布，因此，**给定** X_{i-1}，X_i 是独立于序列的其余变量的. 由此可得

$$\begin{aligned} f(\boldsymbol{x}) &= f\left(x_n|\boldsymbol{x}_{-n}\right) f\left(\boldsymbol{x}_{-n}\right) = f\left(x_n|x_{n-1}\right) f\left(\boldsymbol{x}_{-n}\right) \\ &= \cdots = \prod_{i=2}^{n} f\left(x_i|x_{i-1}\right) f\left(x_1\right), \end{aligned}$$

利用此公式常常可以极大地减少计算量.

1.5　均值和方差

尽管了解如何全面刻画随机变量的分布有其重要性，但是在很多情况下只需要了解其一阶或二阶性质就足够了. 概率密度函数为 $f(x)$ 的随机变量 X 的**均值**或**期望值**的定义是

$$E(X) = \int_{-\infty}^{\infty} x f(x) \mathrm{d}x.$$

因为上述积分对 x 的所有可能的取值按其发生的相对频率进行加权，所以我们可以将 $E(X)$ 理解为由 X 的观测值构成的一个无限序列的均值.

期望的定义对 X 的任意函数 g 都适用：

$$E\{g(X)\} = \int_{-\infty}^{\infty} g(x) f(x) \mathrm{d}x.$$

定义 $\mu = E(X)$，那么最为有用的一个函数是 $(X-\mu)^2$，这个函数用来计算 X 和它的均值之间的平方差，由此可以给出 X 的**方差**的定义：

$$\mathrm{var}(X) = E\left\{(X-\mu)^2\right\}.$$

X 的方差可以衡量 X 分布的分散程度. 虽然方差便于计算，但是由于它的单位是 X 的单位的平方，这使得它的解释性稍差. **标准差**是方差的平方根，因此标准差和 X 的数量级相同.

线性变换的均值和方差

由期望的定义随即可以得到：如果 a 和 b 是有限的实常数，那么 $E(a+bX) = a + bE(X)$. $a+bX$ 的方差需要稍多一点的推导：

$$\begin{aligned} \mathrm{var}(a+bX) &= E\left\{(a+bX-a-b\mu)^2\right\} \\ &= E\left\{b^2(X-\mu)^2\right\} = b^2 E\left\{(X-\mu)^2\right\} = b^2 \mathrm{var}(X). \end{aligned}$$

如果 X 和 Y 是随机变量，那么 $E(X+Y)=E(X)+E(Y)$. 为了得到此式，假设它们的联合概率密度是 $f(x,y)$，那么

$$\begin{aligned}E(X+Y)&=\int(x+y)f(x,y)\mathrm{d}x\mathrm{d}y\\&=\int xf(x,y)\mathrm{d}x\mathrm{d}y+\int yf(x,y)\mathrm{d}x\mathrm{d}y=E(X)+E(Y).\end{aligned}$$

这个结果对 X 和 Y 的分布没有做任何假设. 如果假设 X 和 Y 相互独立，那么由以下的推导可以得到 $E(XY)=E(X)E(Y)$:

$$\begin{aligned}E(XY)&=\int xyf(x,y)\mathrm{d}x\mathrm{d}y\\&=\int xf(x)yf(y)\mathrm{d}x\mathrm{d}y\quad\text{（根据独立性）}\\&=\int xf(x)\mathrm{d}x\int yf(y)\mathrm{d}y=E(X)E(Y).\end{aligned}$$

注意，只有当 X 和 Y 的联合分布为高斯分布时，上式反之才成立.

方差不像均值一样具有良好的可加性（除非 X 和 Y 相互独立），因此我们需要**协方差**的概念:

$$\mathrm{cov}(X,Y)=E\left\{(X-\mu_x)(Y-\mu_y)\right\}=E(XY)-E(X)E(Y),$$

其中，$\mu_x=E(X),\mu_y=E(Y)$. 显然 $\mathrm{var}(X)\equiv\mathrm{cov}(X,X)$，并且如果 X 和 Y 相互独立，那么 $\mathrm{cov}(X,Y)=0$（因为由独立性可得 $E(XY)=E(X)E(Y)$）.

现令 $\boldsymbol{A}$ 和 $\boldsymbol{b}$ 分别表示有相同行数并且元素为有限定值的一个矩阵和一个向量，并令 $\boldsymbol{X}$ 表示一个随机向量. 那么 $E(\boldsymbol{X})=\boldsymbol{\mu}_x=\{E(X_1),\ E(X_2),\ \cdots,\ E(X_n)\}^{\mathrm{T}}$，并且随即有 $E(\boldsymbol{AX}+\boldsymbol{b})=\boldsymbol{A}E(\boldsymbol{X})+\boldsymbol{b}$. 对 $\boldsymbol{X}$ 的二阶性质进行一个有效的总结需要综合考虑它的元素的方差和协方差. 这些可以写成（对称的）方差–协方差矩阵 $\boldsymbol{\Sigma}$，其中 $\Sigma_{ij}=\mathrm{cov}(X_i,X_j)$，这意味着

$$\boldsymbol{\Sigma}=E\left\{(\boldsymbol{X}-\boldsymbol{\mu}_x)(\boldsymbol{X}-\boldsymbol{\mu}_x)^{\mathrm{T}}\right\}. \tag{1.4}$$

一个非常有用的结果是

$$\boldsymbol{\Sigma}_{AX+b}=\boldsymbol{A\Sigma A}^{\mathrm{T}}, \tag{1.5}$$

这个结果可简单证明如下:

$$\begin{aligned}\boldsymbol{\Sigma}_{AX+b}&=E\left\{(\boldsymbol{AX}+\boldsymbol{b}-\boldsymbol{A\mu}_x-\boldsymbol{b})(\boldsymbol{AX}+\boldsymbol{b}-\boldsymbol{A\mu}_x-\boldsymbol{b})^{\mathrm{T}}\right\}\\&=E\left\{(\boldsymbol{AX}-\boldsymbol{A\mu}_x)(\boldsymbol{AX}-\boldsymbol{A\mu}_x)^{\mathrm{T}}\right\}\end{aligned}$$

$$= \boldsymbol{A} E\left\{(\boldsymbol{X}-\boldsymbol{\mu}_x)(\boldsymbol{X}-\boldsymbol{\mu}_x)^{\mathrm{T}}\right\}\boldsymbol{A}^{\mathrm{T}} = \boldsymbol{A}\boldsymbol{\Sigma}\boldsymbol{A}^{\mathrm{T}}.$$

因此，如果 $\boldsymbol{a}$ 是元素为实定值的向量，那么 $\mathrm{var}(\boldsymbol{a}^{\mathrm{T}}\boldsymbol{X}) = \boldsymbol{a}^{\mathrm{T}}\boldsymbol{\Sigma}\boldsymbol{a} \geqslant 0$：协方差矩阵是半正定的.

1.6 多元正态分布

正态分布（又称**高斯**分布，见 A.1.1 节）之所以在统计学中具有中心地位，很大程度上是因为 1.9 节将要讲到的中心极限定理. 它的多元形态尤为实用.

定义 考虑一组 n 个独立同分布的呈标准正态分布的随机变量：$Z_i \underset{\text{i.i.d}}{\sim} N(0,1)$. $\boldsymbol{Z}$ 的协方差矩阵是 $\boldsymbol{I}_n$，并且 $E(\boldsymbol{Z}) = 0$. 令 $\boldsymbol{B}$ 为有确定的有限实元素的 $m \times n$ 矩阵，$\boldsymbol{\mu}$ 为有确定的有限实元素的 m 维向量. 称 m 维向量 $\boldsymbol{X} = \boldsymbol{B}\boldsymbol{Z} + \boldsymbol{\mu}$ 具有**多元正态分布**. $E(\boldsymbol{X}) = \boldsymbol{\mu}$，而且 $\boldsymbol{X}$ 的协方差矩阵刚好是 $\boldsymbol{\Sigma} = \boldsymbol{B}\boldsymbol{B}^{\mathrm{T}}$. $\boldsymbol{X}$ 的分布可简写为

$$\boldsymbol{X} \sim N(\boldsymbol{\mu}, \boldsymbol{\Sigma}).$$

由 1.7 节中的基本变换理论可以得到此分布的概率密度函数为

$$f_{\boldsymbol{x}}(\boldsymbol{x}) = \frac{1}{\sqrt{(2\pi)^m|\boldsymbol{\Sigma}|}}\mathrm{e}^{-\frac{1}{2}(\boldsymbol{x}-\boldsymbol{\mu})^{\mathrm{T}}\boldsymbol{\Sigma}^{-1}(\boldsymbol{x}-\boldsymbol{\mu})},\ \boldsymbol{x} \in \mathbb{R}^m, \tag{1.6}$$

假设 $\boldsymbol{\Sigma}$ 是满秩的（当 $m = 1$ 时该定义给出了常用的单变量正态概率密度函数）. 事实上还有一个更广义的定义，其中 $\boldsymbol{\Sigma}$ 只是半正定的，因此隐含奇异性：这涉及 $\boldsymbol{\Sigma}$ 的**广义逆**.

多元正态分布的一个有趣的性质是，如果 X 和 Y 服从多元正态分布并且协方差是 0，那么它们一定是相互独立的. 此结论仅对正态分布成立（对任意分布来说，相互独立即意味着协方差为 0）.

1.6.1 多元 t 分布

如果将多元正态分布中的随机变量 $Z_i \underset{\text{i.i.d}}{\sim} N(0,1)$ 用随机变量 $T_i \underset{\text{i.i.d}}{\sim} t_k$（见 A.1.3 节）代替，那么可以得到一个服从多元 $t_k(\boldsymbol{\mu}, \boldsymbol{\Sigma})$ 分布的向量. 在随机模拟中，可以利用这一点来得到一个比多元正态分布更重尾的多元分布. 注意，对应的单变量边缘分布不是 t 分布. 边缘为 t 分布的多元 t 密度研究起来更复杂.

1.6.2 正态随机向量的线性变换

由多元正态性的定义随即可以得到：如果 $\boldsymbol{X} \sim N(\boldsymbol{\mu}, \boldsymbol{\Sigma})$，而且 $\boldsymbol{A}$ 是（具有适当维数的）有限实常数矩阵，那么

$$\boldsymbol{A}\boldsymbol{X} \sim N\left(\boldsymbol{A}\boldsymbol{\mu}, \boldsymbol{A}\boldsymbol{\Sigma}\boldsymbol{A}^{\mathrm{T}}\right). \tag{1.7}$$

这是因为 $\boldsymbol{X}=\boldsymbol{B}\boldsymbol{Z}+\boldsymbol{\mu}$, 因此 $\boldsymbol{A}\boldsymbol{X}=\boldsymbol{A}\boldsymbol{B}\boldsymbol{Z}+\boldsymbol{A}\boldsymbol{\mu}$, 所以 $\boldsymbol{A}\boldsymbol{X}$ 是标准正态随机变量的线性变换, 正是这一类变换定义多元正态随机向量. 此外, 显然有 $E(\boldsymbol{A}\boldsymbol{X})=\boldsymbol{A}\boldsymbol{\mu}$, 并且 $\boldsymbol{A}\boldsymbol{X}$ 的协方差矩阵是 $\boldsymbol{A}\boldsymbol{\Sigma}\boldsymbol{A}^{\mathrm{T}}$.

一种特殊情况是, 如果 $\boldsymbol{a}$ 是有限实常数向量, 那么

$$\boldsymbol{a}^{\mathrm{T}}\boldsymbol{X}\sim N(\boldsymbol{a}^{\mathrm{T}}\boldsymbol{\mu},\boldsymbol{a}^{\mathrm{T}}\boldsymbol{\Sigma}\boldsymbol{a}).$$

对于向量 $\boldsymbol{a}$ 中只有 a_j 为 1, 其余元素为 0 的情况, 由式 (1.7) 可得

$$X_j\sim N(\mu_j,\Sigma_{jj}) \tag{1.8}$$

(我们通常将 Σ_{jj} 写作 σ_j^2). 用语言描述如下:

如果 $\boldsymbol{X}$ 服从多元正态分布, 那么任意 X_j 的边缘分布是单变量正态的.

更一般地说, $\boldsymbol{X}$ 的任意子向量的边缘分布是多元正态的, 推导方式同式 (1.8).

以上结论反之不成立. X_j 的边缘正态性不足以说明 $\boldsymbol{X}$ 服从多元正态分布. 然而, 对于任意 (有限实向量) $\boldsymbol{a}$, 如果 $\boldsymbol{a}^{\mathrm{T}}\boldsymbol{X}$ 服从正态分布, 那么 $\boldsymbol{X}$ 一定服从多元正态分布.

1.6.3 多元正态条件分布

假设 $\boldsymbol{Z}$ 和 $\boldsymbol{X}$ 是服从多元正态联合分布的随机向量. 将它们的联合协方差矩阵分块:

$$\boldsymbol{\Sigma}=\begin{bmatrix}\boldsymbol{\Sigma}_z & \boldsymbol{\Sigma}_{zx}\\ \boldsymbol{\Sigma}_{xz} & \boldsymbol{\Sigma}_x\end{bmatrix},$$

那么

$$\boldsymbol{X}|\boldsymbol{z}\sim N\left(\boldsymbol{\mu}_x+\boldsymbol{\Sigma}_{xz}\boldsymbol{\Sigma}_z^{-1}(\boldsymbol{z}-\boldsymbol{\mu}_z),\boldsymbol{\Sigma}_x-\boldsymbol{\Sigma}_{xz}\boldsymbol{\Sigma}_z^{-1}\boldsymbol{\Sigma}_{zx}\right).$$

上式可以利用对称分块矩阵的逆的一个结论来证明:

$$\begin{bmatrix}\boldsymbol{A} & \boldsymbol{C}\\ \boldsymbol{C}^{\mathrm{T}} & \boldsymbol{B}\end{bmatrix}^{-1}=\begin{bmatrix}\boldsymbol{A}^{-1}+\boldsymbol{A}^{-1}\boldsymbol{C}\boldsymbol{D}^{-1}\boldsymbol{C}^{\mathrm{T}}\boldsymbol{A}^{-1} & -\boldsymbol{A}^{-1}\boldsymbol{C}\boldsymbol{D}^{-1}\\ -\boldsymbol{D}^{-1}\boldsymbol{C}^{\mathrm{T}}\boldsymbol{A}^{-1} & \boldsymbol{D}^{-1}\end{bmatrix}$$

其中, $\boldsymbol{D}=\boldsymbol{B}-\boldsymbol{C}^{\mathrm{T}}\boldsymbol{A}^{-1}\boldsymbol{C}$ (这很容易验证, 尽管稍繁琐). 现在求给定 $\boldsymbol{Z}$ 的条件下 $\boldsymbol{X}$ 的条件概率密度函数. 定义 $\boldsymbol{Q}=\boldsymbol{\Sigma}_x-\boldsymbol{\Sigma}_{xz}\boldsymbol{\Sigma}_z^{-1}\boldsymbol{\Sigma}_{zx}$, $\tilde{\boldsymbol{z}}=\boldsymbol{z}-\boldsymbol{\mu}_z$, $\tilde{\boldsymbol{x}}=\boldsymbol{x}-\boldsymbol{\mu}_x$ 并注意只含 z 的项是标准化常数的一部分,

$$\begin{aligned}&f(\boldsymbol{x}|\boldsymbol{z})=f(\boldsymbol{x},\boldsymbol{z})/f(\boldsymbol{z})\\&\propto\exp\left\{-\frac{1}{2}\begin{bmatrix}\tilde{\boldsymbol{z}}\\ \tilde{\boldsymbol{x}}\end{bmatrix}^{\mathrm{T}}\begin{bmatrix}\boldsymbol{\Sigma}_z^{-1}+\boldsymbol{\Sigma}_z^{-1}\boldsymbol{\Sigma}_{zx}\boldsymbol{Q}^{-1}\boldsymbol{\Sigma}_{xz}\boldsymbol{\Sigma}_z^{-1} & -\boldsymbol{\Sigma}_z^{-1}\boldsymbol{\Sigma}_{zx}\boldsymbol{Q}^{-1}\\ -\boldsymbol{Q}^{-1}\boldsymbol{\Sigma}_{xz}\boldsymbol{\Sigma}_z^{-1} & \boldsymbol{Q}^{-1}\end{bmatrix}\begin{bmatrix}\tilde{\boldsymbol{z}}\\ \tilde{\boldsymbol{x}}\end{bmatrix}\right\}\end{aligned}$$

$$\propto \exp\left\{-\tilde{\boldsymbol{x}}^{\mathrm{T}}\boldsymbol{Q}^{-1}\tilde{\boldsymbol{x}}/2+\tilde{\boldsymbol{x}}^{\mathrm{T}}\boldsymbol{Q}^{-1}\boldsymbol{\Sigma}_{xz}\boldsymbol{\Sigma}_{z}^{-1}\tilde{\boldsymbol{z}}+\text{含}z\text{ 的项}\right\}$$
$$\propto \exp\left\{-(\tilde{\boldsymbol{x}}-\boldsymbol{\Sigma}_{xz}\boldsymbol{\Sigma}_{z}^{-1}\tilde{\boldsymbol{z}})^{\mathrm{T}}\boldsymbol{Q}^{-1}(\tilde{\boldsymbol{x}}-\boldsymbol{\Sigma}_{xz}\boldsymbol{\Sigma}_{z}^{-1}\tilde{\boldsymbol{z}})/2+\text{含}z\text{ 的项}\right\},$$

可以看出这是 $N(\boldsymbol{\mu}_x+\boldsymbol{\Sigma}_{xz}\boldsymbol{\Sigma}_{z}^{-1}(\boldsymbol{z}-\boldsymbol{\mu}_z),\boldsymbol{\Sigma}_x-\boldsymbol{\Sigma}_{xz}\boldsymbol{\Sigma}_{z}^{-1}\boldsymbol{\Sigma}_{zx})$ 的概率密度函数.

1.7 随机变量的变换

考虑概率密度函数为 f_z 的连续随机变量 Z. 假设 $X=g(Z)$，其中 g 是一个可逆函数. 由 Z 的累积分布函数可以很容易得到 X 的累积分布函数:

$$\begin{aligned}F_x(x)&=\Pr(X\leqslant x)\\&=\begin{cases}\Pr\left\{g^{-1}(X)\leqslant g^{-1}(x)\right\}=\Pr\left\{Z\leqslant g^{-1}(x)\right\}, & g\text{ 递增}\\ \Pr\left\{g^{-1}(X)>g^{-1}(x)\right\}=\Pr\left\{Z>g^{-1}(x)\right\}, & g\text{ 递减}\end{cases}\\&=\begin{cases}F_z\left\{g^{-1}(x)\right\}, & g\text{ 递增}\\ 1-F_z\left\{g^{-1}(x)\right\}, & g\text{ 递减}\end{cases}\end{aligned}$$

不论 g 是递增的还是递减的，只要简单求导就可以得到概率密度函数

$$f_x(x)=F_x'(x)=F_z'\left\{g^{-1}(x)\right\}\left|\frac{\mathrm{d}z}{\mathrm{d}x}\right|=f_z\left\{g^{-1}(x)\right\}\left|\frac{\mathrm{d}z}{\mathrm{d}x}\right|.$$

如果 g 是向量函数，并且 $\boldsymbol{Z}$ 和 $\boldsymbol{X}$ 是有相同维数的向量，那么上述结果可以推广成

$$f_x(\boldsymbol{x})=f_z\left\{g^{-1}(\boldsymbol{x})\right\}|\boldsymbol{J}|,$$

其中，$J_{ij}=\partial z_i/\partial x_j$（同样假设 $\boldsymbol{x}$ 和 $\boldsymbol{z}$ 之间存在一对一的映射）. 注意，如果 f_x 和 f_z 是离散型随机变量的概率函数，那么上式就不需要 $|\boldsymbol{J}|$ 项.

例 用多元正态随机向量的定义求它的概率密度函数. 令 $\boldsymbol{X}=\boldsymbol{B}\boldsymbol{Z}+\boldsymbol{\mu}$，其中 $\boldsymbol{B}$ 是 $n\times n$ 的可逆矩阵，$\boldsymbol{Z}$ 是由独立同分布的标准正态分布的随机变量构成的向量. 所以 $\boldsymbol{X}$ 的协方差矩阵是 $\boldsymbol{\Sigma}=\boldsymbol{B}\boldsymbol{B}^{\mathrm{T}}$，$\boldsymbol{Z}=\boldsymbol{B}^{-1}(\boldsymbol{X}-\boldsymbol{\mu})$，这里的雅可比矩阵是 $|\boldsymbol{J}|=|\boldsymbol{B}^{-1}|$. 因为 Z_i 独立同分布，所以它们的联合概率密度是边缘概率密度的乘积，即

$$f(\boldsymbol{z})=\frac{1}{\sqrt{2\pi}^n}\mathrm{e}^{-\boldsymbol{z}^{\mathrm{T}}\boldsymbol{z}/2}.$$

直接应用上述变换理论可得

$$f(\boldsymbol{x})=\frac{|\boldsymbol{B}^{-1}|}{\sqrt{2\pi}^n}\mathrm{e}^{-(\boldsymbol{x}-\boldsymbol{\mu})^{\mathrm{T}}\boldsymbol{B}^{-\mathrm{T}}\boldsymbol{B}^{-1}(\boldsymbol{x}-\boldsymbol{\mu})/2}$$

$$= \frac{1}{\sqrt{(2\pi)^n|\boldsymbol{\Sigma}|}} \mathrm{e}^{-(\boldsymbol{x}-\boldsymbol{\mu})^{\mathrm{T}}\boldsymbol{\Sigma}^{-1}(\boldsymbol{x}-\boldsymbol{\mu})/2}.$$

1.8 矩母函数

另外一个描述随机变量 X 分布特征的函数是它的**矩母函数**，

$$M_X(s) = E(\boldsymbol{e}^{sX}),$$

其中 s 是实数. 矩母函数在 $s=0$ 处的 k 阶导数是 X 的非中心矩：

$$\left.\frac{\mathrm{d}^k M_X}{\mathrm{d}s^k}\right|_{s=0} = E(X^k).$$

所以，$M_X(0)=1, M_X'(0)=E(X), M_X''(0)=E\left(X^2\right)$，等等.

以下 3 条性质在下一节中将会用到.

(1) 如果在 $s=0$ 附近的小区间内 $M_X(s)=M_Y(s)$，那么 X 和 Y 同分布.

(2) 如果 X 和 Y 相互独立，那么

$$\begin{aligned} M_{X+Y}(s) &= E\left\{e^{s(X+Y)}\right\} = E\left(e^{sX}e^{sY}\right) = E\left(e^{sX}\right)E\left(e^{sY}\right) \\ &= M_X(s)M_Y(s). \end{aligned}$$

(3) $M_{a+bX}(s) = E(e^{as+bXs}) = e^{as}M_X(bs)$.

因为矩母函数包含了 X 的所有矩，所以性质 (1) 是很自然的.

1.9 中心极限定理

考虑独立同分布的随机变量 $X_1, X_2, \cdots, X_n$，它们的均值为 μ，有限方差为 σ^2. 令 $\bar{X}_n = \sum_{i=1}^n X_i/n$. 中心极限定理的最简单的形式是：取极限 $n\to\infty$，

$$\bar{X}_n \sim N(\mu, \sigma^2/n).$$

直观地说，考虑泰勒展开 $l(\bar{x}_n) = \log f(\bar{x}_n)$，其中 f 是 $\bar{X}_n$ 的未知的概率密度函数，众数为 $\hat{x}_n$：

$$f(\bar{x}) \simeq \exp\left\{l(\hat{x}_n) + l''(\bar{x}_n-\hat{x}_n)^2/2 + l'''(\bar{x}_n-\hat{x}_n)^3/6+\cdots\right\}.$$

当 $n\to\infty$ 时，$\bar{x}_n-\hat{x}_n\to 0$，所以上式右端趋于 $N(\hat{x}, -1/l'')$ 的概率密度函数. 这一论证并不严格，因为它对 l 的导数如何随 n 变化做了隐式假设.

准确的证明要使用矩母函数. 定义

$$Y_i = \frac{X_i - \mu}{\sigma} \quad 和 \quad Z_n = \frac{1}{\sqrt{n}}\sum_{i=1}^{n} Y_i = \frac{\bar{X}_n - \mu}{\sigma/\sqrt{n}}.$$

现在根据 Y_i 的矩母函数的泰勒展开式来表示 Z_n 的矩母函数（注意 $M'_Y(0) = 0$，$M''_Y(0) = 1$）：

$$\begin{aligned} M_{Zn}(s) &= \left\{M_Y(s/\sqrt{n})\right\}^n \\ &= \left\{M_Y(0) + M'_Y(0)\frac{s}{\sqrt{n}} + M''_Y(0)\frac{s^2}{2n} + o\left(n^{-1}\right)\right\}^n \\ &= \left\{1 + \frac{s^2}{2n} + o\left(n^{-1}\right)\right\}^n = \exp\left[n \log\left\{1 + \frac{s^2}{2n} + o\left(n^{-1}\right)\right\}\right] \\ &\to \exp\left(\frac{s^2}{2}\right), n \to \infty. \end{aligned}$$

最后的表达式是 $N(0,1)$ 的矩母函数，证毕.

中心极限定理可以扩展到多元和非同分布的情形. 在很多非独立的情形下也会出现正态极限分布. 在很多情况下，如果一个随机变量可以被看作其他随机变量的和，那么用正态分布作为近似是合理的，中心极限定理在统计学中的重要性在于其证明了这一合理性. 这尤其适用于在大样本极限下通常具有正态分布的统计估计量的分布.

1.10 切比雪夫不等式、大数定律与詹森不等式

在下文中还会用到一些其他的一般性结果.

1.10.1 切比雪夫不等式

设 X 是随机变量，并且 $E(X^2) < \infty$，那么

$$\Pr(|X| \geqslant a) \leqslant \frac{E(X^2)}{a^2}. \tag{1.9}$$

证明 由期望的定义我们有

$$E(X^2) = E(X^2|a \leqslant |X|)\Pr(a \leqslant |X|) + E(X^2|a > |X|)\Pr(a > |X|),$$

因为右端的所有项都是非负的，所以有 $E(X^2) \geqslant E(X^2\,|a \leqslant |X|)\Pr(a \leqslant |X|)$. 但是如果 $a \leqslant |X|$，那么显然 $a^2 \leqslant E(X^2\,|a \leqslant |X|\,)$，因此 $E(X^2) \geqslant a^2\Pr(|X| \geqslant a)$，式 (1.9) 得证.

1.10.2 大数定律

考虑独立同分布的随机变量 $X_1, \cdots, X_n$，均值为 μ，并且 $E(|X_i|) < \infty$. 如果 $\bar{X}_n = \sum_{i=1}^n X_i/n$，那么**强大数定律**指出，对任意正数 ϵ

$$\Pr\left(\lim_{n\to\infty} |\bar{X}_n - \mu| < \epsilon\right) = 1$$

（也就是说，$\bar{X}_n$ 几乎必然收敛于 μ）.

添加假设 $\text{var}(X_i) = \sigma^2 < \infty$，可以很容易证明一个稍弱的结论

$$\lim_{n\to\infty} \Pr(|\bar{X}_n - \mu| \geqslant \epsilon) = 0,$$

这就是**弱大数定律**（X_n 依概率收敛于 μ）. 证明如下：

$$\Pr\left(|\bar{X}_n - \mu| \geqslant \epsilon\right) \leqslant \frac{E(\bar{X}_n - \mu)^2}{\epsilon^2} = \frac{\text{var}(\bar{X}_n)}{\epsilon^2} = \frac{\sigma^2}{n\epsilon^2}.$$

当 $n \to \infty$ 时，最后一项趋于 0. 上述不等式就是切比雪夫不等式. 注意，独立同分布的假设仅仅用来确保 $\text{var}(\bar{X}_n) = \sigma^2/n$. 事实上，我们在证明中需要的只是更弱的假设：$\lim_{n\to\infty}\text{var}(\bar{X}_n) = 0$.

从某种程度上来说，大数定律几乎是显然的. 如果它们不成立，那么随机变量在建立统计模型方面就不会有太大用途.

1.10.3 詹森不等式

这个不等式是说对任意随机变量 X 和凹函数 c，

$$c\{E(X)\} \geqslant E\{c(X)\}. \tag{1.10}$$

对于离散型随机变量，证明是最直观的. 凹函数 c 是满足下式的函数：

$$c(w_1x_1 + w_2x_2) \geqslant w_1c(x_1) + w_2c(x_2), \tag{1.11}$$

其中 w_1 和 w_2 是任意非负实数，并且 $w_1 + w_2 = 1$. 现在假设对满足 $\sum_{i=1}^{n-1} w_i' = 1$ 的任意非负常数 w_i' 有

$$c\left(\sum_{i=1}^{n-1} w_i'x_i\right) \geqslant \sum_{i=1}^{n-1} w_i'c(x_i). \tag{1.12}$$

考虑满足 $\sum_{i=1}^n w_i = 1$ 的任意非负常数组 w_i，我们有

$$c\left(\sum_{i=1}^n w_ix_i\right) = c\left((1-w_n)\sum_{i=1}^{n-1}\frac{w_ix_i}{1-w_n} + w_nx_n\right)$$

$$\geqslant (1-w_n)c\left(\sum_{i=1}^{n-1}\frac{w_i x_i}{1-w_n}\right)+w_n c(x_n), \tag{1.13}$$

最后的不等式是根据式 (1.11) 而得. 由 $\sum_{i=1}^{n} w_i = 1$ 可得 $\sum_{i=1}^{n-1} w_i/(1-w_n) = 1$，利用式 (1.12) 有

$$c\left(\sum_{i=1}^{n-1}\frac{w_i x_i}{1-w_n}\right)\geqslant \sum_{i=1}^{n-1}\frac{w_i c(x_i)}{1-w_n}.$$

将此式代入式 (1.13) 的右端可得

$$c\left(\sum_{i=1}^{n} w_i x_i\right)\geqslant \sum_{i=1}^{n} w_i c(x_i). \tag{1.14}$$

当 $n=3$ 时，式 (1.12) 就是式 (1.11)，因此成立. 由归纳法可知，式 (1.14) 对任意 n 都成立. 令 $w_i = f(x_i)$，其中 $f(x)$ 是随机变量 X 的概率函数，那么对离散型随机变量来说直接可以得到式 (1.10). 对于连续型随机变量的情况，我们需要将期望积分用一个离散加权和的极限来代替，那么式 (1.10) 仍然可以由式 (1.14) 得到.

1.11　统计量

统计量是一组随机变量的函数. 统计量本身也是随机变量. 典型的例子是一组数据 $x_1, x_2, \cdots, x_n$ 的样本均值和样本方差：

$$\bar{x} = \frac{1}{n}\sum_{i=1}^{n} x_i, \quad s^2 = \frac{1}{n-1}\sum_{i=1}^{n}(x_i-\bar{x})^2.$$

正式的统计过程可以被描述成多组随机变量（数据）的函数，这一事实是其名字的由来.

如果统计量 $t(\boldsymbol{x})$（标量或向量）使得 $\boldsymbol{x}$ 的概率密度函数可以写成

$$f_\theta(\boldsymbol{x}) = h(\boldsymbol{x}) g_\theta\{t(\boldsymbol{x})\},$$

其中 h 的取值不依赖于 $\boldsymbol{\theta}$，g 仅通过 $t(\boldsymbol{x})$ 依赖于 $\boldsymbol{x}$，那么 t 就是 $\boldsymbol{\theta}$ 的**充分统计量**，意思是包含在 $\boldsymbol{x}$ 中的所有与 $\boldsymbol{\theta}$ 有关的信息都由 $t(\boldsymbol{x})$ 提供. “信息”的正式定义见 4.1 节. 充分性也意味着在给定 $t(\boldsymbol{x})$ 的情况下，$\boldsymbol{x}$ 的分布不依赖于 $\boldsymbol{\theta}$.

1.12　习题

1.1　指数随机变量 $X \geqslant 0$ 的概率密度函数 $f(x) = \lambda\exp(-\lambda x)$.

(1) 求 X 的累积分布函数和分位函数.

(2) 求 $\Pr(X < \lambda)$ 和 X 的中位数.

(3) 求 X 的均值和方差.

1.2 X 和 Y 的联合概率密度函数见式 (1.2)，求 $\Pr(X < 0.5, Y < 0.5)$.

1.3 假设

$$\boldsymbol{Y} \sim N\left(\begin{bmatrix} 1 \\ 2 \end{bmatrix}, \begin{bmatrix} 2 & 1 \\ 1 & 2 \end{bmatrix}\right).$$

求在 $Y_1 + Y_2 = 3$ 的条件下 Y_1 的条件概率密度函数.

1.4 设 $\boldsymbol{Y} \sim N(\boldsymbol{\mu}, \boldsymbol{I}\sigma^2)$，$\boldsymbol{Q}$ 是有适当维数的正交矩阵，求 $\boldsymbol{QY}$ 的分布. 论述此结果的出人意料之处.

1.5 设 $\boldsymbol{X}$ 和 $\boldsymbol{Y}$ 是有相同维数且相互独立的随机向量，它们的协方差矩阵分别是 $\boldsymbol{V}_x$ 和 $\boldsymbol{V}_y$，求 $\boldsymbol{X} + \boldsymbol{Y}$ 的协方差矩阵.

1.6 设 X 和 Y 是非独立的随机变量，使得 $\text{var}(X) = \sigma_x^2$，$\text{var}(Y) = \sigma_y^2$ 且 $\text{cov}(X, Y) = \sigma_{xy}^2$. 利用 1.6.2 节的结果求 $\text{var}(X + Y)$ 和 $\text{var}(X - Y)$.

1.7 设 Y_1、Y_2 和 Y_3 是相互独立且服从 $N(\mu, \sigma^2)$ 的随机变量. 设法利用矩阵

$$\begin{bmatrix} 1/3 & 1/3 & 1/3 \\ 2/3 & -1/3 & -1/3 \\ -1/3 & 2/3 & -1/3 \end{bmatrix}$$

证明 $\bar{Y} = \sum_{i=1}^{3} Y_i/3$ 和 $\sum_{i=1}^{3} (Y_i - \bar{Y})^2$ 是相互独立的随机变量.

1.8 设 $\log(X) \sim N(\mu, \sigma^2)$，求 X 的概率密度函数.

1.9 若离散型随机变量 Y 的概率密度函数是 $f(y) = \lambda^y e^{-\lambda}/y!$，$y = 0, 1, \cdots$，则称 Y 服从参数为 λ 的泊松分布.

a. 求 Y 的矩母函数（提示：可以利用指数函数的幂级数表示）.

b. 设 $Y_1 \sim \text{Poi}(\lambda_1)$，$Y_2 \sim \text{Poi}(\lambda_2)$，且 Y_1 和 Y_2 相互独立，利用矩母函数的一般性质推导 $Y_1 + Y_2$ 的分布.

c. 利用前面的结果和中心极限定理推导泊松分布的正态逼近.

d. 用 R 函数 `dpois`、`dnorm`、`plot` 或 `barplot` 和 `lines` 作图，验证以上的结果. 验证逼近结果随 λ 递增而改进.

第 2 章　统计模型与统计推断

统计学的研究目标在于从数据中提取信息，特别是关于生成这些数据的系统的信息. 这项工作有两个难点. 第一，从能够获得的数据来推断我们想要了解的信息可能并不容易. 第二，大部分数据含有随机变异成分：如果我们重复几次数据收集过程，那么每次得到的数据都会有些不同. 面对这样的变异性，我们如何确保由单组数据得到的结论是整体有效的，而不是由该组数据的随机特性所导致的误导性表现？

统计学为克服这些困难并且从具有内在随机性的数据中进行合理推断提供了方法. 这大多要涉及**统计模型**的使用，它们就像“数学卡通画”一样向我们展示，如果数据生成系统中那些未知的特征是已知的，数据可以怎样生成. 因此，如果将未知变为已知，那么适当的模型可以生成类似于观测数据的数据，包括在重复试验中重现它的变异性. **统计推断**的目的则是反方向运用统计模型来推断与观测数据一致的模型未知量的值.

从数学上说，令 $\boldsymbol{y}$ 为包含观测数据的随机向量，令 $\boldsymbol{\theta}$ 为代表未知参数值的向量. 假设求出其中一些参数的值就能够解答我们关注的关于生成 $\boldsymbol{y}$ 的系统的问题. 因此，在 $\boldsymbol{\theta}$ 被给定适当的值的条件下，统计模型给出了 $\boldsymbol{y}$ 可能的生成方式. 模型至少可以明确指出如何模拟类似 $\boldsymbol{y}$ 的数据，从而隐式定义 $\boldsymbol{y}$ 的分布及它依赖于 $\boldsymbol{\theta}$ 的方式. 如果根据 $\boldsymbol{\theta}$ 来显式定义 $\boldsymbol{y}$ 的概率密度函数，那么模型通常还能提供更多的信息. 一般来说，统计模型也会依赖于一些已知的参数 γ 和更多的数据 $\boldsymbol{x}$，这些被作为已知的数据，我们称之为**协变量**或**预测变量**. 见图 2-1.

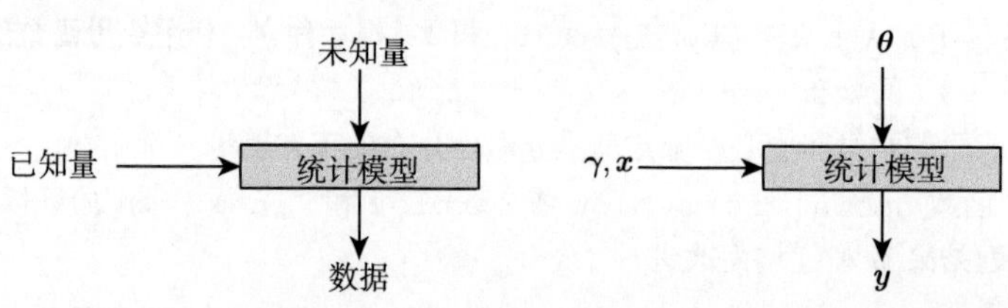

图 2-1　左图：统计模型从数学角度描述如何运用一些已知的和未知的数据来生成观测数据和其他相似的随机数据. 右图：将模型未知量写成参数向量 $\boldsymbol{\theta}$，模型已知量可以包括固定数据 $\boldsymbol{x}$ 和参数 γ. 数据是随机向量的观测值 $\boldsymbol{y}$. 一个统计模型必须至少能够模拟出与 $\boldsymbol{y}$ 相似的随机数据：它根据 $\boldsymbol{x}$、γ 和 $\boldsymbol{\theta}$ 显式或隐式地确定 $\boldsymbol{y}$ 的分布. 统计学方法的目标是将垂直箭头的方向调转：由观测数据 $\boldsymbol{y}$ 来推导未知的 $\boldsymbol{\theta}$

总之，如果已知 $\boldsymbol{\theta}$ 的值，那么一个恰当的统计模型可以让我们按照需要的数量重复模拟随机数据向量 $\boldsymbol{y}^*$，它们应该都与观测数据 $\boldsymbol{y}$ 相似（尽管几乎从来不会完全相同）. 统计学方法则是将模型的未知参数作为已知数据并将它们自动反演，进而求出与已知的观测数据 $\boldsymbol{y}$ 相一致的未知参数 $\boldsymbol{\theta}$ 的值.

2.1 简单统计模型的几个例子

1. 考虑美国康涅狄格州纽黑文市 60 年的年平均温度记录（单位：℉，见 R 中的 `Nhtemp`）.

   ```
   49.9 52.3 49.4 51.1 49.4 47.9 49.8 50.9 49.3 51.9 50.8 49.6
   49.3 50.6 48.4 50.7 50.9 50.6 51.5 52.8 51.8 51.1 49.8 50.2
   50.4 51.6 51.8 50.9 48.8 51.7 51.0 50.6 51.7 51.5 52.1 51.3
   51.0 54.0 51.4 52.7 53.1 54.6 52.0 52.0 50.9 52.6 50.2 52.6
   51.6 51.9 50.5 50.9 51.7 51.4 51.7 50.8 51.9 51.8 51.9 53.0
   ```

   要处理这组数据，一个简单的模型是将其作为来自 $N(\mu, \sigma^2)$ 分布的独立观测值，其中 μ 和 σ^2 是未知参数（见 A.1.1 节）. 那么对应于单个观测值 y_i 的随机变量的概率密度函数是

   $$f(y_i) = \frac{1}{\sqrt{2\pi}\sigma} \mathrm{e}^{\frac{-(y_i-\mu)^2}{2\sigma^2}}.$$

   向量 $\boldsymbol{y}$ 的联合概率密度函数是单个随机变量的概率密度函数的乘积，因为模型设定了 y_i 的独立性，即

   $$f(\boldsymbol{y}) = \prod_{i=1}^{60} f(y_i).$$

2. 与正态分布相比，纽黑文市的温度数据似乎更加“重尾”. 也就是说，对比正态分布的显示，观测到的标准差有更多的极值. 因此，一个更好的模型可以是

   $$\frac{y_i - \mu}{\sigma} \sim t_\alpha,$$

   其中 μ、σ 和 α 是未知参数. 记 t_α 分布的概率密度函数为 f_{t_α}，由 1.7 节的变换理论以及 y_i 的独立性可知，$\boldsymbol{y}$ 的概率密度函数是

   $$f(\boldsymbol{y}) = \prod_{i=1}^{60} \frac{1}{\sigma} f_{t_\alpha}\{(y_i - \mu)/\sigma\}.$$

3. 在一周内每隔半小时测量一次气温 a_i，测量的时间点为 t_i（单位：小时）. 一般认为气温以天为周期发生变化，在一周的过程中有一个长期漂移，并

且在这个总体模式中有随机自相关的偏离. 那么一个合适的模型可以是

$$a_i = \theta_0 + \theta_1 t_i + \theta_2 \sin(2\pi t_i/24) + \theta_3 \cos(2\pi t_i/24) + e_i,$$

其中，$e_i = \rho e_{i-1} + \epsilon_i$，$\epsilon_i$ 独立同 $N(0, \sigma^2)$ 分布. 这个模型给出了 $\boldsymbol{a}$ 的概率密度函数的隐式定义，但我们需要做一点工作来真正确定它. 记 $\mu_i = \theta_0 + \theta_1 t_i + \theta_2 \sin(2\pi t_i/24) + \theta_3 \cos(2\pi t_i/24)$，我们有 $a_i = \mu_i + e_i$. 因为 e_i 是零均值正态随机变量的加权和，所以它本身也是零均值正态随机变量，它的协方差矩阵是 $\boldsymbol{\Sigma}$，满足 $\boldsymbol{\Sigma}_{i,j} = \rho^{|i-j|}$. 因此，温度向量 $\boldsymbol{a}$ 的概率密度函数一定是多元正态的，①

$$f_{\boldsymbol{a}}(\boldsymbol{a}) = \frac{1}{\sqrt{(2\pi)^n |\boldsymbol{\Sigma}|}} \mathrm{e}^{-\frac{1}{2}(\boldsymbol{a}-\boldsymbol{\mu})^{\mathrm{T}} \boldsymbol{\Sigma}^{-1} (\boldsymbol{a}-\boldsymbol{\mu})},$$

其中 $\boldsymbol{\Sigma}$ 依赖于参数 ρ 和 σ，而 $\boldsymbol{\mu}$ 依赖于参数 $\boldsymbol{\theta}$ 和协变量 $\boldsymbol{t}$（参见 1.6 节）.

4. 数据来源于美国俄亥俄州立大学附属医院骨髓移植科，用于比较 23 名非霍奇金淋巴瘤患者的两种骨髓移植方法. 每位患者随机接受两种治疗方法中的一种. **同种异体**疗法由相匹配的同胞供者提供移植. **自体**疗法是将患者的骨髓取出，“清洗它”，然后在高剂量的化疗后将它放回去. 每位患者的死亡、复发或末次随访（仍然健康）的时间都被记录下来. “右删失”的末次随访时间用上划线表示.

	时间（日）											
同种异体疗法	28	32	49	84	357	$\overline{933}$	$\overline{1078}$	$\overline{1183}$	$\overline{1560}$	$\overline{2114}$	$\overline{2144}$	
自体疗法	42	53	57	63	81	140	176	$\overline{210}$	252	$\overline{476}$	524	$\overline{1037}$

数据来源于 Klein 和 Moeschberger 的著作（见参考文献 [23]）. 一个合理的模型是将死亡或复发的时间分别作为来自参数为 θ_l 和 θ_u 的指数分布的独立随机变量的观测值（平均存活时间是 $\theta_{u/l}^{-1}$）. 医学上比较感兴趣的问题是数据是否符合 $\theta_l = \theta_u$.

对于同种异体组，将死亡、复发或删失的时间记为 t_i. 那么我们有

$$f_l(t_i) = \begin{cases} \theta_l \mathrm{e}^{-\theta_l t_i} & \text{未删失} \\ \int_{t_i}^{\infty} \theta_l \mathrm{e}^{-\theta_l t} \mathrm{d}t = \mathrm{e}^{-\theta_l t_i} & \text{删失} \end{cases}$$

其中 f_l 是未删失的 t_i（死亡）的密度或删失的观测值在 t_i 后死亡的概率.

① 为了方便阅读，我用“$\boldsymbol{y}$ 的概率密度函数”等说法来表示“一个观测值为 $\boldsymbol{y}$ 的随机向量的概率密度函数”.

相似的模型对自体疗法样本也适用. 那么对整个数据集，我们有

$$f(\boldsymbol{t})=\prod_{i=1}^{11} f_l(t_i)\prod_{i=12}^{23} f_u(t_i).$$

2.2 随机效应和自相关

对于上一节中的模型例子，从模型的描述到数据隐含的概率密度函数相对都很直观. 通常，这是因为我们在建模时可以把数据作为相互独立的随机变量的观测值，这些随机变量具有已知且易处理的分布. 然而，不是所有的数据集都是这样容易处理的，一般来说对数据中的随机结构，我们需要更复杂的描述. 我们通常需要具有多层次随机性的模型. 这种多层次随机性隐含着数据的自相关性，但是我们或许需要更加直接地引入自相关性，如 2.1 节中的第 3 个例子.

模型中的随机变量与单次观测值的独立随机变异性不相关的部分①叫作**随机效应**. 通过具体的例子可以很好地理解这一概念.

1. 一项研究新型降压药的试验安排男性患者随机服用新药或接受两种标准疗法中的一种. 患者的年龄 a_j 和脂肪量 f_j 在参加试验时被记录下来，他们的血压降低值每隔一周记录一次，共记录 12 周. 在这样的设置中，显然必须考虑两种随机变异性的来源：不同患者之间的随机变异性，以及同一患者不同次测量时的随机变异性. 令 y_{ij} 表示第 i 次测量的第 j 位患者的血压降低值. 那么一个合适的模型可以是

$$y_{ij}=\gamma_{k(j)}+\beta_1 a_j+\beta_2 f_j+b_j+\epsilon_{ij},\quad b_j\sim N(0,\sigma_b^2),\epsilon_{ij}\sim N(0,\sigma^2),\qquad(2.1)$$

其中，$k(j)=1$、2 或 3 表示第 j 位患者所接受的疗法. γ_k、β 和 σ 是模型的未知参数. 这里假设随机变量 b_j 和 ϵ_{ij} 都是独立的.

关键点是，我们把 y_{ij} 的随机性分解为两部分：(i) 针对患者的部分，即 b_j，它在不同患者之间是随机变化的，但是在同一患者的不同观测中是保持不变的. (ii) 个体测量变异性，即 ϵ_{ij}，它在所有观测中都是变化的. 因此，年龄、脂肪量和疗法相同的不同患者的观测值经常会比同一患者的不同观测值的区别要大. 所以在这个模型中，y_{ij} 在统计意义上是不独立的，除非我们限制 b_j 的条件.

第一次遇到这种模型的时候，很自然有人会问为什么不简单地将 b_j 看作固定参数，这样的话就可以回到独立观测的方便世界了. 原因在于可解释性. 如前所述，式 (2.1) 默认在大量的患者中随机取样：针对患者的效应只是简

① 并且，在贝叶斯问题中，不是参数.

单地从一些正态分布中随机取样，这些分布用于描述患者总体的情况. 在这种设定下，基于试验中的患者样本运用统计学对患者总体进行推断是没有问题的. 现在假设将 b_j 作为参数. 这等于是说不同患者的情况是**完全**无法预测的——它们没有任何结构，并且可以取任意值. 这是一个相当极端的立场，它意味着我们不能对未参与试验的患者的血压做任何推断，因为他们的 b_j 根本上可以是任意值. 这个问题的另一方面是，对于治疗效果 γ_k，我们无法做任何有意义的推断，因为不同的患者接受不同的疗法，以至于固定的 b_j 与 γ_k 完全混淆了（注意，γ_k 可以加任意常数，而同时第 k 组患者所有的 b_j 都可以减任意常数，这不会改变任意 y_{ij} 的模型分布）.

2. 一个实验恒化器中的细胞群被认为按照如下的模型增长：

$$N_{t+1} = rN_t \exp(-\alpha N_t + b_t), \quad b_t \sim N(0, \sigma_b^2),$$

其中 N_t 是第 t 天的数量；r、α、σ_b 和 N_0 是参数；b_t 是独立随机效应. 每两天清点恒化器中 0.5%的细胞作为随机样本，从而给出观测值 y_t，可以用独立泊松分布 $(0.005N_t)$ 对它们进行建模. 这样，随机效应非线性地输入模型，将复杂的相关结构引入了 N_t，同样也引入了 y_t.

第一个例子是**线性混合模型**的例子. [①]在此例中不难得到向量 $\boldsymbol{y}$ 的概率密度函数. 我们可以将模型写成下面的矩阵向量的形式：

$$\boldsymbol{y} = \boldsymbol{X\beta} + \boldsymbol{Zb} + \boldsymbol{\epsilon}, \quad \boldsymbol{b} \sim N(\boldsymbol{0}, \boldsymbol{I}\sigma_b^2), \quad \boldsymbol{\epsilon} \sim N(\boldsymbol{0}, \boldsymbol{I}\sigma^2), \tag{2.2}$$

其中，$\boldsymbol{\beta}^{\mathrm{T}} = (\gamma_1, \gamma_2, \gamma_3, \beta_1, \beta_2)$. $\boldsymbol{X}$ 的前三列包含 0, 1 指示变量，取决于这一行与哪种疗法相关，后面的两列包括患者的年龄和脂肪量. $\boldsymbol{Z}$ 的每一列是一个对象，它的每一行包含一个 1 或者一个 0，取决于这一数据行中的观测值是否与对象相关. 给定这种结构就有（见 1.6.2 节）$\boldsymbol{y}$ 的协方差矩阵是 $\boldsymbol{\Sigma} = \boldsymbol{I}\sigma^2 + \boldsymbol{ZZ}^{\mathrm{T}}\sigma_b^2$，$\boldsymbol{y}$ 的期望值是 $\boldsymbol{\mu} = \boldsymbol{X\beta}$，所以 $\boldsymbol{y} \sim N(\boldsymbol{\mu}, \boldsymbol{\Sigma})$，它的概率密度函数如式 (1.6). 因此在这种情况下 $\boldsymbol{y}$ 的概率密度函数是很容易写出来的. 但是，如果 $\boldsymbol{y}$ 的维数超过千位，用它来进行计算成本就会很高. 因此这些模型的主要挑战是想出办法来利用稀疏性，因为 $\boldsymbol{Z}$ 中有很多录入值为 0，这样的话对大样本来说计算也是可行的.

第二个例子描述了一种更常见的情况，其模型完全指定了 $\boldsymbol{y}$ 的概率密度函数（或概率函数），但是写出它的显式解甚至准确求出它的值都是不可能的. 相反，随机效应 $\boldsymbol{b}$ 和数据 $\boldsymbol{y}$ 的联合密度总是可以直接求出来的. 由 1.4.2 节和 1.4.3 节可得

① 之所以称之为混合模型，是因为它包含固定效应（例子中的 γ 和 β 项）和随机效应. 此处的混合模型不应与 mixture model 相混淆，后者的每个观测值都有一定概率是来自若干交替分布中的任何一个.

$$f(\boldsymbol{y},\boldsymbol{b})=f(\boldsymbol{y}|\boldsymbol{b})f(\boldsymbol{b}),$$

分布 $f(\boldsymbol{y}\,|\boldsymbol{b})$ 和 $f(\boldsymbol{b})$ 通常可以简单地求出. 所以，对于第二个例子，令 $f(y;\,\lambda)$ 表示一个均值为 λ 的泊松随机变量的概率函数（见 A.3.2 节）. 那么

$$f(\boldsymbol{y}|\boldsymbol{b})=\prod_t f(y_t;N_t/200),$$

而 $f(\boldsymbol{b})$ 是独立同分布 $N(0,\sigma_b^2)$ 的向量的密度.

对于一些统计问题，也许可以直接求 $f(\boldsymbol{y},\boldsymbol{b})$，而不必去求 $\boldsymbol{y}$ 的概率密度函数. 例如，当应用 2.5 节的贝叶斯方法时，这一点就很适用. 但是，我们通常无法避开求 $f(\boldsymbol{y})$ 本身. 也就是说，我们需要

$$f(\boldsymbol{y})=\int f(\boldsymbol{y},\boldsymbol{b})\mathrm{d}\boldsymbol{b},$$

一般来说它是不易解析求解的. 那么我们就有很多选择. 如果模型的结果使得积分可以分解为低维积分的乘积，那么数值积分方法（所谓正交法）可能是可行的. 但是，在大约超过 10 维时，这些方法一般就不实用了. 那么我们就需要一种不同的方法：或者用统计学的随机模拟来估计积分，或者用其他方法来近似它（见 5.3.1 节）.

2.3 推断问题

给定数据 $\boldsymbol{y}$ 和一个带参数 $\boldsymbol{\theta}$ 的统计模型，我们需要考虑以下 4 个基本的问题.

(1) $\boldsymbol{\theta}$ 取什么值时与 $\boldsymbol{y}$ 最一致？

(2) $\boldsymbol{\theta}$ 有没有一些预设的约束条件与 $\boldsymbol{y}$ 相一致？

(3) $\boldsymbol{\theta}$ 的取值在什么范围内时与 $\boldsymbol{y}$ 相一致？

(4) 模型与 $\boldsymbol{\theta}$ 取任意值时的数据都一致吗？

这些问题的答案分别由**点估计**、**假设检验**、**区间估计**和**模型检测**来提供. 问题 (2) 可以稍加推广为：在几个备选模型中，哪一个与 $\boldsymbol{y}$ 最一致？这是**模型选择**的问题 [部分包含了问题 (4)]. 试图由 $\boldsymbol{y}$ 推导 $\boldsymbol{\theta}$ 的这一做法本身是具有不确定性的，用统计学方法解决问题的核心是要认识到这种不确定性. 这就带来了另外一个往往被忽略的问题，即问题 (5). 它在受控制的数据收集过程中适用.

(5) 应该如何规划数据收集过程，从而产生使得上述问题的答案尽可能精确的数据？

这个问题可以通过试验和调查**设计**方法来回答.

回答问题 (1)~(4) 的方法分为两大类，它们从不同的基本假设出发，分别是**频率论方法**和**贝叶斯方法**，区别在于它们如何利用概率论来对模型参数的不确定性

进行建模. 频率论方法将参数作为自然的固定状态的取值，这个值正是我们通过数据想要求得的. 我们对参数的估计具有随机性，但参数本身没有. 贝叶斯方法将参数作为随机变量，我们想要根据数据来更新关于这个随机变量的观点：我们的观点是由参数的概率分布总结出来的. 两类方法的区别听起来很大，关于哪种方法更好也一直存在很多争论. 然而，从实用的角度来说，除了在模型选择方面，两种方法有很多共通之处. 特别是，如果运用得当，通常它们所产生的结果与实际值的差别可能会比分析模型与实际值的差别要小.

2.4 频率论方法

这种方法将参数 $\boldsymbol{\theta}$ 作为自然的固定状态的值，这个值正是我们想要求得的. 我们运用概率来研究在反复复制数据时会发生什么（以及后续的统计分析）. 在这种方法中，概率体现的是在此种虚构的反复复制过程中事件发生得有多**频繁**.

2.4.1 点估计：极大似然

给定一个模型和一些数据，通过充分考虑未知的模型参数的意义，我们经常能够从数据得到合理的参数值猜测方法. 如果这个过程能够作为数学方法写出来，那么可以把这种猜测叫作估计，并且可以利用数据复制来研究它的性质，从而了解它的不确定性. 但是这种针对具体的模型所做的推理很耗时并且有些不能令人满意. 例如，我们怎么知道估计过程充分利用了数据呢? 因此，一种能处理所有模型的通用的方法会更加有吸引力.

通用的方法或多或少会有一些，比如**矩估计法**和**最小二乘法**，它们对相当广泛类型的模型都适用，但是有一种通用的方法因其实用性和好的理论性质而脱颖而出：那就是**极大似然估计**. 它的核心思想很简单：

使得观测数据看起来相对有可能的参数值比使得观测数据看起来相对不可能的参数值更**有可能**是正确的.

例如，根据模型，$\boldsymbol{\theta}$ 的一个估计值使得观测值 $\boldsymbol{y}$ 的概率密度是 0.1，而对另一个估计值来说密度是 0.000 01，那么我们会更倾向于前者.

因此，其基本思想就是由观测数据估计 $\boldsymbol{\theta}$ 的值，利用这个给定值得到模型的概率密度函数 $f_\theta(\boldsymbol{y})$，再用 $f_\theta(\boldsymbol{y})$ 来判断参数值的**似然**程度. 因为现在 $\boldsymbol{y}$ 是确定的，而我们将似然程度作为 $\boldsymbol{\theta}$ 的函数来考虑，所以通常将似然程度记为 $L(\boldsymbol{\theta}) \equiv f_\theta(\boldsymbol{y})$. 实际上，出于理论和实用的目的，我们通常使用对数似然 $l(\boldsymbol{\theta}) = \log L(\boldsymbol{\theta})$. 那么 $\boldsymbol{\theta}$ 的**极大似然估计**（MLE）就是

$$\hat{\boldsymbol{\theta}} = \underset{\theta}{\operatorname{argmax}}\, l(\boldsymbol{\theta}).$$

极大似然估计不仅仅具有直观的吸引力. 要了解这一点，我们需要考虑是什么构成了好的估计，为此需要考虑重复复制数据生成过程下的重复估计.

随机数据的复制和估计过程的重复在每一次复制中产生不同的 $\hat{\boldsymbol{\theta}}$ 值. 当然，这些值是随机向量，即**估计量**或 $\boldsymbol{\theta}$ 的观测值，通常也记作 $\hat{\boldsymbol{\theta}}$（$\hat{\boldsymbol{\theta}}$ 指的是估计值还是估计量由上下文确定）. 以下两条理论性质是可取的.

(1) $E(\hat{\boldsymbol{\theta}})=\boldsymbol{\theta}$ 或者至少 $|E(\hat{\boldsymbol{\theta}})-\boldsymbol{\theta}|$ 应该很小（也就是说，估计量应该是**无偏**的，或者偏差很小）.

(2) $\text{var}(\hat{\boldsymbol{\theta}})$ 应该很小（也就是说，估计量应该有较低的方差）.

从根本上来讲，无偏性是说估计量平均起来是正确的：多次重复数据集合，那么 $\hat{\boldsymbol{\theta}}$ 的长期均值会趋向于参数向量的真实值. 较低的方差意味着任意单个的估计值都是相当准确的. 由于两条性质之间存在一种平衡，因此通常将两者都求出来. 例如，如果我们不在乎偏差，那么只要通过消除估计过程的数据并且将估计值取一个常数，就总是能够使方差为 0. 同样地，要得到有极大方差的各种无偏估计量也很容易. 在这种平衡下，你或许会有一个合理的疑问：为什么不关注一些直接测量估计误差的量，如 $E\{(\hat{\boldsymbol{\theta}}-\boldsymbol{\theta})^2\}$，即均方误差（MSE）? 原因是我们很难证明关于最小均方误差估计量的一般结果，因此只能退而求其次，考虑最小方差无偏估计量. [①]

任何无偏估计量能够取得的方差的下界都是可求的，这就是克拉默–拉奥下界. 在某些正则条件和大样本极限下，极大似然估计是无偏的并且能够达到克拉默–拉奥下界，这为它的应用提供了一些基础（见 4.1 节和 4.3 节）。另外，在同样的条件下，

$$\hat{\boldsymbol{\theta}} \sim N(\boldsymbol{\theta}, \boldsymbol{\mathcal{I}}^{-1}), \tag{2.3}$$

其中，$\mathcal{I}_{ij} = -E(\partial^2 l/\partial\theta_i\partial\theta_j)$（实际上，若将 $\mathcal{I}_{ij}$ 换作 $\hat{\mathcal{I}}_{ij} = -\partial^2 l/\partial\theta_i\partial\theta_j$，同样的结果也成立）.

2.4.2 假设检验与 p 值

现在考虑这个问题：$\boldsymbol{\theta}$ 有没有一些预设的约束条件与 $\boldsymbol{y}$ 相一致?

1. p 值：基本思想

假设我们有一个模型定义了数据向量 $\boldsymbol{y}$ 的概率密度函数 $f_\theta(\boldsymbol{y})$，并且想检验**零假设** $H_0:\boldsymbol{\theta}=\boldsymbol{\theta}_0$，其中 $\boldsymbol{\theta}_0$ 取某个特定值. 也就是说，我们想确认数据能否由 $f_{\theta_0}(\boldsymbol{y})$ 合理产生. 一个显而易见的方法是看与 $\boldsymbol{y}$ 相似的数据符合零假设的可能性有多大.

① 除非你被众神宣判永远重复同一个试验，否则无偏性虽然在理论上有利，却没有太多内在价值：如果一个估计值与手头现有数据的真实值更接近，另外一个估计值对于无限的数据复制构成的序列的均值来说是正确的，那么我们总是更倾向于前者.

我们很容易想到用观测到的 $\boldsymbol{y}$ 来求 $f_{\theta_0}(\boldsymbol{y})$ 的值，但是这样的话很难用一种普遍适用的方法来决定什么算是“可能的”，什么算是“不可能的”.

一种更好的方法是考查取到至少与 $\boldsymbol{y}$ 一样不可能的数据的概率，比如 p_0（这个句子最好读两遍）. 例如，在 H_0 假设下，如果 100 万个数据集中只有 1 个与 $\boldsymbol{y}$ 一样不可能，那么如果我们相信我们的数据，那么应该高度怀疑 H_0. 反过来说，在 H_0 假设下，如果预计数据集中有一半都至少与 $\boldsymbol{y}$ 一样不可能，那么就没有理由怀疑它.

在拟合优度检验中，我们只是想将 f_{θ_0} 作为一个模型来评估它的合理性，而不是将它看作一个更大的模型的限定形式，因此，在这种背景下，类似 p_0 的数量是很有意义的. 但当我们真的要对 $H_0: \boldsymbol{\theta} = \boldsymbol{\theta}_0$ 和备择假设 H_1:“$\boldsymbol{\theta}$ 无任何限制”进行检验的时候，p_0 是不够理想的，因为它无法区分“$\boldsymbol{y}$ 在 H_0 假设下不可能而在 H_1 假设下可能”和“$\boldsymbol{y}$ 在两种假设下都不可能”这两种情况.

一个非常简单的例子可以说明这个问题. 考虑来自 $N(\mu, 1)$ 的独立观测值 y_1，y_2，检验 $H_0: \mu = 0$ 与 $H_0: \mu \neq 0$. 图 2-2 给出了零假设下的概率密度函数，灰色区域上的概率密度函数必须要积分来求得 • 所标记的数据点的 p_0. 现在考虑同时使 $p_0 = 0.1$ 的 y_1，y_2 的两个备选值. 在一种情况下（黑色三角），$y_1 = -y_2$，因此 μ 的

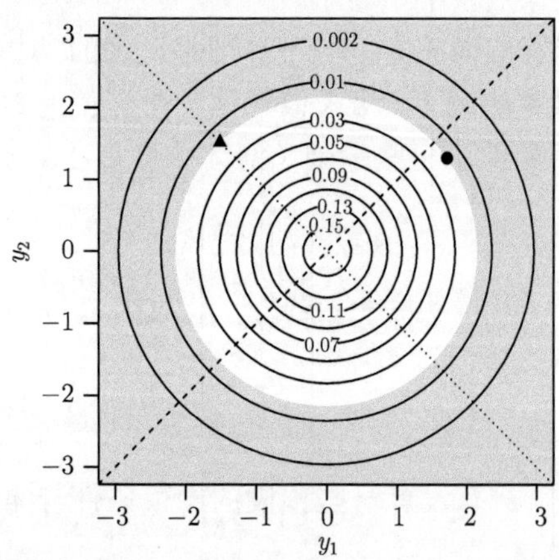

图 2-2　本图说明为什么定义 p 值时需要备择假设，而定义 p_0 值时不需要. 零假设是 y_1，y_2 相互独立且服从 $N(0,1)$ 分布，等值线图给出了零假设模型的联合概率密度函数. 备择假设是 y_1，y_2 相互独立且服从 $N(\mu,1)$ 分布，虚线给出了备择假设下 y_1 和 y_2 的期望值的可能取值. 黑色三角和黑色圆点是 y_1，y_2 的两个可能的取值，而灰色部分由 $p_0 = 0.1$ 给出了至少与 y_1，y_2 一样不可能的数对. 问题在于尽管黑色圆点在备择假设下有更大的可能性，它与黑色三角却有一样的 p_0 值，对于黑色三角，$y_1 = -y_2$，并且 μ 的估计值正好是零假设模型的零值. 点线是 $y_1 = -y_2$

最优估计是 0，与 H_0 是完全一致的. 在另一种情况下（黑色圆点），数据在备择假设下比在原假设下具有更大的可能性. 因此，在 p_0 的计算中，因为我们计入了与原假设而不是备择假设更相容的点，所以对于两种假设只有较弱的区分能力.

意识到关于 p_0 的这个问题，一种可能的解决方法是：对于给定的 $\boldsymbol{y}$，用 $f_\theta(\boldsymbol{y})$ 能够取到的最大值来标准化 $f_{\theta_0}(\boldsymbol{y})$. 也就是说，用 $f_{\theta_0}(\boldsymbol{y})/f_{\hat{\theta}}(\boldsymbol{y})$ 来判断 H_0 假设下 $\boldsymbol{y}$ 的**相对合理性**，其中 $\hat{\boldsymbol{\theta}}$ 是对给定的 $\boldsymbol{y}$ 使得 $f_\theta(\boldsymbol{y})$ 最大的值. 在图 2-2 所示的例子中，这种方法会更好. 现在黑色三角的相对合理性为 1，这反映了它与 H_0 的相容性，而黑色圆点的合理性低很多，反映了它在一个均值大于 0 的模型下会更有可能. 因此现在我们可以重新寻找关于数据和零假设之间的一致性的测度：

p 是在零假设下取到至少与观测值有相同的相对不合理性的数据的概率.

事实上这个相对合理性的倒数通常称作两种假设的**似然比** $f_{\hat{\theta}}(\boldsymbol{y})/f_{\theta_0}(\boldsymbol{y})$，因为它是在给定数据的条件下，备择假设相对于零假设有多大可能性的一个测度. 因此我们有以下更加常用的等价定义：

p 是在零假设下取到的似然比至少与观测值一样大的概率.

一般把 p 称为与某个检验相关的 p 值. 如果零假设为真，那么根据它的定义，p 值应该服从 $[0, 1]$ 上的均匀分布（假设它具有连续分布）. 依照惯例，有时称 $0.1 \geqslant p > 0.05$，$0.05 \geqslant p > 0.01$，$0.01 \geqslant p > 0.001$ 和 $p \leqslant 0.001$ 这几个范围内的 p 值分别为零假设模型提供了"边缘证据""证据""强证据"和"非常强的证据"，对这一点的理解要注意联系上下文.

2. 推广

为了强调 p 值，上一小节只考虑了零假设是一个**简单**假设的情况，为 f 的每一个参数都指定了一个值，而备择假设是一个**复合**假设，一系列参数值都与备择假设一致. 毫无疑问，我们在很多情况下关心的是如何比较两个复合假设，因此，H_0 确定了 $\boldsymbol{\theta}$ 的一些约束条件，而不是完全将它限制在一点. 少数情况下，我们或许也会想要比较两个简单假设，因此备择假设也为 $\boldsymbol{\theta}$ 的每一个元素提供了一个值. 后一种情况具有理论意义，但因为假设是不嵌套的，所以它与我们关注的大多数情况都有一些概念上的区别.

将似然比统计量稍加推广成为 $f_{\hat{\theta}}(\boldsymbol{y})/f_{\hat{\theta}_0}(\boldsymbol{y})$，我们就可以处理所有的测试变量，其中 $f_{\hat{\theta}_0}(\boldsymbol{y})$ 表示在零假设下 $\boldsymbol{y}$ 的密度的最大可能值. 如果零假设是简单的，那么同前面一样，它就是 $f_{\theta_0}(\boldsymbol{y})$，但若不是，那么根据 H_0 对 $\boldsymbol{\theta}$ 的约束条件求出使得 $f_\theta(\boldsymbol{y})$ 最大的参数向量可以得到 $f_{\hat{\theta}_0}(\boldsymbol{y})$.

在一些情况下，p 值可以由它的定义以及相关的似然比准确地求出来. 如果不能准确求出，对于常见的一个复合备择假设带一个简单或复合零假设的情况可使用大样本性质. 一般来说，我们检验 $H_0: \boldsymbol{R}(\boldsymbol{\theta})=\mathbf{0}$ 对 H_1:“$\boldsymbol{\theta}$ 无任何限制”，其中 $\boldsymbol{R}$ 是 $\boldsymbol{\theta}$ 的向量值函数，对 $\boldsymbol{\theta}$ 有 r 个约束条件. 在 H_0 假设下，给定一些正则性条件，并且在大样本极限下，

$$2\left\{\log f_{\hat{\theta}}(\boldsymbol{y})-\log f_{\hat{\theta}_0}(\boldsymbol{y})\right\} \sim \chi_r^2, \tag{2.4}$$

见 4.4 节.

$f_{\hat{\theta}}(\boldsymbol{y})/f_{\hat{\theta}_0}(\boldsymbol{y})$ 是**检验统计量**的一个例子，当 H_0 为真时取值较低，当 H_1 为真时取值较高. 其他的检验统计量可由以下推广的 p 值的定义得到:

若 H_0 为真，p 是取到至少与观测值一样对 H_1 有利的检验统计量的概率.

这一推广随即会产生这样的问题：什么是好的检验统计量？答案是，当零假设非真时，我们希望得到的 p 值越小越好（对于有连续型分布的检验统计量，当零假设为真时，p 值应当服从 $U(0,1)$ 分布）. 也就是说，我们希望检验统计量在区分零假设和备择假设时具有**高性能**.

3. 奈曼–皮尔逊引理

奈曼–皮尔逊引理为把似然比当作检验统计量来用提供了一些支持，因为它证明了这样做可以为拒绝假的零假设提供最好的机会，但前提是零假设和备择假设都是简单假设. 正规来说，考虑检验 $H_0: \boldsymbol{\theta}=\boldsymbol{\theta}_0$ 对 $H_1: \boldsymbol{\theta}=\boldsymbol{\theta}_1$. 假设如果 p 值小于或等于某个值 α，我们就决定拒绝 H_0. 令 $\beta(\boldsymbol{\theta})$ 表示参数真值为 $\boldsymbol{\theta}$ 时拒绝的概率，即检验的**性能**.

在这种接受/拒绝的设定中，如果 $\boldsymbol{y} \in R=\{\boldsymbol{y}: f_{\theta_1}(\boldsymbol{y})/f_{\theta_0}(\boldsymbol{y})>k\}$，其中 k 使得 $\Pr_{\theta_0}(\boldsymbol{y} \in R)=\alpha$，那么似然比检验拒绝 H_0. 我们有必要定义一个函数 $\phi(\boldsymbol{y})$，当 $\boldsymbol{y} \in R$ 时函数值为 1，否则为 0. 那么 $\beta(\boldsymbol{\theta})=\int \phi(\boldsymbol{y}) f_\theta(\boldsymbol{y})\,\mathrm{d}\boldsymbol{y}$. 注意 $\beta(\boldsymbol{\theta}_0)=\alpha$.

现在考虑运用备择检验统计量，并且仍然在 p 值 $\leqslant \alpha$ 时拒绝 H_0. 假设满足下面的条件时检验过程拒绝 H_0:

$$\boldsymbol{y} \in R^*, \quad \Pr_{\theta_0}(\boldsymbol{y} \in R^*) \leqslant \alpha.$$

令 $\phi^*(\boldsymbol{y})$ 和 $\beta^*(\boldsymbol{\theta})$ 为 $\phi(\boldsymbol{y})$ 和 $\beta(\boldsymbol{\theta})$ 在这次检验中的等值量. 这里 $\beta^*(\boldsymbol{\theta}_0)=\Pr_{\theta_0}(\boldsymbol{y} \in R^*) \leqslant \alpha$.

奈曼–皮尔逊引理是说 $\beta(\boldsymbol{\theta}_1) \geqslant \beta^*(\boldsymbol{\theta}_1)$（即，似然比检验是能够达到的最优检验）.

根据以下事实可以证明此引理:

$$\{\phi(\boldsymbol{y})-\phi^*(\boldsymbol{y})\}\{f_{\theta_1}(\boldsymbol{y})-k f_{\theta_0}(\boldsymbol{y})\} \geqslant 0,$$

因为由 R 的定义可知，只要第二个括号是非负的，第一个括号就是非负的，并且只要第二个括号是负的，第一个括号就是非正的. 因此

$$\begin{aligned}0 &\leqslant \int\{\phi(\boldsymbol{y})-\phi^*(\boldsymbol{y})\}\{f_{\theta_1}(\boldsymbol{y})-kf_{\theta_0}(\boldsymbol{y})\}\mathrm{d}\boldsymbol{y}\\&=\beta(\boldsymbol{\theta}_1)-\beta^*(\boldsymbol{\theta}_1)-k\{\beta(\boldsymbol{\theta}_0)-\beta^*(\boldsymbol{\theta}_0)\}\leqslant\beta(\boldsymbol{\theta}_1)-\beta^*(\boldsymbol{\theta}_1),\end{aligned}$$

因为 $\{\beta(\boldsymbol{\theta}_0)-\beta^*(\boldsymbol{\theta}_0)\}\geqslant 0$. 结果得证. Casella 和 Berger（见参考文献 [3]）给出了此引理的完整版，它是上述证明的基础.

2.4.3　区间估计

重新考虑求出与数据一致的参数的取值范围这个问题. 一个显而易见的答案是求出任意参数 θ_i 能够被假设检验接受的取值范围. 例如，如果将 θ_i 作为参数的零假设能使 p 值大于 5%，那么找到所有这样的 θ_i 的值就可以了. 这样的一个集合叫作 θ_i 的 95%**置信集**. 如果这个集合是连续的，那么它的端点定义了一个 95%的**置信区间**.

这一术语是这样产生的. 回忆一下，如果当 p 值小于 5%时我们拒绝某个零假设，那么有 5%的概率零假设为真而我们拒绝了它，从而也有 95%的概率零假设为真而我们接受了它. 这可以由 p 值的定义和零假设为真时它服从 $U(0,1)$ 分布这一事实直接得到. [①] 显然，如果有 5%的情况检验拒绝了参数真值，那么相应的置信区间在那 5%的情况下一定也不包含参数真值. 也就是说，一个 95%的置信区间有 0.95 的概率包含参数真值（这里的概率是无限重复数据收集和区间估计过程得到的）. 下图给出了由 20 个重复的数据集计算得到的单个参数 θ 的 95%的置信区间，θ 的真值是 θ_{true}.

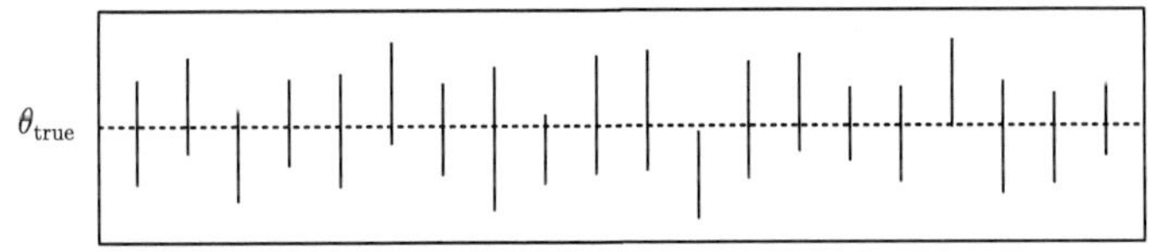

正如一般预测的一样，有 19 个区间包含真值，1 个不包含. 通常来说：

θ 的 $\gamma 100\%$ 的置信区间是一个随机区间（的观测值），它包含 θ 的真值的概率应为 γ.

同样，极大似然理论为适用大样本极限的区间计算提供了通用的方法. 我们既可以用式 (2.3) 的结论和 2.7 节来确定区间，也可以在一个检验中利用式 (2.4)，由 $1-\gamma$ 给出 p 值，从而找出 θ_i 的取值范围. 后面的**轮廓似然**区间的优势在于区间内的参数比区间外的参数似然性更高.

---

① 仍然假设检验统计量是连续分布的. 在较为少见的离散分布检验统计量的情况下，分布不完全是 $U(0,1)$.

2.4.4 模型检测

统计模型指出，数据 $\boldsymbol{y}$ 是概率密度函数为 $f_\theta(\boldsymbol{y})$ 的随机向量的观测值. 也就是说，模型认为 $\boldsymbol{y} \sim f_\theta(\boldsymbol{y})$. 模型检测的目的是证明

$$\boldsymbol{y} \nsim f_\theta(\boldsymbol{y}),$$

即模型有可检测的严重错误.

在大多数情况下，我们知道模型是错误的：它是一个模型，而不是事实. 关键在于找到模型出错的一些方面，这些错误使我们从中可能得到的任何结论都值得怀疑. 其思想是，如果我们无法从统计意义上检测出模型是错误的，那么在它的帮助下得到的统计结论有可能是合理可靠的. ①

没有哪一个单独的检测或非正式的检测能够查出模型可能出错的各个方面. 模型检测需要判断和“定量质疑”. 一般来说，最实用的检测是图形检测，因为如果它们显示一个模型是错的，那么也常常能够显示它是**怎么**错的. 一种对任何模型都能画出的图是 $\boldsymbol{y}$ 的元素的边缘分布分位数–分位数图，它将 $\boldsymbol{y}$ 的有序元素与 $\boldsymbol{y}$ 的模型分布的分位数对应来作图. 即使分位函数不易求，我们也可以由 $f_{\hat\theta}(\boldsymbol{y})$ 重复模拟出复制的 $\boldsymbol{y}$ 向量，并且可以求出模拟的 y_i 的边缘分布的经验分位数. 如果一切正常，图像应该是一条近似直线（并且由该模拟也应该能得到图像的参考带）.

但是这样的边缘图像不能检测出模型的所有问题，我们通常还需要更多. 一种常见且较为实用的方法是检查标准化**残差**的图像. 它的思想是去除数据模型中的系统分量，看还剩下什么，这应该是随机的. 通常残差是标准化的，因此如果模型是正确的，它们应该相互独立且方差是常数. 实用的残差具体如何构建取决于模型，但是有如下的一个较为普遍的方法. 假设拟合模型给出的 $\boldsymbol{y}$ 的期望值和协方差矩阵分别是 $\boldsymbol{\mu}_{\hat\theta}$ 和 $\boldsymbol{\Sigma}_{\hat\theta}$，那么我们可以定义标准化残差为

$$\hat{\boldsymbol{\epsilon}} = \boldsymbol{\Sigma}_{\hat\theta}^{-1/2}(\boldsymbol{y} - \boldsymbol{\mu}_{\hat\theta}),$$

如果模型是正确的，那么它应该是近似独立的，并且具有零均值和单位方差. $\boldsymbol{\Sigma}_{\hat\theta}^{-1/2}$ 是 $\boldsymbol{\Sigma}_{\hat\theta}^{-1}$ 的任意矩阵平方根，例如它的乔莱斯基因子（见附录 B）. 当然，如果根据模型，$\boldsymbol{y}$ 的元素是相互独立的，那么协方差矩阵就是对角的，因此计算会很简单.

接下来可以利用标准化残差和 $\boldsymbol{\mu}_{\hat\theta}$ 来画图，找出它们的均值和方差的模式，它们将能分别反映出模型结构中缺失的部分或者分布假设中不对的地方. 出于类似的目的，也可以用残差和模型中的任意协方差作图. 如果数据中有时间元素，那么也要检验残差在时间上的相关性. 基本思想是尽量通过作图来在某些方面证明残

① 更谨慎地说，如果我们从统计意义上检测出模型是错误的，那么由它得到的统计结论很有可能是错误的.

差与常数/单位方差并非是相互独立的. 若无法找到这样的图，就增加了模型的可信度.

2.4.5 进一步的模型比较、AIC 与交叉验证

我们可以把 2.4.2 节的假设检验看作两种备选模型的比较，其中原模型是备选模型的简化（约束）版（即，模型是**嵌套的**）. 2.4.2 节的方法主要有两个限制. 第一，它们没有给出不嵌套的模型的一般比较方法. 第二，它们基于这样的观念：除非有强烈的证据能拒绝原模型，否则就坚持它. 很显然，我们需要一些模型比较方法来从一系列没有必要嵌套的模型中简单地找出“最优”模型.

赤池信息量准则（AIC, 见参考文献 [1]）是为了满足这种需要所做的一种尝试. 我们首先需要明确“最优”的意思：与潜在的真实模型最接近. 2.4.2 节已经讲过，似然比，或者它的对数，是对模型进行区分的一种好的方法，因此利用模型与真实模型的对数似然比的期望值来衡量模型的接近程度是一种好的方法：

$$K(f_{\hat{\theta}}, f_t) = \int \{\log f_t(\boldsymbol{y}) - \log f_{\hat{\theta}}(\boldsymbol{y})\} f_t(\boldsymbol{y}) \mathrm{d}\boldsymbol{y}$$

其中 f_t 是 $\boldsymbol{y}$ 真实的概率密度函数. K 是库尔贝克–莱布勒散度（或距离）. 选择使得 K 的期望值（对 $\hat{\boldsymbol{\theta}}$ 的分布求期望）的估计最小化的模型和选择取得下式的最小值的模型是等价的：

$$\mathrm{AIC} = -2l(\hat{\boldsymbol{\theta}}) + 2\dim(\boldsymbol{\theta}).$$

推导参见 4.6 节.

注意，如果仅仅是根据最大的似然性来选择模型，那么我们会遇到一个基本的问题：一个参数即使不在真实模型中，它所提供的额外的灵活性也意味着加上它永远不会减少极大化的似然性，而且几乎总是使它增加. 因此似然性几乎总是选择更加复杂的模型. AIC 通过对增加的参数有效地增加惩罚来克服这一问题：如果一个参数是不必要的，那么当它被加入模型的时候，AIC 是不太可能减少的.

另一种可选方法指出库尔贝克–莱布勒散度仅仅是通过 $-\int \log f_{\hat{\theta}}(\boldsymbol{y}) f_t(\boldsymbol{y}) \mathrm{d}\boldsymbol{y}$，即模型的极大对数似然的期望依赖于模型的，而期望是通过没有用来估计 $\hat{\boldsymbol{\theta}}$ 的数据求得的. 对此，一种最明显和直接的估计量是**交叉验证**得分：

$$\mathrm{CV} = -\sum_i \log f_{\hat{\theta}^{[-i]}}(y_i),$$

其中 $\hat{\theta}^{[-i]}$ 是缺失了 y_i 的数据的极大似然估计（也就是说，我们要衡量模型预测它不能拟合的数据的平均能力）. 有时可以高效地对此进行计算和近似，并且对于每次缺失多于一个数据点的情况也可以通过对其进行变形来拟合. 然而一般来说，它比 AIC 成本更高.

2.5 贝叶斯方法

回答 2.3 节所述问题的另一种方法是贝叶斯方法. 它源自以下思想: $\boldsymbol{\theta}$ 本身是一个随机向量, 并且我们可以用一个**先验**概率分布来描述关于 $\boldsymbol{\theta}$ 的先验知识. 那么统计推断的主要任务就是根据数据 $\boldsymbol{y}$ 来更新我们关于 $\boldsymbol{\theta}$ 的知识 (或者至少是看法). 鉴于现在参数是随机变量, 我们通常把模型的似然度记为条件分布 $f(\boldsymbol{y}|\boldsymbol{\theta})$. 那么我们对于 $\boldsymbol{\theta}$ 的更新后的看法可用**后验**密度来表示

$$f(\boldsymbol{\theta}|\boldsymbol{y}) = \frac{f(\boldsymbol{y}|\boldsymbol{\theta})f(\boldsymbol{\theta})}{f(\boldsymbol{y})}. \tag{2.5}$$

这正是 1.4.3 节的贝叶斯定理 (在这里具有不同参数的 f 仍然是代表完全不同的函数). 似然度 $f(\boldsymbol{y}|\boldsymbol{\theta})$ 是由我们的模型确定的, 这一点跟以前完全一样, 但是需要确定先验的 $f(\boldsymbol{\theta})$ 这一点是新的. 需要注意的重点是: 一般不需要为了得到适当的 $f(\boldsymbol{y}|\boldsymbol{\theta})$ 而为 $f(\boldsymbol{\theta})$ 指定适当的分布. 这为 $\boldsymbol{\theta}$ 使用不恰当的均匀先验提供了可能性; 也就是说, 明确了 $\boldsymbol{\theta}$ 可以取具有相等概率密度的任意值. ①

对于一些有意思的模型, 式 (2.5) 的精确计算几乎是不可能的, 但是通过 $f(\boldsymbol{\theta}|\boldsymbol{y})$ 进行模拟并且近似常常是可能的, 后面会讲到这一点. 目前我们感兴趣的是在这种框架下如何解答推断问题.

2.5.1 后验众数

在贝叶斯范式下, 我们不估计参数, 而是在给定数据的条件下计算参数的总体分布. 即便如此, 我们还是能够提出哪些参数与数据最一致的问题. 一种合理的答案是, 它是根据后验信息得到的最有可能的 $\boldsymbol{\theta}$ 值: **后验众数**,

$$\hat{\boldsymbol{\theta}} = \underset{\theta}{\operatorname{argmax}}\, f(\boldsymbol{\theta}|\boldsymbol{y}).$$

更准确地说, 我们可以指定一个损失函数来量化与某个特定的 $\hat{\boldsymbol{\theta}}$ 相关的损失, 并且将其最小值代入后验分布作为估计值. 如果指定一个广义均匀先验 $f(\boldsymbol{\theta}) = k$, 那么 $f(\boldsymbol{\theta}|\boldsymbol{y}) \propto f(\boldsymbol{y}|\boldsymbol{\theta})$, 并且后验众数刚好是极大似然估计值 (前提是 $f(\boldsymbol{y})$ 不依赖于 $\boldsymbol{\theta}$). 事实上, 对于有固定维数的参数向量 $\boldsymbol{\theta}$, 如果数据中包含关于 $\boldsymbol{\theta}$ 的大量信息, 那么在任何情况下, 随着样本容量趋于无穷, 后验众数都会趋于极大似然估计值, 因为这时先验是受似然度控制的.

2.5.2 模型比较、贝叶斯因子、先验敏感度、BIC、DIC

就 2.4.2 节而言, 假设检验用贝叶斯方法并不容易实现, 而且与 AIC 类似的准

① 这跟不提供 $\boldsymbol{\theta}$ 的先验信息是不同的. 例如, 假设 θ 具有不恰当的均匀先验分布和对 $\log(\theta)$ 做同样的假设是不同的.

则也并不直观. 贝叶斯模型选择的一种显然的方法是分析所有可能的模型，然后计算每一个模型的边缘后验概率（见参考文献 [17]）. 这种方法听起来简单，但实际上那些概率对模型参数的先验条件很敏感，如果这些先验条件是“出于便利的先验条件”，而不是有充分依据的先验知识，就会有问题. 这种概率的计算也不容易. 本小节考察先验敏感度问题并且论述两种试图与 AIC 等价的贝叶斯方法. 基于后验模拟的另一种方法见 6.6.4 节.

1. 边缘似然度、贝叶斯因子和先验敏感度

在贝叶斯框架下，寻找支持或反对两种备选模型的证据这一目标可以通过**贝叶斯因子**来实现（因此它的作用同频率论方法中的 p 值是有些类似的）. 要比较两个模型 M_1 和 M_0，一种很自然的方法是比较它们的概率比. ①根据贝叶斯定理，先验概率比可以转化为后验概率比

$$\frac{\Pr(M_1|\boldsymbol{y})}{\Pr(M_0|\boldsymbol{y})} = \frac{f(\boldsymbol{y}|M_1)\Pr(M_1)}{f(\boldsymbol{y}|M_0)\Pr(M_0)} = B_{10}\frac{\Pr(M_1)}{\Pr(M_0)},$$

其中 B_{10} 是用来比较 M_1 和 M_0 的贝叶斯因子. 因此 B_{10} 衡量了数据令先验概率比对 M_1 有利的程度. 和 p 值一样，关于如何描述不同数量级的贝叶斯因子所代表的证据效用度，有一些惯例（见参考文献 [22]）. 利用 $2\log B_{10}$（来跟对数似然比做对比）我们有：

$2\log B_{10}$	不利于 M_0 的证据
0~2	可以忽略
2~6	有
6~10	强
>10	很强

为了真正计算 B_{10}，我们需要在给定每个模型的条件下求出 $\boldsymbol{y}$ 的边缘概率密度，也叫作**边缘似然度**. 例如，

$$f(\boldsymbol{y}|M_1) = \int f(\boldsymbol{y}|\boldsymbol{\theta}_1)f(\boldsymbol{\theta}_1)\mathrm{d}\boldsymbol{\theta}_1, \tag{2.6}$$

其中 $\boldsymbol{\theta}_1$ 代表 M_1 的参数. 在模型比较中，贝叶斯因子和似然比统计量的一个主要区别是它需要对所有可能的参数值积分，但是积分也给了贝叶斯因子一些优势. 似然比统计量是两个模型在最佳拟合参数处取到的极大似然值的比，这必然会给较大的模型一些优势，在理解这一比率时必须要考虑到这一点. 因此我们需要 p 值或 AIC. 通过对所有可能的参数值进行积分，边缘似然度不会有这种倾向大模型的

① 如果只有 M_1 和 M_0 两种可能的模型，那么概率比也就是 M_1 发生的可能性；即 M_1 发生的概率除以 M_1 不发生的概率.

偏差——不相关的灵活性会降低边缘似然度. 一般来说，式 (2.6) 的计算并不简单，因为两种主要的方法都是通过随机模拟（见 6.3 节）或积分的拉普拉斯逼近来实现的. 然而，我们还需要考虑一个更基本的问题.

仔细检查式 (2.6) 会马上发现，使用模糊、无信息或不合适的先验（即使用对未知量进行概括陈述的任意先验，而不是对先验知识进行准确刻画）是存在问题的. 难点在于式 (2.6) 的值对先验很敏感. 通过例子可以很容易看到这一点. 假设似然值表明单个参数 θ 几乎确定是在区间 (0, 1) 中的，但是因为我们没有关于 θ 的真实先验信息，所以使用 $U(-100, 100)$ 先验，得到 k 的边缘似然值. 现在假设我们将先验换作 $U(-1000, 1000)$. 它对 θ 的后验的影响是可以忽略的，但是降低了 $k/10$ 的近似值的边缘似然度（对应前面表格中贝叶斯因子的"有"）. 如果我们使用的是不合适的先验，那么边缘似然度只能通过任意倍增常数来计算，从而使得贝叶斯因子完全没有用，除非两个模型用的是同样的不合适的先验.

另一种看待边缘似然度问题的方法是认识到它是先验中的固定参数的似然度（也就是说，它是我们在将模型具体化时选择的参数值的似然度），其他所有的参数都被积分消掉了. 根据先验中固定参数的相对似然在模型中做选择的这种方法并非总是顺理成章的. 事实上，如果那些值提供的 $\boldsymbol{\theta}$ 的信息非常少，选择就会是完全任意的.

总之，在贝叶斯方法中，因为先验是模型不可缺少的部分，所以边缘似然度、贝叶斯因子和后验模型概率都不可避免地受先验影响. 因此，若备选模型使用不同的先验，只有当这些先验确实包含了精确且有意义的先验信息时，我们用贝叶斯因子和后验模型概率来进行模型选择才是合理的. 即便如此，边缘似然度的计算通常也不容易. 这些困难促使人们寻找一种在贝叶斯环境下与 AIC 类似的模型选择标准（见 2.4.5 节）. 但是在此之前，我们先来考虑确定贝叶斯因子.

2. 潜在、分数和局部贝叶斯因子

鉴于贝叶斯因子需要包含有意义的先验信息，而这在模型的形成阶段通常是不存在的，因此需要考虑用部分数据生成先验. 基本思想是把数据 $\boldsymbol{y}$ 分为两部分，即 $\boldsymbol{x}$ 和 $\boldsymbol{z}$，并且用 $f(\boldsymbol{\theta}|\boldsymbol{x})$ 作为根据 $\mathbf{z}$ 来计算边缘似然度的先验. 也就是说，我们用下面这种形式的边缘似然度来构造一种局部贝叶斯因子：

$$f(\boldsymbol{z}|M_i, \boldsymbol{x}) = \int f(\boldsymbol{z}|\boldsymbol{\theta}_i, \boldsymbol{x}) f(\boldsymbol{\theta}_i|\boldsymbol{x}) \mathrm{d}\boldsymbol{\theta}_i.$$

为了了解为什么这样做对情况有所改进，用 $f(\boldsymbol{\theta}_i|\boldsymbol{x}) = f(\boldsymbol{x}|\boldsymbol{\theta}_i) f(\boldsymbol{\theta}_i) / \int f(\boldsymbol{x}|\boldsymbol{\theta}_i) f(\boldsymbol{\theta}_i) \mathrm{d}\boldsymbol{\theta}_i$ 对上式进行替换可以得到

$$f(\boldsymbol{z}|M_i, \boldsymbol{x}) = \frac{\displaystyle\int f(\boldsymbol{z}|\boldsymbol{\theta}_i, \boldsymbol{x}) f(\boldsymbol{x}|\boldsymbol{\theta}_i) f(\boldsymbol{\theta}_i) \mathrm{d}\boldsymbol{\theta}_i}{\displaystyle\int f(\boldsymbol{x}|\boldsymbol{\theta}_i) f(\boldsymbol{\theta}_i) \mathrm{d}\boldsymbol{\theta}_i}$$

$$= \frac{\displaystyle\int f(\boldsymbol{y}|\boldsymbol{\theta}_i)f(\boldsymbol{\theta}_i)\mathrm{d}\boldsymbol{\theta}_i}{\displaystyle\int f(\boldsymbol{x}|\boldsymbol{\theta}_i)f(\boldsymbol{\theta}_i)\mathrm{d}\boldsymbol{\theta}_i}. \tag{2.7}$$

因为在最后的表达式中分子和分母有同样的先验，所以整个边缘似然度对先验的敏感度大大降低了.

局部贝叶斯因子的两种变体是**潜在**贝叶斯因子和**分数**贝叶斯因子. 潜在贝叶斯因子（见参考文献 [2]）用足够大的子集 $\boldsymbol{x}$ 来保证 $f(\boldsymbol{\theta}_i|\boldsymbol{x})$ 是恰当的，然后对所有的这种子集所对应的局部贝叶斯因子取平均，从而消除不论取哪一个特定的 $\boldsymbol{x}$ 都可能会存在的结果的任意性. 这里需要的平均可能有些耗费计算量. 因此**分数**贝叶斯因子（见参考文献 [29]）利用 $b = \dim(\boldsymbol{x}) / \dim(\boldsymbol{y})$ 得到 $f(\boldsymbol{x}|\boldsymbol{\theta}_i) \approx f(\boldsymbol{y}|\boldsymbol{\theta}_i)^b$（至少对高维数和可交换的变量来说是如此），而这个观测值可以代入式 (2.7). 注意，如果分数贝叶斯因子求的是大样本极限下的合适的模型，那么当样本大小趋于无穷时，$b \to 0$. 对于潜在贝叶斯因子来说，这样的一致性是自然的. 因此贝叶斯交叉验证方法通过将 $\boldsymbol{x}$ 设置为缺失了一个数据的 $\boldsymbol{y}$，然后对每一个可能的 $\boldsymbol{z}$ 求平均值是无法给出一致的模型选择的，但是这样一来，AIC 也无法给出（见 4.6 节）. 分数贝叶斯因子的计算见 6.3 节.

3. BIC：贝叶斯信息准则

一种较早的可以避开先验的敏感度这一难点的方法是由 Schwarz（见参考文献 [39]）提出的. 为清楚起见，我们省略与特定模型相关的符号. 贝叶斯因子的计算需要求出每一个模型的边缘似然度，

$$P = \int f(\boldsymbol{y}|\boldsymbol{\theta})f(\boldsymbol{\theta})\mathrm{d}\boldsymbol{\theta},$$

令 n 为 $\boldsymbol{y}$ 的维数，p 为 $\boldsymbol{\theta}$ 的维数，定义 $f_p(\boldsymbol{\theta}) = f(\boldsymbol{y}|\boldsymbol{\theta})f(\boldsymbol{\theta})$（这里的 $\boldsymbol{y}$ 是观测数据向量）. 令 $\tilde{\boldsymbol{\theta}}$ 为使 f_p 最大化的 $\boldsymbol{\theta}$ 的值. 由泰勒展开可得

$$\log f_p(\boldsymbol{\theta}) \simeq \log f_p(\tilde{\boldsymbol{\theta}}) - \frac{1}{2}(\boldsymbol{\theta}-\tilde{\boldsymbol{\theta}})^{\mathrm{T}}\left(-\frac{\partial^2 \log f_p}{\partial\boldsymbol{\theta}\partial\boldsymbol{\theta}^{\mathrm{T}}}\right)(\boldsymbol{\theta}-\tilde{\boldsymbol{\theta}})$$

$$\Rightarrow f_p(\boldsymbol{\theta}) \simeq f_p(\tilde{\boldsymbol{\theta}})\exp\left\{-\frac{1}{2}(\boldsymbol{\theta}-\tilde{\boldsymbol{\theta}})^{\mathrm{T}}\left(-\frac{\partial^2 \log f_p}{\partial\boldsymbol{\theta}\partial\boldsymbol{\theta}^{\mathrm{T}}}\right)(\boldsymbol{\theta}-\tilde{\boldsymbol{\theta}})\right\}.$$

由 $\{\}$中多元正态分布的概率密度函数项，我们有

$$P = \int f_p(\boldsymbol{\theta})\mathrm{d}\boldsymbol{\theta} \simeq f_p(\tilde{\boldsymbol{\theta}})(2\pi)^{p/2}\left|-\frac{\partial^2 \log f_p}{\partial\boldsymbol{\theta}\partial\boldsymbol{\theta}^{\mathrm{T}}}\right|^{-1/2}.$$

现在假设至少在 $n \to \infty$ 时有 $-\partial^2 \log f_p/\partial\boldsymbol{\theta}\partial\boldsymbol{\theta}^{\mathrm{T}} = n\boldsymbol{\mathcal{I}}_0$，其中 $\boldsymbol{\mathcal{I}}_0$ 是一个矩阵，满足 $|\boldsymbol{\mathcal{I}}_0|$ 以有限正常数为上下界，取值独立于 n（理想状况下接近 1）. 对于独立同分

布的数据来说，$\boldsymbol{\mathcal{I}}_0$ 是单次观测的（固定）信息矩阵. 在此假设下，我们有

$$\left|-\frac{\partial^2 \log f_p}{\partial\boldsymbol{\theta}\partial\boldsymbol{\theta}^{\mathrm{T}}}\right| = n^p|\boldsymbol{\mathcal{I}}_0|,$$

因此

$$\log P \simeq \log f(\boldsymbol{y}|\tilde{\boldsymbol{\theta}}) + \log f(\tilde{\boldsymbol{\theta}}) + \frac{p}{2}\log(2\pi) - \frac{p}{2}\log n - \frac{1}{2}\log|\boldsymbol{\mathcal{I}}_0|.$$

现在当 $n \to \infty$ 时，$\tilde{\boldsymbol{\theta}} \to \hat{\boldsymbol{\theta}}$（极大似然估计），因为同与 n 不相互独立的项相比，与 n 相互独立的项变得可以忽略. 因此我们可以得到

$$\mathrm{BIC} = -2\log f(\boldsymbol{y}|\hat{\boldsymbol{\theta}}) + p\log n (\approx -2\log P).$$

因此两个模型之间 BIC 的区别是对对数贝叶斯因子的二倍的一个粗略估计，并且在其他条件都相同的情况下，我们会选择 BIC 最小的模型. 注意这里的任意性：在推导过程中 BIC 里的 n 可以乘以我们选择的任意有限正常数. BIC 的一个有趣的特性是，因为它舍弃了先验，所以对于会影响到贝叶斯因子本身的先验并不敏感，但是另一方面，对舍弃先验这种做法的合理化好像有些人为性质.

4. DIC：偏差信息准则

在复杂的贝叶斯模型中，有时并不容易确定自由参数的个数. 例如，在贝叶斯背景下，模型中随机效应和参数的差别其实并非是正式的，而只是术语不同而已. 这就使得 BIC 的应用成了问题，这个问题同 BIC 依赖于对后验众数的了解一样，而后验众数无法通过模拟直接获得.

从本质上讲，引入先验给确定模型中自由参数的个数带来了问题. 先验限制了参数变化的自由度. 在先验是狄拉克 δ 函数的极端情况下，相应的参数会跟固定常数一样对数据不敏感，并且显然完全不应该算作自由参数. 从这一个极端慢慢移到另外一个极端——完全无信息的先验，相应的参数对自由参数的数量的贡献似乎应该慢慢从 0 升到 1. 这种思想引出了**有效自由度**的概念.

Spiegelhalter 等（见参考文献 [41]）提出了贝叶斯模型的有效自由度的测量方法，可由模拟输出计算得到. 他们首先将**偏差**定义为

$$D(\boldsymbol{\theta}) = -2\log f(\boldsymbol{y}|\boldsymbol{\theta}) + c,$$

其中 c 是可忽略的常数，它只与 $\boldsymbol{y}$ 有关（因此在 $\boldsymbol{y}$ 给定时，它不随模型的改变而改变）. 记“x 的均值”为 $\bar{x}$，文中提出的有效自由度的定义为

$$p_D = \overline{D(\boldsymbol{\theta})} - D(\bar{\boldsymbol{\theta}}).$$

这个定义的吸引力在于，在大样本极限中，先验是受似然度控制的，而后验近似服从高斯分布，因此由式 (2.4) 的推导过程可以得到 $D(\boldsymbol{\theta}) - D\{E(\boldsymbol{\theta})\} \sim \chi_r^2$. 但 p_D 是对 $E[D(\boldsymbol{\theta}) - D\{E(\boldsymbol{\theta})\}]$ 的直接估计，并且 $E(\chi_r^2) = r$. 那么偏差信息准则就是

$$\text{DIC} = D(\bar{\boldsymbol{\theta}}) + 2p_D,$$

显然，它的形式和 AIC 有些相似. 在后验近似服从高斯分布的情况下，DIC 的推导相对简单，但是它的应用更广泛，也引起了一些争议. 如果相对于 $\boldsymbol{y}$ 中的数据的个数来说，p_D 不够小，DIC 在任何情况下都是不合理的. 它的较为实用的好处是可以由模拟输出计算得到，而且对模糊先验的选择的敏感度大大低于边缘似然度.

2.5.3 区间估计

关于什么范围内的参数值与数据相一致这一问题，贝叶斯方法通过选出后验概率较高的值的范围来回答. 例如，θ_i 的 $\gamma 100\%$ 的**可信集**是

$$\Omega = \{\theta_i : \int_\Omega f(\theta_i|\boldsymbol{y})\mathrm{d}\theta_i = \gamma; f(\theta_i \in \Omega|\boldsymbol{y}) > f(\theta_i \notin \Omega|\boldsymbol{y})\}$$

（即：这个集合包含了后验概率最高的 $\gamma 100\%$ 的 θ_i 的值）. 如果这个集合是连续的，那么它的两个端点定义了一个 $\gamma 100\%$ 的**置信区间**. 注意它与频率论中的置信区间的区别. 这里的区间是固定的，而参数是随机的，这与频率论中的理解正好相反. 除了这个不同之外，在大样本极限中，如果数据信息量足够大，那么贝叶斯置信区间和频率论的置信区间是一致的.

2.5.4 模型检测

一种非常极端的贝叶斯观点认为，你不应该检测模型，因为这样做意味着你在建立贝叶斯分析时没有合理明确地指出自己的不确定因素，而这会显得“无逻辑”. 这种观点有些不切实际，一般来说更实际的做法是将两种模型和先验都看作对实际值的近似表示，而且最好检测一下整体的缺点. 这种检测有一部分可以按照 2.4.4 节的方法来进行，但是最好检验一下结果对指定先验的敏感度，特别是当它的选择具有一些任意性时，这种情况是经常发生的. 根据参数的后验分布对重复的数据进行模拟也非常有用，这样可以检测后验模拟数据是否系统地偏离了观测数据，从而表明模型存在问题（见 6.6.4 节中的例子）.

2.5.5 与 MLE 的联系

我们已经看到了后验众数与 MLE 在大样本下的一致性以及贝叶斯置信区间与频率论置信区间在大样本下的对应性. 事实上，很多时候，在大样本极限下，

$$\boldsymbol{\theta}|\boldsymbol{y} \sim N(\hat{\boldsymbol{\theta}}, \boldsymbol{\mathcal{I}}^{-1}),$$

其中 $\hat{\boldsymbol{\theta}}$ 和 $\boldsymbol{\mathcal{I}}$ 的意义同式 (2.3).

2.6 设计

统计设计理论关注的是如何设计调查和实验，从而得到最合适的数据，以回答我们要研究的统计问题. 这是一个拥有丰富理论的大话题，关于如何产生极为有用的设计，我们已经了解了很多. 这一节将简单介绍两种重要的设计思想.

第一种重要的思想是**随机化**. 为明确起见，考虑这个实验：检验一种药物与标准疗法相比是否对降低血压更有效. 除了药物之外，还有很多其他的变量可能会影响血压，例如年龄、体脂百分比、性别，等等. 因为这些因素在这里不属于直接研究的范围，所以把它们叫作**混淆变量**. 严格来说，混淆变量是指任何与响应变量和其他要研究的预测变量都相关的变量，但实际上往往很难排除可能会影响结果的任意变量的混淆变量. 为了了解药物的效果，必须允许混淆变量的出现. 为了理解这一点，设想我们对研究中几乎所有女性都使用新药疗法，而对几乎所有男性都使用标准疗法. 现在试想一下你如何来区分性别带来的影响与药物带来的影响. 一种解决方法是测量混淆变量并将它们纳入用于分析数据的统计学模型. 这种做法是有用的，但是不能测量出所有可能的混淆变量，因为我们甚至不知道哪些会是混淆变量. 面对无法测量的混淆变量，怎么能期望对于药物的效果进行合理的推断呢？

答案是**随机化**. 如果患者被随机分配药物类型，那么我们就切断了患者所接受的疗法和混淆变量的值之间的一切可能联系，因此它们也就不再是混淆变量了. 事实上，患者的血压变化中由其他的这些变量所引起的部分就可以作为特定患者的随机误差来处理. 这种随机误差在统计学模型中很容易解释，那么我们就可以得到关于药物效果的合理结论了.

关键的一点是，将实验单位（即患者）相对于实验疗法（即药物治疗）进行随机化，可以把不可测量的混淆变量的影响转化成可以作为随机噪声来建模的影响. 正是随机化的这种效果使得实验可以用来检验**随机**的影响，而观测或者调查的数据是做不到这一点的，原因是我们无法消除不可测量的（甚至有可能是未知的）混淆变量的影响.

设计中第二种重要的思想是我们可以调整实验或者调查的方式，从而改进由它们的结果数据所得到的参数估计. 通常的思路是尽量优化参数估计量（在贝叶斯分析中是 $\boldsymbol{\theta}|\boldsymbol{y}$）的均方差的某些测度. 如果我们用的是极大似然估计，那么 $\hat{\boldsymbol{\theta}}$ 的近似协方差矩阵就是 $\boldsymbol{\mathcal{I}}^{-1}$. 这个矩阵的主对角元素给出了估计量方差的近似值. 以下是两个最常用的设计准则：

(1) A-最优化，做法是将估计量方差的均值最小化，这与将 $\text{tr}(\boldsymbol{\mathcal{I}}^{-1})$ 最小化是等价的；

(2) D-最优化，做法是将近似协方差矩阵的行列式 $|\boldsymbol{\mathcal{I}}^{-1}| = 1/|\boldsymbol{\mathcal{I}}|$ 最小化.

基本的思路是通过调整设计来将所选的准则最小化. 有时可以用解析法进行最优化，有时则可能需要用数值法. 设计入门请参见参考文献 [4].

2.7 一些有用的关于单个参数的正态结果

作为中心极限定理和大样本极大似然的结果，很多估计量都具有近似正态性，这意味着我们会反复用到服从正态分布的单个估计量的基本计算.

假设已知 $\hat{\theta} \sim N(\theta, \sigma_\theta^2)$，其中 σ_θ 已知，而 θ 未知. 对某些特定的 θ_0 的值，我们可能要检验 $H_0 : \theta = \theta_0$ 对 $H_1 : \theta \neq \theta_0$. 经过对似然比统计量片刻的思考或者深思熟虑，可得到如下检验统计量：

$$\frac{\hat{\theta} - \theta_0}{\sigma_\theta},$$

如果 H_0 为真，那么它显然服从 $N(0,1)$ 分布. [①] 因为零分布是对称的，并且统计量中有大量的值支持 H_1，所以 p 值是

$$p = \Pr\left(|Z| \geqslant \left|\frac{\hat{\theta} - \theta_0}{\sigma_\theta}\right|\right), \ Z \sim N(0,1). \tag{2.8}$$

下面是一些简单的用于计算的 R 语句（3 种形式，结果是一样的）：

```
z.obs <- (theta.hat - theta.0)/sigma
pnorm(abs(z.obs),lower.tail=FALSE) + pnorm(-abs(z.obs))
pnorm(-abs(z.obs))*2  ## 利用 N(0,1) 的对称性
pchisq(z.obs^2,lower.tail=FALSE,df=1) ## 值相等
```

事实上 σ_θ 极少是已知的，更为常见的是 $\hat{\theta} \sim N(\theta, c^2\sigma^2)$，其中 c 是已知的常数，σ^2 未知但是可以用 $\hat{\sigma}^2$ 来估计. 一种选择是直接用 $c\hat{\sigma}$ 代替 σ_θ 并且利用式 (2.8) 进行计算. 在大样本极限下这样做是可行的，但是在样本容量有限的情况下，如果不忽略 $\hat{\sigma}^2$ 的可变性，我们通常还能做得更好一些.

假设在统计学意义上 $\hat{\sigma}^2$ 与 $\hat{\theta}$ 相互独立，并且对某些正整数 k 有 $\hat{\sigma}^2/\sigma^2 \sim \chi_k^2/k$. 在这种情况下，由 t_k 分布的定义（见 A.1.3 节），有

$$\frac{\hat{\theta} - \theta_0}{c\hat{\sigma}} \sim t_k.$$

现在可以用下面的公式计算 $H_0 : \theta = \theta_0$ 对 $H_1 : \theta \neq \theta_0$ 的 p 值：

$$p = \Pr\left(|T| \geqslant \left|\frac{\hat{\theta} - \theta_0}{c\hat{\sigma}}\right|\right), \quad T \sim t_k.$$

① 即使对似然比进行稍短的考虑，我们也同样会用 $(\hat{\theta} - \theta_0)^2/\sigma_\theta^2$，它在 H_0 下服从 χ_1^2 分布：p 值不变.

在 R 中会用到类似下面的语句：

```
t.obs <- (theta.hat - theta.0)/(const*sigma.hat)
pt(-abs(z.obs),df=k)*2 ## 利用 t_k 的对称性
```

对 $\hat{\sigma}^2$ 的假设看起来有很大的局限性，但它们在很多类型的模型估计问题中都成立. 例如，它们在线性回归模型中完全成立（见第 7 章），在广义线性模型中近似成立（这时 k 是数据的个数减去被估参数的个数，$\hat{\sigma}^2$ 除外）. 即使在条件仅仅是近似成立的情况下，与忽略 σ^2 的可变性直接用 $N(0,1)$ 相比，一般来说使用 t_k 仍是一种改进. 在任何情况下，当 $k\to\infty$ 时，t_k 趋向于 $N(0,1)$.

现在考虑置信区间估计，首先是方差已知的情形. 假设如果对任意 θ_0 都有 p 值 $\geqslant \alpha$，我们就接受 H_0. 那么我们就会接受所有使得下式成立的 θ_0 的值：

$$z_{\alpha/2} \leqslant \frac{\hat{\theta}-\theta_0}{\sigma_\theta} \leqslant z_{1-\alpha/2},$$

其中 z_ϕ 是 $N(0,1)$ 分布的 ϕ 分位数：使得 $\Pr(Z \leqslant z_\phi) = \phi$ 的值. 由对称性，$z_{\alpha/2}= -z_{1-\alpha/2}$（这时 $z_{\alpha/2}$ 是负的）. 将上面的不等式变形可得

$$\hat{\theta} + z_{\alpha/2}\sigma_\theta < \theta_0 < \hat{\theta} - z_{\alpha/2}\sigma_\theta$$

（即：θ 的一个 $(1-\alpha)\,100\%$ 的置信区间是 $\hat{\theta} \pm z_{\alpha/2}\sigma_\theta$）. 下面是可能会用到的一点 R 语句，运行它可以得到 95%的置信区间：

```
theta.hat + qnorm(c(.025,.975))*sigma
```

除了用 t_k 分布代替 $N(0,1)$ 分布外，对方差的估计值的推导是相同的. 记 t_k 的 $\alpha/2$ 分位数为 $t_{k,\alpha/2}$，那么 θ 的 $(1-\alpha)\,100\%$ 置信区间的端点变成了 $\hat{\theta} \pm t_{k,\alpha/2}c\hat{\sigma}$. 这可以用下面的 R 语言来实现：

```
theta.hat + qt(c(.025,.975),df=k)*const*sigma.hat
```

尽管这里的结果都与单个参数有关，以上的推导中并未要求模型只能有一个未知参数. θ 可以是一个参数向量中的单个元素.

2.8　习题

2.1　求 2.1 节例 1 中 μ 和 σ 的极大似然估计. 求 μ 的 95%的准确置信区间. 将它与由式 (2.3) 得到的近似区间相比较. 计算 σ 的近似置信区间.

2.2　合理运用 R 语言中的 qnorm、sort、plot 和 abline 函数，检验问题 2.1 中模型的拟合度. 这个模型适当吗?

2.3　用 R 语言为 2.1 节中温度数据的第二个模型作 μ 和 σ 的对数似然的等高线图，其中 $\alpha = 3$. 对给定的 α 求 μ 和 σ 的近似极大似然估计.

2.4 用 R 语言写一个函数来求出 2.1 节例 4 中 θ_l 的对数似然（提示：见 `?dexp`）. 在适当的范围内画出 θ_l 的对数似然图，然后利用式 (2.4) 和置信区间的定义，求 θ_l 的 95%的置信区间（可以利用 `pchisq`）.

2.5 利用 R 语言中的 `chol` 函数写一个 R 函数来计算 2.2 节中模型 (2.2) 的对数似然（见 B.2 节）.

2.6 考虑模拟数据 `x<-rnorm(10)+1`，它的贝叶斯模型 $x_i \sim N(\mu, 1)$，$\mu \sim U(-k, k)$（即 μ 的先验是 $[-k, k]$ 上的均匀分布）. 利用 R 函数 `integrate`，研究 k 从 2 变到 20 时此模型的边缘似然度敏感度. 可以考虑用 `Vectorize` 将联合密度函数转化为适用于 `integrate` 的形式.

2.7 证明如果相互独立的观测值 x_i 服从参数为 λ 的指数分布，并且 λ 的先验分布是 Γ 分布，那么 λ 的后验分布也是 Γ 分布（参考 A.2.2 节）.

第 3 章　R

有些有意思的数据集的统计分析是通过计算机来实现的. 各种不同的计算机程序为统计工作提供了便利. 为了直接将一般的统计学理论应用于自定义的模型，R 或许是最适用于这些程序的软件.

R（见参考文献 [33]）是为统计学分析而设计的程序语言和环境. 它是免费的（可以登录 http://cran.r-project.org 获取副本），由一个统计学家群体来编程和维护. 它的设计的一个主要特点是可扩展性. 使用 R 为统计学方法编写程序非常简单，而且便于传播和供他人使用. 要寻找 R 的入门信息，http://cran.r-project.org/manuals.html 是第一站. 假设你已经安装了 R，能打开它看到命令控制台，并且至少已经知道用 `q()` 函数退出 R.[①]

下面几个网站可以从不同的层次为 R 语言的学习提供出色的指导：

- http://cran.r-project.org/doc/contrib/Short-refcard.pdf

是对关键函数和功能的概括，共 4 页；

- http://cran.r-project.org/doc/contrib/R_language.pdf

为 R 语言的结构提供简要的介绍和参考；

- http://cran.r-project.org/doc/manuals/R-lang.html

是 R 语言的主要参考手册.

大量的统计功能已经被嵌入到 R 和它的扩展包中，本章的目的是将 R 作为统计学的编程语言进行简单的概述.

3.1　R 的基本结构

当你（交互式地）打开 R 时，有两个重要的东西被创建了：一个是命令提示符，可以用于输入命令来告诉 R 要做什么；另一个是**环境**，又叫“全局环境”或者“用户工作区”，用于容纳你的命令所创建的对象. 和命令提示符不同，你无法直接看到全局环境，但它作为计算机内存的一个扩展部分而存在，用来容纳你的数据、命令和其他的对象.

---

① 退出 R 时，它会问你是否要保存工作区的图像. 如果你回答“是”，那么所有你创建过并且在运行过程中没有被破坏掉的对象都会被保存到盘里，并且在下次打开 R 时重新加载. 一般来说不需要保存.

一般来说，在 R 中一个“环境”由两部分构成. 第一个在 R 术语中叫作**帧**，是指向对象的一组符号以及定义那些对象的数据. 第二个是指向封闭环境的指针. 正如我们将要看到的，R 利用呈树形结构分布的不同环境来组织对象的评估和操作. 从禅宗的角度简单来看，树形结构的基础环境根本不包含任何东西. 大多数环境是作为完善的基础计算架构而存在的，大部分程序员对此并不了解，但是出于某些目的，对它们有所了解还是很重要的.

R 中的一切都是环境中的对象，包括 R 命令本身. 下面这行 R 语言创建了一个名为“a”的对象并且给它（用赋值运算符 `<-`）赋值 2：

```
> a <- 2
```

我一按下 return，文本“`a <-2`”就被发送给了**解析器**来检验它的正确性（即它是不是 R 中的有效语句），并被转化成用于评估的内部表示，这被称为**表达**对象. 然后这种表达被评估，从而在用户工作区创建一个由符号 `a` 指向并且包含单个值 2 的对象.

一旦对象被创建，它就能够由名字来指向并且用来创建其他的对象. 例如：

```
> b <- 1/a
```

创建完对象之后你经常需要检查它们的内容. 只要打出对象的名字就能让 R 输出它（实际上是为涉及的对象调用 `print` 函数）：

```
> b
[1] 0.5
```

`ls()` 列出了全局环境下所有的对象，而 `rm(b)` 会清除名为 `b` 的对象.

R 是一种函数式编程语言：它是围绕函数构建的，以对象为参数并由此产生其他的对象. 即使是 `+` 和 `*` 这样的基本运算符实际上也是作为函数来实现的. 在 R 的内部可以创建函数式的对象. 假设我们想要创建以 `a` 和 `b` 为参数的函数 `foo` 并且返回 $b\log(a)-1/2$ 的值. 以下定义了这样的一个函数对象：

```
foo <- function(a,b) {
  b * log(a) - 0.5
}
```

花括号 `{` 和 `}` 中的 R 命令定义了如何将参数 `a` 和 `b` 转换成函数所返回的结果. 函数的最后一行求出的值就是它的返回值. 因此

```
> foo(2,3)
[1] 1.579442
```

输出的是 $a=2$，$b=3$ 时求出的 `foo` 值.

只要命令看起来是完整的并且遇到了行结束符，R 就会求出命令的值. 命令可以分成好几行，这时需要注意，在命令真正完成之前，不要把某一行的结尾理解为命令完成. 反过来说，如果要将几个完整的命令放在单行中，那么必须把它们用 `;`

隔开. 可以用花括号 { 和 } 对命令进行分组. 如果你用一个 { 开始了一组命令, 那么在用一个 } 结束之前它就不会结束, 而且不会被解析和求值.

在这段讨论中你应该已经注意到 R 是一种解释性语言. 它在首次碰到命令时就对其进行解释和执行 (而不是像 C 语言等汇编语言一样将所有命令转换成二进制指令然后再执行). 这会产生两种重要的结果. 第一, 我们需要注意如何在重复性的任务中提高效率, 以保证用于理解想让 R 做什么的时间不会比真正实现它的时间更长. 第二, 这意味着我们写出的 R 程序自身又能够写出 R 程序并运行它.

3.2 R 的对象

R 中的对象或者是某种语言对象, 或者是一个函数调用的结果. 因此, 与很多编程语言相比, 在使用变量之前我们不需要明确它的类型: 变量的类型是由创建它的函数决定的. 在 R 中有很多基本的对象类型 (**类**), 其中对数据处理最为重要的是向量和数组. **列表**用于创建包含多个不同类型对象的对象.

同它们的类一样, R 的对象中携带着构成对象元素的基本类型的信息. 有些令人困惑的是, 它们实际上携带着构成它们基本元素的 3 种不同分类的信息: 它们的**类型**、**模式**和**存储模式**. 下面的语句通过创建向量 (1, 2, 3, 4) 并且测试它的类型、模式和存储模式说明了这一点:

```
> b <- 1:4
> typeof(b)
[1] "integer"
> mode(b)
[1] "numeric"
> storage.mode(b)
[1] "integer"
```

一般来说不必太关注一个对象的模式和类型: 例如, 实数和整数的转换是自动的, 很少需要程序员关注. 但当调用其他语言编写的代码时是种例外, 这时必须要了解从 R 传递到外部代码的数据的存储模式.

对象也可以携带各种附加信息, 比如**属性**. 属性有一个名字, 它可以是任何类型的对象. 它们更像是粘贴在对象上并被它携带着的一大堆符号. `attribute` 函数可以让你获得一个对象的所有属性, `attr` 函数则可以设定和提取单个属性. 举个例子, 我们给上面的向量 b 一个由 2×2 的矩阵构成的属性 (并输出它):

```
> attr(b,"mat") <- matrix(1:4,2,2)
> attr(b,"mat")
     [,1] [,2]
[1,]    1    3
```

```
[2,]  2   4
```

你可以随意添加属性，这些属性会被 R 自身用多种方式加以利用，包括在矩阵和高阶数组的实现方面. 一个对象的类有些像一种特殊的属性，可以用在 R 的基本的**面向对象**机制中（见 3.6 节）.

以下是用 R 来操作数据时需要的一些基本类型的对象. 完整的对象列表见本章开头给出的资源.

• **向量**是存储实数、复数、整数、逻辑数据和字符数据的默认结构. 标量就是长度为 1 的向量. 下面的语句创建了一个向量 d，检查它有多少个元素，并且输出第三个元素：

```
> d <- c(1,3.56,9)
> length(d)
[1] 3
> d[3]
[1] 9
```

• **数组**是具有 dim 属性且属于 "array" 类的向量. 下面的语句创建了一个三维数组，显示它的 dim 属性，并且输出它的元素 2, 1, 3：

```
> b <- array(1:24,c(2,3,4))
> attributes(b)
$dim
[1] 2 3 4
> b[2,1,3]
[1] 14
```

正如以上所述，通过提供每个维度的索引可以访问数组元素，或者通过提供单个索引可以访问基本向量的元素. 数组是按照基本向量里“以列为主”的顺序存储的，因此如果 d 是 dim 属性，那么 $b[i,j,k]$ 等于 $b[i+(j-1)d_1+(k-1)d_1d_2]$；也就是说，在这个例子中 b[2,1,3] 和 b[14] 指向同样的位置.

• **矩阵**是属于 "matrix" 类的二维数组. 把它们视为单独类是为了方便用矩阵进行数值线性运算.

• **因子**，从概念上讲，是用于将其他数据进行分组的标签向量. 在统计模型中它们有特殊的地位（见第 7 章中的例子），因此需要特殊处理. 在 R 中，因子属于 "factor" 类并且具有 "levels" 属性，它是在因子对象中具有独特标签的向量. 如果你输出一个因子变量，那么输出的是给向量的每个元素的标签. 然而，实际存储的是索引为 "levels" 属性的一组整数，并且实际上是输出函数完成了从存储的整数到相应标签的转换.

• **Data.frame** 是数据的矩阵，它的每一列有一个名字，但可以不是同一种类型.（例如，同时有逻辑列、数值列、因子列和字符列是没有问题的.）这种格式是存储统计数据集的一种自然方式. 以下是一个简短的例子：

```
> dat <- data.frame(y=5:7,lab=c("um","er","er"))
> dat
  y lab
1 5 um
2 6 er
3 7 er
```

默认情况下，字符向量 `lab` 被转换为因子变量.[①] 数据帧既可以像其他矩阵一样被访问，也可以通过变量的名字和作为一个列表（见下一条）来访问. 因此，`dat[2,1]`、`dat$y[2]` 和 `dat[[1]][2]` 都可以访问 entry (6).

• **列表**是构成 R 中所有复杂对象的基本组成部分. 列表是由任意数量的随意命名且有编号的项目组成的，每个项目都可以是任何类型的对象. 例如：

```
> li <- list(a="fred",1:3,M=matrix(1,2,2))
```

列表的元素可以通过由 1 开始的数字用方括号来访问（例如，`li[[1]]`可以访问 `"fred"`）. 如果项目有名字，那么可以通过使用 `$` 来访问. 例如，`li$a` 也可以访问 `"fred"`.

3.3　用向量、矩阵和数组进行计算

R 中的数据操作是基于向量的. 也就是说，只要有可能，我们就使用整个向量，而不是使用向量中的单个元素，因为前者在解释性语言中效率更高. 因此在 R 中标准运算符和数学函数都是用向量化的方式来定义的，下面的例子是最好的说明.

假设我们有向量 $\boldsymbol{x}$ 和 $\boldsymbol{y}$，想要计算向量 $\boldsymbol{z}$，$\boldsymbol{z}$ 的元素被定义为 $z_i = \sin(x_i)\, y_i - y_i^{x_i} / \exp(x_i)$. 如果 $\boldsymbol{x}$ 和 $\boldsymbol{y}$ 是 R 中的向量，那么 `> z <- sin(x)*y - y^x/exp(x)` 可以计算 $\boldsymbol{z}$. 关键的一点是函数和运算符对向量元素的操作是**逐一的**.

对一些常用的不是逐个元素操作的向量运算 R 有内置的函数. 例如：

`sum(x)` 用来计算 $\sum_i x_i$;

`prod(x)` 用来计算 $\prod_i x_i$;

`cumsum(x)` 用来计算 $z_i = \sum_{j=1}^{i} x_j$;

`cumprod(x)` 用来计算 $z_i = \prod_{j=1}^{i} x_j$.

3.3.1　循环规则

在进行向量运算时我们经常需要同时操作标量和向量（例如对向量的每个元

① 关于如何关闭这个转换参见 `?data.frame`.

素都乘以 2). 在 R 中, 标量就是长度为 1 的向量: 没有任何特别之处. 但是, R 有一条**循环规则**, 它是向量乘以数量时的一种面向向量的推广. 循环规则是说, 如果两个不同长度的向量出现在同一运算中, 那么短向量会被复制, 直到跟长向量的长度相同, 然后这个循环后的向量会被用于计算.

因此, 在理论上, 如果 `x <-c(1,2,3)`, 那么 `z <-2*x` 的结果是 2 被重复 3 次来生成一个由 3 个 2 构成的向量, 然后和 x 的对应元素相乘来得到 z. 以下是循环规则在应用中的一个例子:

```
> a <- 1:4
> b <- 1:2
> a + b
[1] 2 4 4 6
```

在你习惯之后循环会非常有用. 例如, 假如我们想要构造 $\boldsymbol{A} = \boldsymbol{W}\boldsymbol{X}$, 其中 $\boldsymbol{W}$ 是一个对角元素为 $\boldsymbol{w}$ 的对角矩阵, $\boldsymbol{X}$ 是某个 $n \times n$ 的矩阵. 一种选择是明确构造 $\boldsymbol{W}$, 然后用 $\boldsymbol{X}$ 乘以它:

```
W <- diag(w); A <- W%*%X
```

这里大约有 $2n^3$ 次算术运算, 其中大多数是与 0 相乘, 这对最后的结果没有任何影响. 但是回想一下, 矩阵实际上是以向量的形式按列存储的, 我们可以简单地利用循环规则来用 n^2 次运算得到结果, 省略与 0 的乘积:

```
A <- w * X
```

如果长向量元素个数不是短向量元素个数的整数倍的话, R 会产生警告. 对具有维度属性的向量 R 也会拒绝循环.

3.3.2 矩阵代数

显然, 向量化的对应元素的操作意味着 `A*B` 不是矩阵相乘, `A/B` 也不是 $\boldsymbol{A}\boldsymbol{B}^{-1}$. 相反, 这两个以及其他的矩阵操作有特殊的函数和运算符.

• `%*%` 是矩阵相乘运算符. 若经检验维数相容, 那么 `A %*% B` 表示矩阵乘积 $\boldsymbol{A}\boldsymbol{B}$. 它也可以用于矩阵和向量相乘.

• `%x%` 是克罗内克积. 因此 `A %x% B` 表示 $\boldsymbol{A} \otimes \boldsymbol{B}$.

• `t(A)` 返回的是其参数的转置.

• `solve(A,B)` 可以求出 $\boldsymbol{A}^{-1}\boldsymbol{B}$. 求 $\boldsymbol{A}\boldsymbol{B}^{-1}$ 的话, 用 `t(solve(t(B),t(A)))`, 因为 $\boldsymbol{A}\boldsymbol{B}^{-1} = (\boldsymbol{B}^{-\mathrm{T}}\boldsymbol{A}^{\mathrm{T}})^{\mathrm{T}}$. `solve(A)` 返回 $\boldsymbol{A}^{-1}$, 但这很少用到, 因为用它来计算逆矩阵的话消耗较大, 而且它不太适合显式地求逆矩阵.

• `crossprod(A)` 计算 $\boldsymbol{A}^{\mathrm{T}}\boldsymbol{A}$ 的速度至少是 `t(A) %*% A` 的两倍.

在用这些基本运算符进行计算时, 要特别注意运算的顺序. 数值线性代数的一个有趣的特点是, 许多表达式可以用很多不同的顺序来计算, 它们都能得到相同的结果，但是在计算速度上却可以相差几个数量级．为了了解这一点，考虑计算 $\boldsymbol{BCy}$，其中，矩阵维数从左到右分别是 $n \times m$、$m \times n$ 和 $n \times 1$（一个向量）．R 函数 system.time 可以让我们检验不同运算顺序的效果，其中 n 和 m 分别被设为 1000 和 2000.

```
> system.time(z <- B%*%C%*%y)
  user system elapsed
  2.706 0.009 2.720
> system.time(z <- B%*%(C%*%y))
  user system elapsed
  0.013 0.000 0.013
```

两个程序计算的是同一个量，但是第二个会快很多．为什么？在第一个程序中 R 是从左到右计算表达式的：首先计算 $\boldsymbol{BC}$，需要 $2n^2m$ 步算术运算，然后用 $\boldsymbol{y}$ 去乘所得的结果，又需要 $2n^2$ 步运算．在第二个程序中，R 先计算括号内的向量 $\boldsymbol{Cy}$，需要 $2mn$ 步运算，然后用 $\boldsymbol{B}$ 乘以所得结果，也需要 $2mn$ 步运算．因此后一种方法少了 n 倍的运算量.① 这显然是不能忽略的一个问题，不过处理这个问题也非常简单（见附录 B）.

函数 chol、qr② 、eigen 和 svd 分别为它们的变量进行乔莱斯基、QR、特征值和奇异值分解．在使用 qr 函数时返回的是紧凑形式的分解，然后可以用帮助函数（见 ?qr）来操作．forwardsolve 和 backsolve 分别用于代替 solve 来计算下三角和上三角的第一个变量：对于 $n \times n$ 的变量来说它们的效率比同样情况下用 solve 提高了 n 倍．det 和 determinant 函数也用于计算行列式，但是对于很多统计学的应用来说，行列式应该直接用 QR 三角或乔莱斯基因子来计算，因为它们不管怎样都是很有可能会用到的．附录 B 提供了更多的关于矩阵分解的信息.

ncol 和 nrow 函数返回它们的变量的行数和列数，rowSums 和 colSums 则分别返回每一行或每一列的和所构成的向量．kappa 可以快速估计一个矩阵的条件数（见 B.3.3 节），而 norm 计算各种矩阵范数．apply 和它的相关函数对矩阵也很有用，后面将会涉及.

主要由 0 构成的矩阵叫作**稀疏矩阵**．R 提供的 Matrix 包为稀疏矩阵的计算提供了便利，但是要注意，为了利用好它，你需要了解 pivoting 和 infil 的问题（见参考文献 [6]）.

3.3.3 数组操作与 apply

除了矩阵以外，很多数组操作也是用向量算法与索引和分组来完成的，这些将

① 这里我们看到的提速没有那么快，因为在两种运算中都有其他的消耗.

② 注意 R 中 qr 的缺省 tol 参数：出于某些目的它会被设置的非常高.

在后面讨论. 然而，有两种常见的数组导向任务需要特别注意：一种是用 apply 函数将一个函数应用于一个数组的 margins，另一种是用 Jonathon Rougier 的 tensor①包通过“数组下标求和”来求数组乘积.

apply 函数将单阵列作为它的第一个变量，维数下标构成的向量作为第二个变量，然后将一个函数作用于下标给出的数据. 下面是一个简单的例子，展示了用 apply 函数来求一个 2×3 矩阵（二维数组）的行和列的和：

```
> A <- matrix(1:6,2,3);A
     [,1] [,2] [,3]
[1,]    1    3    5
[2,]    2    4    6
> apply(A,1,sum)
[1] 9 12
> apply(A,2,sum)
[1] 3 7 11
```

对 apply 的第一次调用指定将 sum 函数按顺序应用于 A 的每一行（第一维），然后返回结果. 第二次调用将 sum 应用于 A 的每一列（第二维）. 为了弄清楚 apply 在做什么，如果我们指定第二个变量中的行和列来看一下发生了什么的话会很有帮助：

```
> apply(A,c(1,2),sum)
     [,1] [,2] [,3]
[1,]    1    3    5
[2,]    2    4    6
```

所以 apply 取出由每个行和列索引（在二维数组情形下是单个数字）的组合确定的数据并且将 sum 作用于它，给出了结果所示的矩阵，在这个例子中正是初始的 A.

对任意维数的数组都可以同样的方式使用 apply：更多内容见 ?apply. 另外，也有用于列表（见 ?lapply）和将函数应用于向量子集（见 ?tapply）的变形的 apply. 相关的函数 aggregate 和 sweep 也很有用.

现在考虑数组乘积. 我们有一个 c 维数组 A 和一个 d 维数组 B，并且想要求出它们的某些维数的内积所得的数组. 例如：

$$C_{ipqvw} = \sum_{jkl} A_{ijklpq} B_{kjlvw}.$$

① 在物理和几何学中，**向量**是具有大小和相关的方向的量，需要用一个一维的数组来表示它. **张量**是有大小和 d 个相关的方向的量，它需要用一个 d 维的数组来表示.

如果将一些下标写成上标，那么运用爱因斯坦求和约定 $C^{ipq}_{vw} = A^{ijklpq}B_{kjlvw}$ 可以将它写得更紧凑. 基本思想是使用共同下标的元素的乘积进行求和. 以下是在 R 中求 $A^{ijk}B_{kjl}$ 的一个具体例子：

```
> A <- array(1:24,c(2,3,4))
> B <- array(1:72,c(4,3,5))
> require(tensor) ## 加载 tensor 库
> tensor(A,B,c(2,3),c(2,1))
     [,1] [,2] [,3] [,4] [,5]
[1,] 1090 2818 4546 6274 8002
[2,] 1168 3040 4912 6784 8656
```

在两个向量给出用于相加的维数后，tensor 会将数组作为变量.

3.3.4 索引和分组

很多情况下只需要对一个向量或数组的子集或一个数组的一些维数进行操作. 为了有效实现这一点，R 有许多应用于数组和向量的索引和分组操作. 首先让我们考虑向量.

向量的索引有两种方式，一种是用一个整数向量给出被索引的向量中必需的元素的位置，另一种是使用逻辑数组，这个数组与被索引的向量长度相同，必需的元素的值为 TRUE. 以下是一个例子：

```
> x <- c(0,-1,3.4,2.1,13)
> ii <- c(1,4,5)
> x[ii]
[1] 0.0 2.1 13.0
> il <- c(TRUE,FALSE,FALSE,TRUE,TRUE)
> x[il]
[1] 0.0 2.1 13.0
```

用索引数组比用逻辑数组稍微灵活一些，因为可以多次选择同一元素，并且顺序是任意的. 例如：

```
> ii <- c(5,4,1,1)
> x[ii]
[1] 13.0 2.1 0.0 0.0
```

但是，在某些情况下，用逻辑数组更利于提取数值. 例如，小于 2.5 的 x 的值可以这样提取：

```
> il <- x < 2.5
> il
[1] TRUE TRUE FALSE TRUE FALSE
> x[il]
```

```
[1] 0.0 -1.0 2.1
```

或者可以用单独的命令 x[x < 2.5]. 将逻辑数组转换为索引数组通常是有用的，which 函数可以做到：

```
> ii <- which(x < 2.5); ii
[1] 1 2 4
```

(ii <-(1:5)[x < 2.5] 是等效的).

每种类型的索引向量也都可以出现在一个任务的“左手边”[①]. 下面的例子将任何小于 2 的 x 的元素重置为 1：

```
> x[x < 2] <- 1; x
[1] 1.0 1.0 3.4 2.1 13.0
```

目前为止的例子只涉及了简单的条件，但是我们经常需要一些更复杂的分组. 这可以通过元素逻辑操作“or”和“and”，即“|”和“&”来实现. 例如，考虑挑选出向量 z 的在 −1 到 2 之间的元素：

```
> z <- c(3.6,-1.2,1,1.6,2,20)
> z[z >= -1 & z <= 2]
[1] 1.0 1.6 2.0
```

z[z < -1|z > 2] 提取出这个子集的补集，z[!(z >= -1 &z <= 2)]也可以，后者用了“非”运算符“!”.

另一个常见的任务是将一些函数应用于一个向量的不相重叠的子集，tapply 可以完成这个任务. 数据的向量 x 是它的第一个变量，然后是一个向量的向量或者列表 INDEX，它包含一个或多个因子变量，每一个的长度都与 x 相同. 所有在 INDEX 中具有相同因子水平组合的 x 的元素都在同一组中，包含这些组的子向量将参数提供给 tapply 的第三个参数，即函数 FUN. 例如，假设要求 z 的前两个、接下来三个和最后一个元素的平均值：

```
> fac <- factor(c(1,1,2,2,2,3))
> tapply(z,fac,mean)
       1        2         3
 1.200000 1.533333 20.000000
```

矩阵和数组通常还需要另外一种子集：对特殊行和列的提取. 事实上，一个索引数组的缺失意味着对整个向量的需求，利用这一点可以完成上述提取. 例如，x 和 x[] 返回整个向量 x. 简单来说，X[i,] 和 X[,j] 分别提取矩阵 X 的第 i 行和第 j 列.

索引向量和缺失的指标可以按照你的意愿混合. 例如：

```
> a <- array(1:24,c(2,3,4))
```

① 事实上任务箭头可以指向两个方向，所以这里实际上指的是“在任务运算符的尖头”.

```
> a[1,,2:3]
     [,1] [,2]
[1,]    7   13
[2,]    9   15
[3,]   11   17
```

但是要注意，提取一个矩阵或数组的零散元素更困难. 假设我想在一个 4×3 的矩阵 B 中提取出 3 个元素 (1, 3)、(4, 2) 和 (2, 1). 或许我会天真地尝试:

```
> B <- matrix(1:12,4,3)
> i <- c(1,4,2); j <- c(3,2,1)
> B[i,j]
     [,1] [,2] [,3]
[1,]    9    5    1
[2,]   12    8    4
[3,]   10    6    2
```

这根本不是我想要的（但是完全符合前面关于索引如何工作的描述）. 现在数组的深层向量存储赶来救援. 回想一下，数组是按照以列为主的顺序存储的，为了提取需要的元素，可以创建一个指向深层向量存储的适当的向量:

```
> B[i+(j-1)*4]
[1] 9 8 2
```

数组分组的一个重要细节是如果一个子集是单向量，那么维度属性就是默认给定的. 这会导致在我们无法提前预知某个操作是否会返回一个数组或向量的情况下进行程序设计时出现问题. 在这种情况下可以强制保留维度属性，像下面这样:

```
> B[1,] ## 向量结果
[1] 1 5 9
> B[1,,drop=FALSE] ## 1×3 矩阵结果
     [,1] [,2] [,3]
[1,]    1    5    9
```

3.3.5 序列与网格

许多计算中都需要生成正则数列（有时是其他变量）. 最简单的是生成一个公差为 1 的递增或递减的数列. a:b 生成一个从 a 开始到 a+k 结束的数列，其中 k 是使得 $a+k\leqslant b$（如果 $a<b$）或者 $a-k\geqslant b$（如果 $a>b$）的最大整数. a 和 b 通常是整数. 例如:

```
> i <- 1:10; i
[1] 1 2 3 4 5 6 7 8 9 10
```

函数 seq 生成一个增量可以不是整数的序列. 它的前两个参数给出端点值，同时参数 by 给出一个增量，或者 length 给出数列应该有多少个元素. 例如:

```
> x <- seq(0,1.5,length=4); x
[1] 0.0 0.5 1.0 1.5
```

常见的情况是序列需要以某些方式重复，而 rep 使得这一点很方便. 它的第一个参数是一个“基序列”，第二个参数指出它的元素如何复制. 下面是一些例子：

```
> rep(x,2) ## 重复整个序列
[1] 0.0 0.5 1.0 1.5 0.0 0.5 1.0 1.5
> rep(x,each=2) ## 按元素进行重复
[1] 0.0 0.0 0.5 0.5 1.0 1.0 1.5 1.5
> rep(x,rep(2,4)) ## 按元素重复 (更加灵活)
[1] 0.0 0.0 0.5 0.5 1.0 1.0 1.5 1.5
```

在最后一种形式中，第二个参数是一个跟 x 长度相同的向量，它指定了 x 的每一个元素被重复多少次（当然，它的元素可以是不同的）.

多于一维的正则序列也是有用的，例如：网格. 生成网格的一种选择是用 rep. 但是，用函数 expand.grid 会更容易一些，它的命名参数定义了每一维度的网格点，并且返回对应每一个 margin 的列的一个数据帧，将它们扩展使得所有的点都落到规则网格中. 例如：

```
> z <- seq(-1,0,length=3)
> expand.grid(z=z,x=x)
     z   x
1 -1.0 0.0
2 -0.5 0.0
3  0.0 0.0
4 -1.0 0.5
.   .   .
12 0.0 1.5
```

原则上来说可以生成任意维数的网格. 一般生成网格是为了在一些范围内求一个函数的某些变量. 在这种情况下用函数 outer 会更方便，它在内部生成求值网格，以数组形式返回网格上的函数值.

3.3.6 排序

sort 返回按升序排列的变量（将第二个参数 decreasing 设为 TRUE 得到降序排列）. 例如：

```
> set.seed(0); x <- runif(5); x
[1] 0.8966972 0.2655087 0.3721239 0.5728534 0.9082078
> sort(x)
[1] 0.2655087 0.3721239 0.5728534 0.8966972 0.9082078
```

我们经常需要将一个变量排序为一些其他的变量. order 对此可以返回一个适当的索引向量（见 ?sort.int），这里用重排 x 本身来说明:

```
> io <- order(x); io
[1] 2 3 4 1 5
> xs <- x[io]; xs
[1] 0.2655087 0.3721239 0.5728534 0.8966972 0.9082078
```

一个相关的任务是找到向量中数据的排序，rank 可以做到这一点. 如果没有其他约束条件，那么在下面的例子中 rank 是 order 的反函数:

```
> ir <- rank(x); ir
[1] 4 1 2 3 5
> xs[rank(x)]
[1] 0.8966972 0.2655087 0.3721239 0.5728534 0.9082078
```

另外一种 io“求逆”的方式是用:

```
> um <- rep(0,5)
> um[io] <- 1:5; um
[1] 4 1 2 3 5
```

同样地，将 ir 用在左手边可以使 um 成为 io. 在处理矩阵旋转时这种做法是很有用的（例如，在 qr 和 chol 中可以选择使用）.

3.4 函数

3.1 节中已经介绍过函数，但是为了更加高效地写出函数，我们还需要了解更多的细节. 一个正规的函数由一个参数列表、一个主体（定义它做什么的代码）和一个环境（它被创建的环境）构成. 一般来说，函数将对象作为参数，并且对它们进行操作以得到返回的对象. 对这一普遍原理有两点说明.

(1) 函数可能有附带产物，比如将一些输出传送给控制台或者生成一个图. 事实上函数只能产生附带产物，而没有返回的对象. 一般来说，如果代码清晰且易于调试的话，改变函数外部对象的附带产物是可以避免的.

(2) 函数可能会使用不在它的参数列表里的对象：如果 R 遇到一个不在函数参数列表里，并且之前也没有在函数里创建过的符号，那么它首先在**定义**[①]函数的环境里搜索它（不一定是调用它的环境）. 如果失败的话它就查询函数 search() 返回的环境. 对这种机制的一种良性使用是调用不在函数参数列表里的其他函数，或者获取存储于 .Machine 等的常数. 利用这种机制来为一个函数提供你创建过的其他对象是不好的做法，因为这样容易产生复杂的难以调试的代码. 一般来说函

① 这叫作“词法作用”，因为函数的母环境是它被写入的位置.

数需要的所有对象都应该作为它的参数来提供. 如果这样不方便的话，就将参数分组成为数量更小的列表参数.

下面是一个函数定义的例子. 它将用幂级数展开来表示的一对一的实函数推广成对称矩阵：

```
mat.fun <- function(A,fun=I) {
  ea <- eigen(A,symmetric=TRUE)
  ea$vectors %*% (fun(ea$values)*t(ea$vectors$))
}
```

“function(A,fun=I)”表明要创建一个带参数 A 和 fun 的函数. 在这个例子中创建的函数被命名为 mat.fun，但有时函数没有名字也可以使用（例如，在作为其他函数的参数时）. 参数列表给出了在函数体内指向函数变量时所用的名字. 在调用函数而未给其某个参数赋值时，参数可能会被赋予默认值. 这是在参数列表中用 name=default 来实现的. fun=I 就是一个例子，它将 fun 的默认值设为 identity 函数.

接下来是 R 中包含在 {...} 中的函数体（如果函数体中只有单一表达式，那么就不需要花括号）. 函数体中可以包含任何有效的 R 表达式. 函数体的最后一行所创建的对象就是函数所返回的对象. 或者对象也可以明确地用 return 函数返回. 对于 mat.fun 来说，首先获得第一个参数的特征值分解，然后用它生成 fun 的广义形式.

现在让我们将函数应用于随机矩阵. 首先做一个合理性检验：

```
> set.seed(1)
> m <- 3; B <- crossprod(matrix(runif(m*m),m,m))
> B; mat.fun(B)
          [,1]      [,2]      [,3]
[1,] 0.5371320 0.8308333 0.8571082
[2,] 0.8308333 1.6726210 1.5564220
[3,] 0.8571082 1.5564220 1.7248496
          [,1]      [,2]      [,3]
[1,] 0.5371320 0.8308333 0.8571082
[2,] 0.8308333 1.6726210 1.5564220
[3,] 0.8571082 1.5564220 1.7248496
```

这是为了验证默认的行为是返回第一个参数.

现在考虑（用 mat.fun(B)）调用一个函数时实际会发生什么. R 首先采用一种非常宽容的方法将函数的变量匹配给那些实际供应. 它首先在对变量名称（在例子中是“A”和“fun”）精确匹配的基础上进行匹配. 这并不是说在例子中 R 是要寻找叫作 A 的 B；而是它要寻找形式为 A=B 的表述，明确指定对象

B 要作为 mat.fun 的变量“A”. 精确匹配之后，接下来 R 尝试在剩下的变量中进行名称的部分匹配. 例如 mat.fun(B,fu=sqrt) 使得 sqrt 函数作为变量 fun 使用的对象. 按名称匹配之后，剩余的变量在变量列表中按照位置进行匹配：这就是在前面 R 将 B 匹配给 A 的方式. 所有未匹配的变量会被匹配给它的默认值.

接下来 R 创建一个**评价框架**：一个可扩展内存，用于存储函数中使用的函数变量的副本，同函数中创建的其他对象一样. 函数的环境是这个评价框架的父类（记住，这是定义函数的环境）.

匹配好变量之后，R 并不会马上对它们进行求解，而是等到函数体中需要用它们来求一些量的时候，这叫作**惰性求值**. 变量求值是在调用函数的环境中进行的，但匹配了默认值的变量除外，因为它们的值是在函数本身的评价框架中求出的.

初步工作做好了，接下来 R 运行函数体中的命令，并且返回一个结果.

注意，因为变量被有效复制进了函数的评价框架中，所以对函数内部的函数变量所做的任何操作对从函数“外部”提供给变量的对象都没有任何影响. 在函数体 mat.mod 内就算把 A 替换成一些诗歌，矩阵 B 也不会改变.

下面是一个调用 mat.mod 来求逆矩阵的例子：

```
> mat.fun(A = B, fun = function(x) 1/x)
          [,1]      [,2]      [,3]
[1,] 10.108591 -2.164337 -3.070143
[2,] -2.164337  4.192241 -2.707381
[3,] -3.070143 -2.707381  4.548381
```

这个例子中的变量都是用全名来给出的，变量 fun 是用一个函数定义给出的.

“...”参数

函数也可以有一个特殊参数“...”，用于创建参数个数可变的函数. 它也可以用来将参数传递给一个函数，转而可能又传递给其他的函数，而不必声明那些参数是调用函数的参数. 例如，在传递控制绘图函数的设置的参数时，它就很有用.

任何在函数调用中给出的参数，如果不在函数定义的参数列表里，而又有一个“...”参数的话，那么它就被匹配给“...”参数.[①] “...”的元素能够被提取到一个列表中. 下面这个简单例子唯一的目的就是说明这一点，从而向你展示在使用“...”时所有需要了解的东西：

```
dum <- function(...) {
  arg <- list(...)
```

① 这里有一个稍微不好的副作用，即输错参数名称不会产生明显的警告.

```
  arg.names <- as.list(substitute(list(...)))[-1]
  names(arg) <- arg.names
  arg
}
```

函数体的第一行将参数提取出来并将它们放到一个列表中. 接下来的一行提取参数的名称（显然是在调用环境中）. 查询 ?substitute 来准确理解它是如何工作的. 然后名称被赋给列表的元素. 现在它只有两个参数，因此状态不活跃:

```
> a <- 1; b <- c("um","er")
> dum(a,b)
$a
[1] 1
$b
[1] "um" "er"
```

正如前面提到的,“...”的一个主要作用是将参数传递给一个函数，然后让它再传递给另一个函数. R 的最优化函数 optim 利用这种机制来将参数传递给它正在最小化的函数. optim 的作用是关于第一个参数（一个向量）将函数最小化. 需要优化的函数可能有许多其他的参数，除了需要提供它们的值之外，这些参数与 optim 无关. optim 不“知道”它们叫什么或者有多少个: 它不需要知道，因为这些参数会以匹配到“...”的有名称的参数形式提供并以这样的形式传递给函数. 例如，下面是 optim 要最小化的函数以及所用的指令:

```
ff <- function(x,a,b) {
  (x[1]-a/(x[2]+1))^2 + (x[2]-b/(x[1]+1))^2
}
optim(c(0,0),ff,a=.5,b=.2)
```

optim 关于参数 x 最小化 ff. 它将 0.5 和 0.2 作为 a 和 b 的值传递给 ff. 当然，我们不只是传递简单的常数: 几乎任何 R 对象都可以作为一个参数传递.

有一个细节值得注意. ff <- function(res=1,...) res;f(r=2) 返回的结果会是 2，因为参数名称有一部分匹配，即使你本来是让 r 作为“...”参数的一部分. 这一点很容易出错. 如果你想先匹配“...”，那它必须先于会混淆的参数出现. 因此下面的代码给出了答案 1:

```
ff <- function(...,res=1) res;f(r=2)
```

3.5 有用的内置函数

本章的目的是概述 R，所以这一节简单提供了一些定位有用的标准内置函数文件的信息. R 有一个巨大的帮助系统，可以在命令提示符处输入 help.start()，以可导航的 HTML 形式获得帮助，也可以在命令行输入 ?foo，其中 foo 是要查询的函数或其他主题.

帮助主题	包括的主题
?Arithmetic	标准算术运算符
?Logic	标准逻辑运算符
?sqrt	平方根与绝对值函数
?Trig	三角函数（sin、cos 等）
?Hyperbolic	双曲函数（tanh 等）
?Special	特殊数学函数（Γ 函数等）
?pgamma	不完全伽马函数
?Bessel	贝塞尔函数
?lot	对数函数
?max	最大、最小和向量化的最大、最小
?round	舍入、截断等
?distributions	R 内置的统计分布

关于 ?distributions 主题需要多解释一些. R 中有以下分布的内置函数（括号内为分布所对应的函数）：beta 分布（beta）、二项分布（binomial）、柯西分布（cauchy）、卡方分布（chisq）、指数分布（exp）、f 分布（f）、伽马分布（gamma）、几何分布（geom）、超几何分布（hyper）、对数正态分布（lnorm）、多项分布（multinom）、负二项分布（nbinomial）、正态分布（norm）、泊松分布（pois）、t 分布（t）、均匀分布（unif）和威布尔分布（weibull）. 这些列表中的 R 标识名称以 courier 字体显示.

对于每个分布，用名为 dist 的分布来举例，有 4 个功能.

(1) ddist 是 dist 的概率函数或概率密度函数.

(2) pdist 是 dist 的累积分布函数.

(3) qdist 是 dist 的分位数函数.

(4) rdist 根据 dist 产生独立的伪随机偏离.

3.6　面向对象与类

R 中的对象具有类，并且 R 包含一种机制，可以根据对象的类使用函数的不同版本. 例如，从线性建模函数 lm 返回的稍微复杂的列表对象的类是 "lm"：

```
> set.seed(0); n <- 100
> x <- runif(n); y <- x + rnorm(n)
> b <- lm(y ~ x)
> class(b)
[1] "lm"
```

因此，如果只是在命令提示符下键入 b 或等价的 print(b)，我们不会得到一个枯燥冗长且包括 b 的所有元素的输出（列表的默认输出），而是会得到更漂亮的结果：

```
> print(b)

Call:
lm(formula = y ~ x)

Coefficients:
(Intercept)        x
   -0.05697   0.92746
```

这里出现的情况是，适用于 "lm" 类的 print 方法被调用来进行打印. 这个函数叫作 print.lm（如果你想看一下它长什么样，可以在命令提示符下输入 stats:::print.lm）. 发生这种情况的机制涉及通过**通用** print 函数进行方法调度. 如果检查输出功能的话，那么它只包含一行：

```
> print
function (x, ...)
UseMethod("print")
```

它让 R 使用基于第一个参数 x 的类 foo 的函数 print.foo：如果没有找到 print.foo 方法，可以使用 print.default. 这种方法常用于 print、summary 和 plot 函数.

如果你想准确知道对象内部是什么，第一眼看起来，print 方法的存在可能是个麻烦，但实际上并不是. 你总是可以直接调用默认的输出方法（例如，print.default(b) 输出 b 的内容，包含所有繁琐乏味的细节）. str (b) 通常是更好的选择，它给出了其参数结构的总结. names(b) 只是给出了 b 的元素的名字.

许多对象类与其他对象类密切相关. 例如，广义线性模型具有线性模型的特征，因此 lm 和 glm 返回的对象的结构中存在很多重叠. 这种重叠直接引起的问题是：是否一些 lm 方法可以直接使用 glm 对象，而不需要重写. 类的**继承**实现了这一点. 一个类的对象可以从一个或多个其他类继承，并且该类缺少的任何方法函数对于它继承的类来说都可以是默认的. 例如：

```
> b1 <- glm(y~x)
> class(b1)
[1] "glm" "lm"
```

表示类 "glm" 继承自类 "lm"，也可以使用 inherits(b1, "lm") 对它进行测试. 对于 b1，有一个 print.glm 方法，但没有 plot.glm，所以 plot(b1) 实际上会使用 plot.lm(b1).

我们可以对现有的泛型函数自由添加方法，并创建自己的泛型返回. 作为例子，下面的代码创建了“+”运算符的一个版本用于连接诗歌各行，它被赋予了类 "poetry"，并为该类创建了打印方法：

```
"+.poetry" <- function(a,b) {
 d <- paste(a,b,sep="\n")
 class(d) <- "poetry"
 d
}

print.poetry <- function(x) cat(x,"\n")
```

注意，paste 是将字符串粘贴在一起的函数，而 cat 是一个基本的文本输出函数. 在为 "poetry" 类的对象提供了这些方法之后，它们是这样运行的：

```
> a <- "twas brillig and the slithy toves"
> b <- "Did gyre and gimble in the wabe"
> d <- "All mimsy were the borogroves"
> class(a) <- class(b) <- class(d) <- "poetry"
> a + b + d
twas brillig and the slithy toves
Did gyre and gimble in the wabe
All mimsy were the borogroves
```

这里描述的机制是面向对象的一种非常弱的形式，称为 S3 类和方法. 在 R 包 methods 当中，S4 类和方法提供了另一种更全面的面向对象的形式. ?Methods 帮助文件中有这两种方法的详细信息.

3.7 条件执行与循环

我们经常需要根据一些条件是否成立来求不同的 R 指令集的值. 当使用向量和数组的元素时，有效地进行条件求值的方式是使用 3.3.4 节的逻辑索引方法. 另外 R 提供了这种结构：

```
if (condition) {
  statements 1
} else {
  statements 2
}
```

如果表达式 condition 值为 TRUE，那么就去求与 statements 1 对应的表达式的值；否则就求 statements 2 的值. else {...} 部分是可选的：如果省略这一部分，那么当 condition 为 FALSE 时，不求任何值，R 直接进行下一指令. 嵌套 if 语句能够以显式方式构建（见 ?switch）：

```
if (condition 1) {
  statements 1
} else if (condition 2) {
  statements 2
} else {
  statement 3
}
```

下面是一个模拟抛硬币的简单例子：

```
if (runif(1) > 0.5) cat("heads\n") else cat("tails\n")
```

类似 a <-if(condition)foo else bar 的语句也是常用的.

另一个基本的编程任务是循环. 在 R 中，尽量避免数组元素的循环是很重要的：3.3 节中详细描述的方法通常**更加**有效. 但是，循环也有许多合理的用法（其中循环的每个迭代都在做很多工作），R 有 5 个用于实现循环的命令：for、while、repeat、break 和 next.

for 应该是最常用的. 它对向量的每个元素重复一次 R 的一组命令. 语法是：

```
for (a in vec) {
  R code
}
```

其中括号中的 R code 依次重复 a，它相当于 vec 的每个元素. 例如：

```
> vec <- c("I","am","bored")
> for (a in vec) cat(a," ")
I am bored
```

for 常用于在一些范围内的整数上进行循环. 例如，for(i in 1:10){...} 求 $i = 1, 2, \cdots, 10$ 的 {...} 中的命令的值.

while 会一直执行一个循环，直到不再满足条件为止. 语法是：

```
while (condition) {
  R code
}
```

所以它反复计算 R code，直到 condition 的值不再为 TRUE. 下面的例子重复了一个简单的生态种群模型，直到超过人口阈值：

```
N <- 2
while (N < 100) N <- N * exp(rnorm(1)*.1)
```

注意，这是一个无法通过向量化来避免循环的例子：计算从根本上是迭代的.

break 和 next 是在代码内修改循环行为的命令. break 使程序立即从循环

退出. next 使循环直接跳到下一个迭代. break 的存在使 R 的最简单的循环指令 repeat 变得容易，它只是重复一组指令，直到遇到一个 break. 下面是用 repeat 重写的 while 人口模型的例子. 逻辑是相同的.

```
N <- 2
repeat {
  N <- N * exp(rnorm(1)*.1)
  if (N >= 100) break
}
```

注意循环中代码的缩进：这通常被认为是很好的做法，因为它可以提高可读性.

循环效率

R 有效编程的关键是确保循环的每次迭代都在（用较少的代码）做很多工作. 对数组的元素进行循环，并且对每个元素只做一点工作，通常效率很低. 为了强调这一点，可以考虑两个方阵相乘的例子. 下面的 R 代码对 R 中的一个原始循环和对同一任务使用“%*%”的时间进行了比较.

```
> n <- 100L
> A <- matrix(runif(n^2),n,n)
> B <- matrix(runif(n^2),n,n)
> C <- B*0
> system.time({
+ for (i in 1:n) for (j in 1:n) for (k in 1:n)
+ C[i,j] <- C[i,j] + A[i,k] * B[k,j]})
  user system elapsed
  11.213 0.012 11.223
> system.time(C <- A%*%B)
  user system elapsed
  0.004 0.000 0.002
```

循环如此缓慢是因为 R 是一种解释语言. 在嵌套循环的每次迭代中，都必须对 C[i,j] <- C[i,j] + A[i,k] * B[k,j] 进行阐释和求值，这比表达式实际生成一个加法和一个乘法用的时间要长得多. 当然，原始循环是很愚蠢的. 我们可以通过用向量代替内部循环来改善这种情况，从而增加每次迭代所做的工作，同时将阐释和求值的消耗降低约 100 倍：

```
> system.time({
+ for (i in 1:n) for (j in 1:n)
+ C[i,j] <- sum(A[i,] * B[,j])})
  user system elapsed
  0.224 0.000 0.223
```

这样会好一些，但是比单行版还要慢 50 倍左右.

在真正的迭代计算中，冗长的循环是不可避免的，这时可以使用 compiler 标准包，利用 R 中的 **byte-compilation** 获得一些改进. 下面是使用 cmpfun 函数从第二个 R 循环创建一个字节编译函数的例子：

```
> require(compiler)
> bad.loop <- cmpfun(function(A,B) {
+ C <- A*0
+ for (i in 1:n) for (j in 1:n)
+ C[i,j] <- sum(A[i,] * B[,j])
+ C
+ })
> system.time(C <- bad.loop(A,B))
  user system elapsed
  0.108 0.000 0.108
```

略有改善，但仍比 A%*%B 慢得多.

3.8 调用编译代码

对有些任务来说，R 的效率很低，但是通过从 R 调用外部编译代码很容易克服这种低效率. 接口存在于 Fortran、C 和 C++ 中，并且也可以从编译代码调回到 R 中. 本节仅考虑从 R 调用 C 代码的最基本界面. Windows 用户将需要 http://cran.r-project.org/bin/windows/Rtools/ 上提供的额外软件. 大多数基于某些 Unix 的系统应该已经有必要的工具可用了.

考虑编写 C 代码来实现前一节中矩阵乘法循环的例子. 假设这样的函数包含在 matmult.c 中，如下所示：

```
#include <math.h>
#include "matmult.h"

void matmult(double *A, double *B, double *C, int *n) {
  int i,j,k;
  for (i=0;i < *n;i++) for (j=0;j < *n;j++) {
    C[i + *n * j] = 0;for (k=0;k < *n;k++)
    C[i + *n * j] += A[i + *n * k] * B[k + *n * j];
  }
}
```

注意，这里假设矩阵以向量形式按列存储，与 R 内在的矩阵存储惯例相一致. 有一个相应的头文件 matmul.h，其包含：

```
void matmult(double *A, double *B, double *C, int *n);
```

在包含这些文件的目录中，R 的命令行版本可以创建此代码的编译版本，适用于从 R 进行调用：

```
R CMD SHLIB matmult.c
```

会产生一个共享对象文件 matult.so（Windows 上的 matmult.dll）. 从 R 的内部可以加载这个编译对象（通过给出文件的完整路径或者用 setwd 将工作目录设置为包含它的目录）.

```
> dyn.load("matmult.so")
```

现在这种路径本身就可以通过 R 函数 .C 被调用：

```
> res <- .C("matmult",A=as.double(A),B=as.double(B),
+              C=as.double(C*0),n=as.integer(n))
> C <- matrix(res$C,n,n)
```

通过运用 as.double 等，参数显式地转换为了 C 代码所期望的类型. 对于矩阵，传递给 C 的是一个指向内在值向量的指针（按列保存）. .C 实际上复制了所有作为其参数的对象，然后将这些副本的指针传递给 C 代码. 之后 .C 返回一个包含复制参数的列表，其中包含 C 代码对副本所做的任意修改.[①] 在这个例子中，C 的副本已经被修改. 在上面的调用中，每个参数都被赋予一个名称. 例如，用 A = as.double(A) 来命名第一个参数 A. 如果名字被省略的话，那么返回的元素列表以一般的方式通过数字访问. 最后要注意，res$C 必须从向量显式地转换回矩阵.

将 system.time 应用到对 matmult 的调用，显示出它需要的时间大约是 A%*%B 的 3 倍. 发生速度损失是因为给出的 C 代码本身效率很低：将它的速度提高 3 倍是很容易的，但是超出了本书的讨论范围. 然而，即使是这个低效的 C 代码也比我们对这个任务使用 R 循环得到的任何结果都快得多.

更多关于这一问题的细节请参阅 http://cran.r-project.org/doc/manuals/R-exts.html，但是注意，如果代码中包含头文件 R.h，那么有很多机会从 C 中调用 R 程序. 例如，unif_rand() 和 norm_rand() 可以访问 R 的均匀和标准正态伪随机数生成器.

3.9　好的实践与调试

R 具有极大的灵活性，但灵活性太高，容易导致草率编码，因此很可能产生难以追踪的错误. 由于这个原因，编码时需要加强自律. 首要的是代码的可读性. 这

① 因此，C 代码不会修改作为参数传递给 .C 的原始 R 对象.

里有 4 个明显的方面.

(1) 使用有意义的对象名称，但尽量保持简洁. 例如，如果对根据参数 α、β 和 γ 写下的模型进行编程，则在代码中将这些参数称为 `alpha`、`beta` 和 `gamma`.

(2) 因为空格几乎不占内存，所以用它把表达式间隔开以增加可读性. 在操作符周围使用空格以避免歧义是一种很好的实践. 例如，`a<-2` 是明确的，而 `a<-2` 可以是赋值，也可以是判断 `a` 是否比 -2 小的逻辑结果（R 可以选择赋值，但如果无须知道这些的话代码会更清楚）.

(3) 用注释来说明代码. 注释以 `#` 开头并持续到行尾. 自由地使用注释.

(4) 在对复杂任务进行编程时，仔细地设计代码的结构. 将任务分解为函数，每个函数执行整体工作中离散的、精确定义并易于理解的部分.

自律的第二部分是抵挡在命令提示符中交互式地完成所有任务的诱惑. 对于任何极为复杂的代码，都应该在一个（可以保存的）文本文件中进行编码，然后粘贴或引用到 R 中. 各种基于 R 的计算环境的存在使得这种工作方式更容易.

最后，再讲一下调试. 任何人在写极为无趣的代码时都会犯错. 可以在编程之前非常仔细地在纸上写出你最小化编码错误数量的做法，但不是消除它们. 好的做法是假设代码是错误的，直到经过艰苦的努力都找不到更多的错误. 在面对一个顽固的错误时，人们往往会花几个小时盯着代码. 这通常是在浪费时间：如果能用这种方法找到错误，那么在你第一次写下代码时就应该已经能够找到了. 更有效的方法是将科学调查应用于你的代码. 将可能出错的地方（甚至应该是正确的地方）明确假设出来，并设计实验来检验这些假设. 这样做的好处是可以直接打印出计算的量的值. 然而，为了避免浪费时间，你还应该学习如何使用调试器. 在 R 中，`debug` 和 `trace` 提供了默认调试功能（更多信息请参阅它们的帮助文件）. 不过，我发现 Mark Bravington 的 `debug` 包中的 `mtrace` 调试器更好用.

你也可以使用 GNU `gdb` 调试器来调试 R 调用的 C（和其他）代码. 对于 Linux 上的 C/C++，`nemiver` 比 `gdb` 更容易使用（在某些方面更强大）. `valgrind` 内存错误调试器也可用于 R 的编译代码. 同样地，详细信息请参阅 http://cran.r-project.org/doc/manuals/R-exts.html.

3.10 习题

3.1 计算机并不能完全代表最实际的数字. 相反地，给定一些将实数表示为固定长度二进制序列的规则，一个实数就由跟它最接近的可以按规则精确表示的实数（**浮点数**）来近似. 这种近似一般不明显，相对于精确的算法，它会有很大的不同（例如，设想你想要知道两个不同实数之间的差，而它们是由**同样的**二进制序列来近似的）. 使用**有限精度算法**的一个结果是，对于任何数 x，存在一个很小的数 ϵ，使得对所有 e，$|e| \leqslant |\epsilon|$，$x+e$ 与 x

是不可区分的.

a. 尝试用以下代码来求当 $x = 1$ 时该数的大小.

```
eps <- 1
x <- 1
while (x+eps != x) eps <- eps/2
eps/x
```

b. 证明这里最后的 eps 接近最大的 ϵ，其中 x 和 $x+\epsilon$ 生成相同的浮点数.

c. 证明 2*eps 在 R 中以 .Machine$double.eps 形式存储.

d. 证明对 x = 1/8、1/4、1/2、1、2、4 或 8，eps/x 是相同的.

e. 现在尝试一些不能表示为 2 的幂的数，注意差别.

f. 如果用十进制数字来表示，这里的实数大概有怎样的精确度？

3.2 重写以下代码来消除循环，先用 apply，再用 rowSums：

```
X <- matrix(runif(100000),1000,100); z <- rep(0,1000)
for (i in 1:1000) {
  for (j in 1:100) z[i] <- z[i] + X[i,j]
}
```

证明 3 种代码结果一样，但是重写后速度比原来更快.（可以使用 system.time 函数.）

3.3 重写下面的代码，用更高效的程序代替循环：

```
n <- 100000; z <- rnorm(n)
zneg <- 0;j <- 1
for (i in 1:n) {
  if (z[i]<0) {
    zneg[j] <- z[i]
    j <- j + 1
  }
}
```

确认重写后的代码速度更快，但是结果一样.

3.4 运行下面的代码：

```
set.seed(1); n <- 1000
A <- matrix(runif(n*n),n,n); x <- runif(n)
```

计算 $\boldsymbol{x}^{\mathrm{T}}\boldsymbol{A}\boldsymbol{x}$、$\mathrm{tr}(\boldsymbol{A})$ 和 $\mathrm{tr}(\boldsymbol{A}^{\mathrm{T}}\boldsymbol{W}\boldsymbol{A})$，其中 $\boldsymbol{W}$ 是对角矩阵，$W_{ii} = x_i$.

3.5 考虑求解 $\boldsymbol{x}$ 的矩阵方程 $\boldsymbol{A}\boldsymbol{x} = \boldsymbol{y}$，其中 $\boldsymbol{y}$ 是已知的 n 维向量，$\boldsymbol{A}$ 是已知的 $n \times n$ 阶矩阵. 问题的正规解法是 $\boldsymbol{x} = \boldsymbol{A}^{-1}\boldsymbol{y}$，但是也可以直接求出方程的解，不用真的求出 $\boldsymbol{A}^{-1}$. 本题来探索这种直接解法. 在尝试之前，先读一下 solve 的帮助文件.

a. 首先创建矩阵 $\boldsymbol{A}$，$\boldsymbol{x}$ 和 $\boldsymbol{y}$ 满足 $\boldsymbol{A}\boldsymbol{x} = \boldsymbol{y}$.

```
set.seed(0); n <- 1000
```

```
A <- matrix(runif(n*n),n,n); x.true <- runif(n)
y <- A%*%x.true
```

思路是用求 $\boldsymbol{Ax}=\boldsymbol{y}$ 中的 $\boldsymbol{x}$ 作为试验，其中 $\boldsymbol{x}$ 有真实值，可以用来与答案做比较.

b. 用 solve 准确求出矩阵 $\boldsymbol{A}^{-1}$，然后求出 $\boldsymbol{x}_1=\boldsymbol{A}^{-1}\boldsymbol{y}$. 注意这需要多长时间. 求出 x1 和 x.true 之间差的绝对值（解法的近似平均绝对“误差”）.

c. 现在用 solve 直接求 $\boldsymbol{x}$，不用求出 $\boldsymbol{A}^{-1}$. 注意这种方法需要的时间并求出结果的平均绝对误差.

d. 你的结论是什么？

3.6 一组测量值 $\{x_i : i=1,\cdots,n\}$ 的经验累积分布函数是

$$\hat{F}(x)=\frac{\#\{x_i<x\}}{n},$$

其中 $\#\{x_i<x\}$ 表示“小于 x 的 x_i 的个数”. 在回答下面的问题时，尽量保证注释你的代码，使它们结构清晰. 用 rnorm、runif 等生成随机样本来测试你的代码.

a. 写一个 R 函数，输入一个无序的观测值向量 x，然后按照与原始 x 向量对应的顺序返回每个值的经验累积分布函数的值. 见 ?sort.int.

b. 修改你的函数，假如另外一个变量 plot.cdf，当它取 TRUE 时在适当的 x 范围内绘制经验累积分布函数的阶梯函数.

3.7 对上一个问题中的函数使用 debug 函数. 然后从 CRAN 安装 debug 包，看看与使用 mtrace 函数相比有什么区别. 在开始之前，看一下 debug 包的 html 帮助.

3.8 在一个不包含重要内容的 R 片段中，运行下面的代码.

```
rm(list=ls())
hello2 <- function(name=NULL,n=3,dum=0) {
  txt <- paste(paste(rep("hello ",n),collapse=""),
                    name,"\n",sep="")
  cat(txt)
}
hello2(foo,2)
hello2("simon",2,foo)
```

为什么第一次调用 hello2 会生成错误，但第二次不会？

3.9 在下面的代码中找出调用 foo 和 bar 所产生结果的不同与相似之处的原因.

```
foo <- function() {
  print(parent.env(environment()))
  print(parent.frame())
}
bar <- function() foo()
foo()
bar()
```

第 4 章 极大似然估计理论

极大似然估计的运用是基于对数似然和极大似然估计的一般理论. 本章将简要介绍能够确保其可靠应用的一些关键结果的推导. 更多细节参见参考文献 [5]、[7]、[40].

4.1 期望对数似然的性质

极大似然估计的大样本理论依赖于期望对数似然的一些结果，以及随着样本大小趋于无穷大时观测似然趋于它的期望值的可能性. 期望对数似然的结果是在这里得到的. 前面讲过 $l(\boldsymbol{\theta}) = \log f_\theta(\boldsymbol{y})$，令 $\boldsymbol{\theta}_t$ 为真参数值的向量.

1.
$$E\left(\left.\frac{\partial l}{\partial \boldsymbol{\theta}}\right|_{\theta_t}\right) = \mathbf{0}, \tag{4.1}$$

其中期望值是在 $\boldsymbol{\theta}_t$ 点取得. 如果有充分的规律使得求导和积分可以交换顺序，那么证明很简单：

$$\begin{aligned} E\left\{\frac{\partial}{\partial \boldsymbol{\theta}} \log f_\theta(\boldsymbol{y})\right\} &= \int \frac{1}{f_\theta(\boldsymbol{y})} \frac{\partial f_\theta}{\partial \boldsymbol{\theta}} f_\theta(\boldsymbol{y}) \mathrm{d}\boldsymbol{y} = \int \frac{\partial f_\theta}{\partial \boldsymbol{\theta}} \mathrm{d}\boldsymbol{y} \\ &= \frac{\partial}{\partial \boldsymbol{\theta}} \int f_\theta(\boldsymbol{y}) \mathrm{d}\boldsymbol{y} = \frac{\partial \mathbf{1}}{\partial \boldsymbol{\theta}} = \mathbf{0}. \end{aligned}$$

2.
$$\operatorname{cov}\left(\left.\frac{\partial l}{\partial \boldsymbol{\theta}}\right|_{\theta_t}\right) = E\left(\left.\frac{\partial l}{\partial \boldsymbol{\theta}}\right|_{\theta_t} \left.\frac{\partial l}{\partial \boldsymbol{\theta}^{\mathrm{T}}}\right|_{\theta_t}\right), \tag{4.2}$$

该式直接来自先前的结果和协方差矩阵的定义，即式 (1.4). 同前面一样，这里 $\partial l/\partial \boldsymbol{\theta}$ 是列向量，$\partial l/\partial \boldsymbol{\theta}^{\mathrm{T}}$ 是行向量.

3.
$$\boldsymbol{\mathcal{I}} = E\left(\left.\frac{\partial l}{\partial \boldsymbol{\theta}}\right|_{\theta_t} \left.\frac{\partial l}{\partial \boldsymbol{\theta}^{\mathrm{T}}}\right|_{\theta_t}\right) = -E\left(\left.\frac{\partial^2 l}{\partial \boldsymbol{\theta} \partial \boldsymbol{\theta}^{\mathrm{T}}}\right|_{\theta_t}\right). \tag{4.3}$$

$\boldsymbol{\mathcal{I}}$ 被称为**费希尔信息矩阵**. 这一名词与包含 $\boldsymbol{\theta}$ 的大量信息的似然会急剧上升相关（$\boldsymbol{\mathcal{I}}$ 会有大量级的特征值），信息量较少的似然则不会那么急剧上升.

证明很直接. 由式 (4.1) 有

$$\int \frac{\partial \log f_\theta}{\partial \boldsymbol{\theta}} f_\theta(\boldsymbol{y})\mathrm{d}\boldsymbol{y} = \boldsymbol{0}$$

$$\Rightarrow \int \frac{\partial^2 \log f_\theta}{\partial \boldsymbol{\theta}\partial \boldsymbol{\theta}^{\mathrm{T}}} f_\theta(\boldsymbol{y}) + \frac{\partial \log f_\theta}{\partial \boldsymbol{\theta}} \frac{\partial f_\theta}{\partial \boldsymbol{\theta}^{\mathrm{T}}}\mathrm{d}\boldsymbol{y} = \boldsymbol{0},$$

但是 $\dfrac{\partial \log f_\theta}{\partial \boldsymbol{\theta}^{\mathrm{T}}} = \dfrac{1}{f_\theta}\dfrac{\partial f_\theta}{\partial \boldsymbol{\theta}^{\mathrm{T}}}$, 因此

$$\int \frac{\partial^2 \log f_\theta}{\partial \boldsymbol{\theta}\partial \boldsymbol{\theta}^{\mathrm{T}}} f_\theta(\boldsymbol{y})\mathrm{d}\boldsymbol{y} = -\int \frac{\partial \log f_\theta}{\partial \boldsymbol{\theta}} \frac{\partial \log f_\theta}{\partial \boldsymbol{\theta}^{\mathrm{T}}} f_\theta(\boldsymbol{y})\mathrm{d}\boldsymbol{y},$$

结果得证.

4. 期望对数似然在 $\boldsymbol{\theta}_t$ 处有总体极大值. 即

$$E\{l(\boldsymbol{\theta}_t)\} \geqslant E\{l(\boldsymbol{\theta})\}\ \forall\ \boldsymbol{\theta}. \tag{4.4}$$

因为 log 是一个凹函数，由詹森不等式 (1.10) 有

$$\begin{aligned} E\left[\log\left\{\frac{f_\theta(\boldsymbol{y})}{f_{\theta_t}(\boldsymbol{y})}\right\}\right] &\leqslant \log\left[E\left\{\frac{f_\theta(\boldsymbol{y})}{f_{\theta_t}(\boldsymbol{y})}\right\}\right] \\ &= \log\int \frac{f_\theta(\boldsymbol{y})}{f_{\theta_t}(\boldsymbol{y})} f_{\theta_t}(\boldsymbol{y})\mathrm{d}\boldsymbol{y} = \log\int f_\theta(\boldsymbol{y})\mathrm{d}\boldsymbol{y} = \log(1) = 0, \end{aligned}$$

结果得证.

5. 克拉默–拉奥下界. 在 $\mathrm{cov}(\tilde{\boldsymbol{\theta}}) - \boldsymbol{\mathcal{I}}^{-1}$ 半正定的条件下，$\boldsymbol{\mathcal{I}}^{-1}$ 提供了任意无偏估计量 $\tilde{\boldsymbol{\theta}}$ 的方差矩阵的下界.

证明 因为 $f\partial \log f/\partial\theta = \partial f/\partial\theta$，$\partial\boldsymbol{\theta}_t/\partial\boldsymbol{\theta}_t^{\mathrm{T}} = \boldsymbol{I}$，且 $\tilde{\boldsymbol{\theta}}$ 是无偏的，

$$\int \tilde{\boldsymbol{\theta}} f_{\theta_t}(\boldsymbol{y})\mathrm{d}\boldsymbol{y} = \boldsymbol{\theta}_t \Rightarrow \int \tilde{\boldsymbol{\theta}} \left.\frac{\partial \log f_{\theta_t}}{\partial \boldsymbol{\theta}_t^{\mathrm{T}}}\right|_{\theta_t} f_{\theta_t}(\boldsymbol{y})\mathrm{d}\boldsymbol{y} = \boldsymbol{I}.$$

因此，由式 (4.1)，可以得到带有 $\partial \log f_{\theta_t}/\partial\boldsymbol{\theta}_t$ 的元素 $\tilde{\boldsymbol{\theta}}_t$ 的元素协方差矩阵：

$$\begin{aligned} &\mathrm{cov}\left(\tilde{\boldsymbol{\theta}}, \left.\frac{\partial \log f_{\theta_t}}{\partial \boldsymbol{\theta}_t}\right|_{\theta_t}\right) \\ =&E\left(\tilde{\boldsymbol{\theta}}\left.\frac{\partial \log f_{\theta_t}}{\partial \boldsymbol{\theta}_l^{\mathrm{T}}}\right|_{\theta_t}\right) - E(\tilde{\boldsymbol{\theta}})E\left(\left.\frac{\partial \log f_{\theta_t}}{\partial \boldsymbol{\theta}_t^{\mathrm{T}}}\right|_{\theta_t}\right) = \boldsymbol{I}. \end{aligned}$$

结合式 (4.2) 可以得到方差–协方差矩阵：

$$\mathrm{cov}\begin{bmatrix} \tilde{\boldsymbol{\theta}} \\ \left.\dfrac{\partial \log f_{\theta_t}}{\partial \boldsymbol{\theta}_t}\right|_{\theta_t} \end{bmatrix} = \begin{bmatrix} \mathrm{cov}(\tilde{\boldsymbol{\theta}}) & \boldsymbol{I} \\ \boldsymbol{I} & \boldsymbol{\mathcal{I}} \end{bmatrix},$$

由于是方差–协方差矩阵，因此它是正半定的. 从而有

$$[\ \boldsymbol{I} - \boldsymbol{\mathcal{I}}^{-1}\ ] \begin{bmatrix} \text{cov}(\tilde{\boldsymbol{\theta}}) & \boldsymbol{I} \\ \boldsymbol{I} & \boldsymbol{\mathcal{I}} \end{bmatrix} \begin{bmatrix} \boldsymbol{I} \\ -\boldsymbol{\mathcal{I}}^{-1} \end{bmatrix} = \text{cov}(\tilde{\boldsymbol{\theta}}) - \boldsymbol{\mathcal{I}}^{-1}$$

是半正定的，结果得证.

如果 $\boldsymbol{\mathcal{I}}^{-1}$ 是下界的意义不清楚，则考虑 $\boldsymbol{a}^{\mathrm{T}}\tilde{\boldsymbol{\theta}}$ 的任意线性变换的方差. 由刚刚证明的结果和半正定的定义，

$$0 \leqslant \boldsymbol{a}^{\mathrm{T}}\{\text{cov}(\tilde{\boldsymbol{\theta}}) - \boldsymbol{\mathcal{I}}^{-1}\}\boldsymbol{a} = \text{var}(\boldsymbol{a}^{\mathrm{T}}\tilde{\boldsymbol{\theta}}) - \boldsymbol{a}^{\mathrm{T}}\boldsymbol{\mathcal{I}}^{-1}\boldsymbol{a},$$

$\Rightarrow \text{var}(\boldsymbol{a}^{\mathrm{T}}\tilde{\boldsymbol{\theta}}) \geqslant \boldsymbol{a}^{\mathrm{T}}\boldsymbol{\mathcal{I}}^{-1}\boldsymbol{a}$. 例如，$\text{var}(\tilde{\theta}_i)$ 的下界由 $\boldsymbol{\mathcal{I}}^{-1}$ 的主对角线上的第 i 个元素给出.

4.2 极大似然估计的一致性

极大似然估计一般是一致的，意思就是当样本容量趋于无穷时，$\hat{\boldsymbol{\theta}}$ 趋于 $\boldsymbol{\theta}_t$（前提是似然性包含关于参数的信息）. 这是因为在常规情况下，当样本容量 n 趋于无穷时，$l(\boldsymbol{\theta})/n \to E\{l(\boldsymbol{\theta})\}/n$，因此根据式 (4.4)，最终 $l(\boldsymbol{\theta})$ 和 $E\{l(\boldsymbol{\theta})\}$ 的最大值一定会在 $\boldsymbol{\theta}_t$ 重合. 如果对数似然可以分解成独立分量的和（通常是每个观测值作为一个分量），那么这个结果很容易证明，所以由大数定律可得对数似然会收敛于它的期望. 当参数的个数与样本大小一起增长时，一致性可能会失败，这样一来，至少对于某些参数来说，每个参数的信息不会随样本大小而增加.

4.3 极大似然估计的大样本分布

根据泰勒定理，有

$$\left.\frac{\partial l}{\partial \boldsymbol{\theta}}\right|_{\hat{\boldsymbol{\theta}}} \simeq \left.\frac{\partial l}{\partial \boldsymbol{\theta}}\right|_{\boldsymbol{\theta}_t} + \left.\frac{\partial^2 l}{\partial \boldsymbol{\theta}\partial \boldsymbol{\theta}^{\mathrm{T}}}\right|_{\boldsymbol{\theta}_t} (\hat{\boldsymbol{\theta}} - \boldsymbol{\theta}_t)$$

在大样本极限下取等号，其中 $\hat{\boldsymbol{\theta}} - \boldsymbol{\theta}_t \to 0$. 从 $\hat{\boldsymbol{\theta}}$ 的定义来看，左边是 0. 所以假设 $\boldsymbol{\mathcal{I}}/n$ 是连续的（至少在 $n \to \infty$ 极限下），那么当样本大小趋于无穷时，根据式 (4.2) 和式 (4.1)，

$$\frac{1}{n}\left.\frac{\partial^2 l}{\partial \boldsymbol{\theta}\partial \boldsymbol{\theta}^{\mathrm{T}}}\right|_{\boldsymbol{\theta}_t} \to -\frac{\boldsymbol{\mathcal{I}}}{n}, \quad \left.\frac{\partial l}{\partial \boldsymbol{\theta}}\right|_{\boldsymbol{\theta}_t}$$

是均值为 0、协方差矩阵为 $\boldsymbol{\mathcal{I}}$ 的随机向量.[①] 因此在大样本极限下，

$$\hat{\boldsymbol{\theta}} - \boldsymbol{\theta}_t \sim \boldsymbol{\mathcal{I}}^{-1} \left.\frac{\partial l}{\partial \boldsymbol{\theta}}\right|_{\boldsymbol{\theta}_t},$$

① 在极限下，$n^{-1}\partial^2 l/\partial\boldsymbol{\theta}\partial\boldsymbol{\theta}^{\mathrm{T}}$ 相对于其预期值 $n^{-1}\boldsymbol{\mathcal{I}}$ 的随机偏差与 $n^{-1}\boldsymbol{\mathcal{I}}$ 本身相比是可以忽略的（只要它是正定的）. 对于 $\partial l/\partial\boldsymbol{\theta}$ 而言这是不可能的，因为它的期望值为 0.

意味着 $E(\hat{\boldsymbol{\theta}}-\boldsymbol{\theta}_t)=0$，$\text{var}(\hat{\boldsymbol{\theta}}-\boldsymbol{\theta}_t)=\boldsymbol{\mathcal{I}}^{-1}$. 所以一般情况下，在大样本极限中，极大似然估计是无偏的，并且能够达到克拉默–拉奥下界. 这是它们受欢迎的部分原因.

还是建立 $\hat{\boldsymbol{\theta}}-\boldsymbol{\theta}_t$ 的大样本分布. 在似然性基于独立观察值的情况下，$l(\boldsymbol{\theta})=\sum_i l_i(\boldsymbol{\theta})$，其中 l_i 表示从第 i 个观测值得到的对数似然的贡献. 在这种情况下，因为 $\partial l/\partial\boldsymbol{\theta}=\sum_i \partial l_i/\partial\boldsymbol{\theta}$，所以 $\partial l/\partial\boldsymbol{\theta}$ 是独立随机变量的和. 因此，在宽松的条件下，中心极限定理适用，在大样本极限下，

$$\hat{\boldsymbol{\theta}}\sim N(\boldsymbol{\theta}_t,\boldsymbol{\mathcal{I}}^{-1}).\tag{4.5}$$

在式 (4.5) 成立的任何情况下，用 $-\partial^2 l/\partial\boldsymbol{\theta}\partial\boldsymbol{\theta}^{\mathrm{T}}$ 代替 $\boldsymbol{\mathcal{I}}$ 本身也是有效的. 如果似然性不是基于独立观测值，$\partial l/\partial\boldsymbol{\theta}$ 一般具有极限正态分布，所以式 (4.5) 仍然成立. 关键是随着样本量的增加，期望信息无限增加. 在任何情况下，取到克拉默–拉奥下界不依赖于正态性.

4.4 广义似然比统计量的分布

考虑检验：

$$H_0:\ \boldsymbol{R}(\boldsymbol{\theta})=\mathbf{0}\quad 和 \quad H_1:\ \boldsymbol{R}(\boldsymbol{\theta})\neq\mathbf{0},$$

其中 $\boldsymbol{R}$ 是 $\boldsymbol{\theta}$ 的向量值函数，使得 H_0 对参数向量有 r 个限制. 如果 H_0 为真，则在 $n\to\infty$ 时的极限有

$$2\lambda=2\{l(\hat{\boldsymbol{\theta}})-l(\hat{\boldsymbol{\theta}}_0)\}\sim\chi^2_r,\tag{4.6}$$

其中 l 是对数似然函数，$\hat{\boldsymbol{\theta}}$ 是 $\boldsymbol{\theta}$ 的极大似然估计. $\hat{\boldsymbol{\theta}}_0$ 是满足约束条件 $\boldsymbol{R}(\boldsymbol{\theta})=\mathbf{0}$ 的使似然最大化的 $\boldsymbol{\theta}$ 值. 该结果用于计算检验的近似 p 值.

为了得到式 (4.6)，首先重新参数化，使得 $\boldsymbol{\theta}^{\mathrm{T}}=(\boldsymbol{\psi}^{\mathrm{T}},\boldsymbol{\gamma}^{\mathrm{T}})$，其中 $\boldsymbol{\psi}$ 是 r 维的，零假设可以重写为 $H_0:\boldsymbol{\psi}=\boldsymbol{\psi}_0$. 这种重新参数化总是可能的，但只是为了推导式 (4.6)，而不是为了使用它.

令无约束的极大似然估计为 $(\hat{\boldsymbol{\psi}}^{\mathrm{T}},\hat{\boldsymbol{\gamma}}^{\mathrm{T}})$，并令 $(\boldsymbol{\psi}_0^{\mathrm{T}},\hat{\boldsymbol{\gamma}}_0^{\mathrm{T}})$ 为定义零假设的约束下的极大似然估计. 为了继续推导，$\hat{\boldsymbol{\gamma}}_0$ 必须要用 $\hat{\boldsymbol{\psi}}$、$\hat{\boldsymbol{\gamma}}$ 和 $\boldsymbol{\psi}_0$ 表示. 对无约束的极大似然估计 $\hat{\boldsymbol{\theta}}$ 附近的 l 进行泰勒展开，有

$$l(\boldsymbol{\theta})\simeq l(\hat{\boldsymbol{\theta}})-\frac{1}{2}(\boldsymbol{\theta}-\hat{\boldsymbol{\theta}})^{\mathrm{T}}\boldsymbol{H}(\boldsymbol{\theta}-\hat{\boldsymbol{\theta}}),\tag{4.7}$$

其中，$H_{i,j}=-\partial^2 l/\partial\theta_i\partial\theta_j|_{\hat{\boldsymbol{\theta}}}$. 取幂有

$$L(\boldsymbol{\theta})\simeq L(\hat{\boldsymbol{\theta}})\exp[-(\boldsymbol{\theta}-\hat{\boldsymbol{\theta}})^{\mathrm{T}}\boldsymbol{H}(\boldsymbol{\theta}-\hat{\boldsymbol{\theta}})/2]$$

（即：可以通过与 $N(\hat{\boldsymbol{\theta}}, \boldsymbol{H}^{-1})$ 随机向量的概率密度函数成正比的函数来近似似然值）. 因此，在大样本极限下，定义 $\boldsymbol{\Sigma} = \boldsymbol{H}^{-1}$，似然值与

$$N\left(\begin{bmatrix} \hat{\psi} \\ \hat{\gamma} \end{bmatrix}, \begin{bmatrix} \boldsymbol{\Sigma}_{\psi\psi} & \boldsymbol{\Sigma}_{\psi\gamma} \\ \boldsymbol{\Sigma}_{\gamma\psi} & \boldsymbol{\Sigma}_{\gamma\gamma} \end{bmatrix}\right)$$

的概率密度函数成正比. 如果 $\boldsymbol{\psi} = \boldsymbol{\psi}_0$，那么这个概率密度函数可以由 $\hat{\gamma}_0 = E(\boldsymbol{\gamma}|\boldsymbol{\psi}_0)$ 最大化[①]，根据 1.6.3 节的结果，最大值为

$$\hat{\gamma}_0 = \hat{\gamma} + \boldsymbol{\Sigma}_{\gamma\psi}\boldsymbol{\Sigma}_{\psi\psi}^{-1}(\boldsymbol{\psi}_0 - \hat{\boldsymbol{\psi}}). \tag{4.8}$$

如果零假设为真，那么在大样本极限下 $\hat{\psi} \to \psi_0$（按概率），因此近似似然趋向于真实似然，并且我们可以预期式 (4.8) 对真实似然的最大化也成立.

将式 (4.8) 表示成 $\boldsymbol{H}$ 的分块形式是有用的. 将 $\boldsymbol{\Sigma}\boldsymbol{H} = \boldsymbol{I}$ 写成分块形式

$$\begin{bmatrix} \boldsymbol{\Sigma}_{\psi\psi} & \boldsymbol{\Sigma}_{\psi\gamma} \\ \boldsymbol{\Sigma}_{\gamma\psi} & \boldsymbol{\Sigma}_{\gamma\gamma} \end{bmatrix} \begin{bmatrix} \boldsymbol{H}_{\psi\psi} & \boldsymbol{H}_{\psi\gamma} \\ \boldsymbol{H}_{\gamma\psi} & \boldsymbol{H}_{\gamma\gamma} \end{bmatrix} = \begin{bmatrix} \boldsymbol{I} & \boldsymbol{0} \\ \boldsymbol{0} & \boldsymbol{I} \end{bmatrix},$$

并相乘，得到两个有用的等式:

$$\boldsymbol{\Sigma}_{\psi\psi}\boldsymbol{H}_{\psi\psi} + \boldsymbol{\Sigma}_{\psi\gamma}\boldsymbol{H}_{\gamma\psi} = \boldsymbol{I} \text{ 和 } \boldsymbol{\Sigma}_{\psi\psi}\boldsymbol{H}_{\psi\gamma} + \boldsymbol{\Sigma}_{\psi\gamma}\boldsymbol{H}_{\gamma\gamma} = \boldsymbol{0}. \tag{4.9}$$

注意，根据对称性有 $\boldsymbol{H}_{\psi\gamma}^{\mathrm{T}} = \boldsymbol{H}_{\gamma\psi}$ 和 $\boldsymbol{\Sigma}_{\psi\gamma}^{\mathrm{T}} = \boldsymbol{\Sigma}_{\gamma\psi}$，重新排列式 (4.9) 可得

$$\boldsymbol{\Sigma}_{\psi\psi}^{-1} = \boldsymbol{H}_{\psi\psi} - \boldsymbol{H}_{\psi\gamma}\boldsymbol{H}_{\gamma\gamma}^{-1}\boldsymbol{H}_{\gamma\psi} \tag{4.10}$$

且 $-\boldsymbol{H}_{\gamma\gamma}^{-1}\boldsymbol{H}_{\gamma\psi} = \boldsymbol{\Sigma}_{\gamma\psi}\boldsymbol{\Sigma}_{\psi\psi}^{-1}$. 将后者代入式 (4.8)，有

$$\hat{\gamma}_0 = \hat{\gamma} + \boldsymbol{H}_{\gamma\gamma}^{-1}\boldsymbol{H}_{\gamma\psi}(\hat{\boldsymbol{\psi}} - \boldsymbol{\psi}_0). \tag{4.11}$$

现在假设零假设为真，那么 $\hat{\psi}$ 接近 ψ_0，我们可以重新运用式 (4.7) 的泰勒展开将约束极大似然估计的对数似然写为

$$l(\boldsymbol{\psi}_0, \hat{\gamma}_0) \simeq l(\hat{\boldsymbol{\psi}}, \hat{\gamma}) - \frac{1}{2}\begin{bmatrix} \boldsymbol{\psi}_0 - \hat{\boldsymbol{\psi}} \\ \hat{\gamma}_0 - \hat{\gamma} \end{bmatrix}^{\mathrm{T}} \boldsymbol{H} \begin{bmatrix} \boldsymbol{\psi}_0 - \hat{\boldsymbol{\psi}} \\ \hat{\gamma}_0 - \hat{\gamma} \end{bmatrix}.$$

因此

$$2\lambda = 2\{l(\hat{\boldsymbol{\psi}}, \hat{\gamma}) - l(\boldsymbol{\psi}_0, \hat{\gamma}_0)\} \simeq \begin{bmatrix} \boldsymbol{\psi}_0 - \hat{\boldsymbol{\psi}} \\ \hat{\gamma}_0 - \hat{\gamma} \end{bmatrix}^{\mathrm{T}} \boldsymbol{H} \begin{bmatrix} \boldsymbol{\psi}_0 - \hat{\boldsymbol{\psi}} \\ \hat{\gamma}_0 - \hat{\gamma} \end{bmatrix}.$$

① 如果这里不够清楚，可以参考 1.4.2 节和图 1-3.

用式 (4.11) 代替 $\hat{\gamma}_0$，并写出 $\boldsymbol{H}$ 的分块形式，有

$$\begin{aligned}2\lambda &\simeq \begin{bmatrix} \boldsymbol{\psi}_0-\hat{\boldsymbol{\psi}} \\ \boldsymbol{H}_{\gamma\gamma}^{-1}\boldsymbol{H}_{\gamma\psi}(\hat{\boldsymbol{\psi}}-\boldsymbol{\psi}_0)\end{bmatrix}^{\mathrm{T}}\begin{bmatrix}\boldsymbol{H}_{\psi\psi} & \boldsymbol{H}_{\psi\gamma}\\ \boldsymbol{H}_{\gamma\psi} & \boldsymbol{H}_{\gamma\gamma}\end{bmatrix}\begin{bmatrix} \boldsymbol{\psi}_0-\hat{\boldsymbol{\psi}} \\ \boldsymbol{H}_{\gamma\gamma}^{-1}\boldsymbol{H}_{\gamma\psi}(\hat{\boldsymbol{\psi}}-\boldsymbol{\psi}_0)\end{bmatrix}\\ &=(\hat{\boldsymbol{\psi}}-\boldsymbol{\psi}_0)^{\mathrm{T}}[\boldsymbol{H}_{\psi\psi}-\boldsymbol{H}_{\psi\gamma}\boldsymbol{H}_{\gamma\gamma}^{-1}\boldsymbol{H}_{\gamma\psi}](\hat{\boldsymbol{\psi}}-\boldsymbol{\psi}_0)\\ &=(\hat{\boldsymbol{\psi}}-\boldsymbol{\psi}_0)^{\mathrm{T}}\boldsymbol{\Sigma}_{\psi\psi}^{-1}(\hat{\boldsymbol{\psi}}-\boldsymbol{\psi}_0),\end{aligned}$$

最后的等式是根据式 (4.10) 而得. 如果 H_0 为真，那么当 $n\to\infty$ 时这个表达式会趋于 $\hat{\psi}\to\psi_0$ 时的精确度. 进一步讲，假设 $n\to\infty$ 时 $\boldsymbol{H}\to\boldsymbol{\mathcal{I}}$，那么 $\boldsymbol{\Sigma}$ 趋于 $\boldsymbol{\mathcal{I}}^{-1}$，因此根据式 (4.5)，$\boldsymbol{\Sigma}_{\psi\psi}$ 趋于 $\hat{\psi}$ 的协方差矩阵. 所以，根据极大似然估计 $\hat{\psi}$ 的渐近正态性, 在 H_0 假设下，$2\lambda\sim\chi_r^2$.

4.5 正则条件

上述结果依赖于一些假设.

(1) 由 $\boldsymbol{\theta}$ 的不同值定义的密度是不同的. 如果这一点不成立，参数不需要**可识别**，那么就不能保证一致性.

(2) $\boldsymbol{\theta}_t$ 在可能的参数值空间的内部. 为了能够通过在 $\boldsymbol{\theta}_t$ 附近用泰勒展开对对数似然进行近似，这一点是必要的.

(3) 在 $\boldsymbol{\theta}_t$ 的某个邻域内，对数似然的前三阶导数存在并且是有界的，而费希尔信息矩阵满足式 (4.3) 并且是正定且有限的. 各种泰勒展开和式 (4.5) 的推导都依赖于这一点.

在满足这些假设时，本节的结果是非常普遍的，并且适用于远超出独立同分布假设的许多情况. 在不满足这些假设时，4.2 节至 4.4 节的部分或全部结果都会失效.

4.6 AIC: 赤池信息量准则

2.4.5 节简要介绍过，一种有效的选择模型的方法是，按照库尔贝克–莱布勒最小化方法，选择那些看上去尽量接近实际的模型：

$$K(f_\theta,f_t)=\int\{\log f_t(\boldsymbol{y})-\log f_\theta(\boldsymbol{y})\}f_t(\boldsymbol{y})\mathrm{d}\boldsymbol{y}, \tag{4.12}$$

其中 f_t 是 $\boldsymbol{y}$ 的真实密度，f_θ 是近似它的模型. 为了实现这一点，需要选择一些可以估计的 K，而结果证明 $K(f_{\hat{\theta}},f_t)$ 是易求的，其中 $\hat{\boldsymbol{\theta}}$ 是极大似然估计.

尽管无法对其进行计算，但可以考虑使式 (4.12) 取得最小值的 $\boldsymbol{\theta}$ 的值，并将它记为 $\boldsymbol{\theta}_K$. 现在考虑泰勒展开

$$\log f_{\hat{\theta}}(\boldsymbol{y}) \simeq \log f_{\theta_K}(\boldsymbol{y}) + (\hat{\boldsymbol{\theta}} - \boldsymbol{\theta}_K)^{\mathrm{T}} \left.\frac{\partial \log f_\theta}{\partial \boldsymbol{\theta}}\right|_{\theta_K} + \frac{1}{2}(\hat{\boldsymbol{\theta}} - \boldsymbol{\theta}_K)^{\mathrm{T}} \left.\frac{\partial^2 \log f_\theta}{\partial \boldsymbol{\theta} \partial \boldsymbol{\theta}^{\mathrm{T}}}\right|_{\theta_K} (\hat{\boldsymbol{\theta}} - \boldsymbol{\theta}_K). \tag{4.13}$$

如果 $\boldsymbol{\theta}_K$ 将 K 最小化，那么 $\int \partial \log f_\theta / \partial \theta|_{\theta_K} f_t \mathrm{d}\boldsymbol{y} = 0$，因此将式 (4.13) 代入 $K(f_{\hat{\theta}}, f_t)$，而将 $\hat{\boldsymbol{\theta}}$ 作为固定[①]结果，有

$$K(f_{\hat{\theta}}, f_t) \simeq K(f_{\theta_K}, f_t) + \frac{1}{2}(\hat{\boldsymbol{\theta}} - \boldsymbol{\theta}_K)^{\mathrm{T}} \boldsymbol{\mathcal{I}}_{\theta_K} (\hat{\boldsymbol{\theta}} - \boldsymbol{\theta}_K), \tag{4.14}$$

其中 $\boldsymbol{\mathcal{I}}_{\theta_K}$ 是 $\boldsymbol{\theta}_K$ 处的信息矩阵. 现在假设模型是足够正确的，至少对于大样本来说，它满足 $E(\hat{\boldsymbol{\theta}}) \simeq \boldsymbol{\theta}_K$，$\operatorname{cov}(\hat{\boldsymbol{\theta}}) \simeq \boldsymbol{\mathcal{I}}_{\theta_K}$. 在这个例子中，重新运用 4.4 节结尾的结果，有

$$E\{l(\hat{\boldsymbol{\theta}}) - l(\boldsymbol{\theta}_K)\} \simeq E\left\{\frac{1}{2}(\hat{\boldsymbol{\theta}} - \boldsymbol{\theta}_K)^{\mathrm{T}} \boldsymbol{\mathcal{I}}_{\theta_K} (\hat{\boldsymbol{\theta}} - \boldsymbol{\theta}_K)\right\} \simeq p/2, \tag{4.15}$$

其中 p 是 $\boldsymbol{\theta}$ 的维数. 所以取式 (4.14) 的期望，并用式 (4.15) 的近似代替，

$$EK(f_{\hat{\theta}}, f_t) \simeq K(f_{\theta_K}, f_t) + p/2. \tag{4.16}$$

由于这仍然涉及未知的 f_t，因此考虑

$$\begin{aligned} E\{-l(\hat{\boldsymbol{\theta}})\} &= E[-l(\boldsymbol{\theta}_K) - \{l(\hat{\boldsymbol{\theta}}) - l(\boldsymbol{\theta}_K)\}] \\ &\simeq -\int \log\{f_{\theta_K}(\boldsymbol{y})\} f_t(\boldsymbol{y}) \mathrm{d}\boldsymbol{y} - p/2 \quad \text{根据式 (4.15)} \\ &= K(f_{\theta_K}, f_t) - p/2 - \int \log\{f_t(\boldsymbol{y})\} f_t(\boldsymbol{y}) \mathrm{d}\boldsymbol{y}. \end{aligned}$$

利用这个结果来消掉式 (4.16) 中的 $K(f_{\theta_K}, f_t)$，可以得到估计

$$\widehat{EK(f_{\hat{\theta}}, f_t)} = -l(\hat{\boldsymbol{\theta}}) + p + \int \log\{f_t(\boldsymbol{y})\} f_t(\boldsymbol{y}) \mathrm{d}\boldsymbol{y}.$$

因为右边的最后一项只涉及真实值，所以只要模型能够最小化

$$\mathrm{AIC} = -2l(\hat{\boldsymbol{\theta}}) + 2p,$$

最后的估计就可以通过这个模型达到最小化，其中乘以因子 2 是因为惯例，是为了使 AIC 与 4.4 节中的 2λ 数量级相同. 这里可能出现的一个问题是，如果模型过

① 通过将 $\hat{\boldsymbol{\theta}}$ 作为固定值，我们有效地评估了新数据的模型和真实值之间的期望似然比.

于简单并因此很差，那么式 (4.15) 是不成立的，但实际上这是没有问题的，因为对数似然随着近似值的变化而急剧下降. 更详细的推导见参考文献 [7].

有一种反对 AIC 的说法是认为它不一致：当 $n \to \infty$ 时，选择正确模型的概率并不趋于 1. 对于嵌套模型，式 (4.6) 表明真实模型和过于复杂模型之间的 $-2l(\hat{\theta})$ 的差值服从 χ_r^2 分布，其中 r 是伪参数的个数. χ_r^2 和 $2p$ 都不依赖于 n，所以 AIC 选择过于复杂模型的概率是非零的，并且与 n（对于大的 n）无关. 用假设检验也可以得到同样的拒绝的结果，除非我们允许接受/拒绝阈值随 n 的变化而变化.①

4.7 习题

4.1 二重指数分布的概率密度函数是 $f(x) = \mathrm{e}^{-|x-\mu|/\sigma}/(2\sigma)$，其中 μ 和 σ 是参数. 对于观测值 $x_1, x_2, \cdots, x_n$，求 μ 和 σ 的极大似然估计.（假设 n 是偶数，x_i 是不重复的，且 $x_i \neq \mu$.）讨论估计的唯一性.

4.2 随机变量 X 的概率密度函数当 $a \leqslant x \leqslant b$ 时是 $f(x) = (b-a)^{-1}$，其余情况下为 0. 给定观测值 $x_1, x_2, \cdots, x_n$，求 a 和 b 的极大似然估计. 相应的估计量是否无偏？为什么式 (4.5) 在这种情况下不适用？

4.3 随机变量 X 和 Y 的联合概率密度函数是 $f(x, y) = kx^{\alpha}y^{\beta}$，其中 $0 \leqslant x \leqslant 1, 0 \leqslant y \leqslant 1$. 假设你有 n 个独立的观测值 (x_i, y_i). (a) 根据 α 和 β 来求 k. (b) 求 α 和 β 的极大似然估计. (c) 求 $\hat{\alpha}$ 和 $\hat{\beta}$ 的近似方差.

4.4 假设你有大的飞机事故之间时间间隔的 n 个独立观测值 t_i，并认为 t_i 的概率密度函数为：$f(t) = k\mathrm{e}^{-\lambda t^2}, t \geqslant 0$，其中 λ 和 k 对于所有的 i 都是相同的. (a) 通过考虑正态概率密度函数，证明 $k = \sqrt{4\lambda/\pi}$. (b) 求 λ 的极大似然估计. (c) 给定 T_i 的观测值（天）：243、14、121、63、45、407 和 34，用广义似然比检验来检验 $H_0: \lambda = 10^{-4}$ 对备择假设 λ 无约束，显著性水平为 5%. 注意，如果 $V \sim \chi_1^2$，那么 $\Pr[V \leqslant 3.841] = 0.95$.

① 随着 n 的增加，AIC 倾向于选择越来越复杂的模型，AIC 的不一致性本身并不是这种经验观察的原因. 如果真实模型在考虑范围内，那么式 (4.6) 并不意味着拒绝的概率随着样本容量的增加而增加. 然而，如果我们考虑的所有模型都是错误的，那么随着样本容量的增加和复杂性的可预测缺点的减少，我们会更倾向于选择更加复杂的近似.

第 5 章　数值极大似然估计

极大似然估计理论为使用统计模型进行推断提供了很通用的工具界面，但前提是能够求出对数似然的值和它的一阶和二阶导数，并且根据参数将似然值最大化. 对于大多数有意思的模型，我们无法完全用解析法，并且对于其中的一些部分还必须使用数值方法. 二阶泰勒展开仍然是关键.[①]

5.1　数值最优化

大多数关于最优化的文献和软件，包括 R，都集中在将函数最小化方面. 本节遵照这一常规，使我们记住最大化对数似然的目标总是能够通过减少负对数似然来实现. 因此通常来说，我们感兴趣的是求

$$\hat{\boldsymbol{\theta}} = \underset{\theta}{\operatorname{argmin}}\, f(\boldsymbol{\theta}) \tag{5.1}$$

的自动化方法.

这类问题中有一些非常难，因此需要一些限制. 特别地，假设**目标函数** f 是充分光滑的有下界的函数，且 $\boldsymbol{\theta}$ 的元素是无约束的实参数. 那么举例来说，f 可以是负对数似然. f 可能还跟其他已知的参数和数据有关，但是没有必要用这些来打乱已有的符号. $\boldsymbol{\theta}$ 是无约束的这一假设意味着如果要对 $\boldsymbol{\theta}$ 进行约束，那么要能够通过 $\boldsymbol{\theta} = \boldsymbol{r}(\boldsymbol{\theta}_r)$ 来实现，其中 $\boldsymbol{r}$ 是已知函数且 $\boldsymbol{\theta}_r$ 是一组无约束的参数. 因此问题成为了 $\min_{\boldsymbol{\theta}_r} f\{\boldsymbol{r}(\boldsymbol{\theta}_r)\}$.

即使给出了这些假设，也不能保证一定能求出式 (5.1) 的解，除非函数 f 是凸函数，一般来说这个假设是不成立的. 实际上，我们期望的最好方法是求出一个**局部最小值**，也就是找到点 $\hat{\boldsymbol{\theta}}$ 使得对任意**充分小**的扰动 $\boldsymbol{\Delta}$ 都有 $f(\hat{\boldsymbol{\theta}}+\boldsymbol{\Delta}) \geqslant f(\hat{\boldsymbol{\theta}})$. 由此产生的方法对许多统计问题都适用.

5.1.1　牛顿法

一种非常成功的最优化方法是用迭代的方法逼近函数 f，在每一步迭代中通过截断泰勒展开求出近似值的最小值. 稍加注意的话，可以把它改进成一种保证[②]

---

① 一些数值矩阵代数在这里也被认为是理所当然的，附录 B 引入了绝大部分我们需要的内容.

② 统计学的文献中关于牛顿法发散的可能性以及由此带来的保证收敛的难度有很多陈述. 任意浏览一本正规的表述清晰的教科书就可以发现，这些陈述通常已经过时了.

收敛于局部最小值的方法. 泰勒理论指出，如果 f 是关于 $\boldsymbol{\theta}$ 的二阶连续可微的函数，且 $\boldsymbol{\Delta}$ 与 $\boldsymbol{\theta}$ 维数相同，那么对于某些 $t \in (0,1)$，有

$$f(\boldsymbol{\theta}+\boldsymbol{\Delta}) = f(\boldsymbol{\theta}) + \nabla f(\boldsymbol{\theta})^{\mathrm{T}}\boldsymbol{\Delta} + \frac{1}{2}\boldsymbol{\Delta}^{\mathrm{T}}\nabla^2 f(\boldsymbol{\theta}+t\boldsymbol{\Delta})\boldsymbol{\Delta}, \tag{5.2}$$

其中，$\nabla f(\boldsymbol{\theta}^*) = \left.\dfrac{\partial f}{\partial \boldsymbol{\theta}}\right|_{\boldsymbol{\theta}^*}, \nabla^2 f(\boldsymbol{\theta}^*) = \left.\dfrac{\partial^2 f}{\partial \boldsymbol{\theta}\partial \boldsymbol{\theta}^{\mathrm{T}}}\right|_{\boldsymbol{\theta}^*}$.

根据式 (5.2)，对于任意**充分小**的扰动 $\boldsymbol{\Delta}$，条件 $f(\hat{\boldsymbol{\theta}}+\boldsymbol{\Delta}) \geqslant f(\hat{\boldsymbol{\theta}})$ 等价于

$$\nabla f(\hat{\boldsymbol{\theta}}) = \mathbf{0}\text{ 且 }\nabla^2 f(\hat{\boldsymbol{\theta}})\text{半正定}, \tag{5.3}$$

这对于求最小值是有用的条件.

式 (5.2) 的第二个推论是，对于充分小的 α，不是拐点的 $\boldsymbol{\theta}$，以及**任意**适当维数的正定矩阵 $\boldsymbol{H}$，有 $f\{\boldsymbol{\theta}-\alpha\boldsymbol{H}\nabla f(\boldsymbol{\theta})\} < f(\boldsymbol{\theta})$. 通过给出的条件，可以用一阶泰勒展开对 f 进行近似. 因此，在 α 极限最小时，有 $f\{\boldsymbol{\theta}-\alpha\boldsymbol{H}\nabla f(\boldsymbol{\theta})\} = f(\boldsymbol{\theta}) - \alpha\nabla f(\boldsymbol{\theta})^{\mathrm{T}}\boldsymbol{H}\nabla f(\boldsymbol{\theta}) < f(\boldsymbol{\theta})$，其中不等号成立是因为 $\boldsymbol{H}$ 正定且 $\nabla f(\boldsymbol{\theta}) \neq \mathbf{0}$，从而有 $\nabla f(\boldsymbol{\theta})^{\mathrm{T}}\boldsymbol{H}\nabla f(\boldsymbol{\theta}) > 0$. 简言之，如果 $\boldsymbol{H}$ 是任意正定矩阵，那么

$$\Delta = -\boldsymbol{H}\nabla f(\boldsymbol{\theta}) \tag{5.4}$$

是下降方向. 除泰勒定理之外，这可能是光滑函数最优化的第二个最重要的事实.

现在考虑牛顿法本身. 假设我们猜测 $\boldsymbol{\theta}'$ 是使得 $f(\boldsymbol{\theta})$ 最小化的参数. 根据泰勒定理有

$$f(\boldsymbol{\theta}'+\boldsymbol{\Delta}) \simeq f(\boldsymbol{\theta}') + \nabla f(\boldsymbol{\theta}')^{\mathrm{T}}\boldsymbol{\Delta} + \frac{1}{2}\boldsymbol{\Delta}^{\mathrm{T}}\nabla^2 f(\boldsymbol{\theta}')\boldsymbol{\Delta}.$$

如果 $\nabla^2 f(\boldsymbol{\theta}')$ 是半正定的，那么可以通过对 $\boldsymbol{\Delta}$ 微分并令结果为零来最小化该式的右侧，由此可得

$$\nabla^2 f(\boldsymbol{\theta}')\boldsymbol{\Delta} = -\nabla f(\boldsymbol{\theta}'). \tag{5.5}$$

因此，原则上，我们用给定的 $\boldsymbol{\theta}'$ 简单求出 $\boldsymbol{\Delta}$ 并且用 $\boldsymbol{\theta}' \leftarrow \boldsymbol{\theta}' + \boldsymbol{\Delta}$ 不断更新，直到满足条件式 (5.3) 为止. 根据泰勒定理本身，如果我们取的初始值足够接近最小化的 $\hat{\boldsymbol{\theta}}$，那么这个过程一定收敛. 但是，如果我们知道如何去做，或许一开始就没有必要使用牛顿法了.

如果参数的猜测值与 $\hat{\boldsymbol{\theta}}$ 相差很远，那么这种方法也应该是收敛的，这需要对基本迭代进行两种修正.

(1) $\nabla^2 f(\boldsymbol{\theta}')$ 只有接近 $\hat{\boldsymbol{\theta}}$ 时可以保证是（半）正定的. 因此，如果 $\nabla^2 f(\boldsymbol{\theta}')$ 不是正定的，那么必须将它修改为正定的. 明显的替代方案是 (i) 用 $\nabla^2 f(\boldsymbol{\theta}') + \delta\boldsymbol{I}$ 来

代替 $\nabla^2 f(\boldsymbol{\theta}')$，其中选择足够大的 δ 来满足正定性；[①] 或者 (ii) 进行对称特征分解 $\nabla^2 f(\boldsymbol{\theta}') = \boldsymbol{U\Lambda U}^{\mathrm{T}}$，其中 $\boldsymbol{\Lambda}$ 是特征值的对角矩阵，用 $\boldsymbol{U\tilde{\Lambda}U}^{\mathrm{T}}$ 替换 $\nabla^2 f(\boldsymbol{\theta}')$，其中 $\tilde{\boldsymbol{\Lambda}}$ 是将 $\boldsymbol{\Lambda}$ 的所有非正的特征值用正的输入（如 $|\Lambda_{ii}|$）来代替得到的. 利用式 (5.5) 中的扰动版本，得到形如式 (5.4) 的步骤，因此，如果不在一个拐点上，则在 $\boldsymbol{\Delta}$ 方向上足够小的步长能保证减少 f.

(2) 远离 $\hat{\boldsymbol{\theta}}$ 的二阶泰勒近似在点 $\hat{\boldsymbol{\theta}}$ 可能会很差，从而使得当它取到最小值时不能保证带来 f 的减少. 然而，由前面的修改我们知道牛顿步骤是下降方向. 在 $\boldsymbol{\Delta}$ 方向上充分小的步长一定会使得 f 减少. 因此，如果 $f(\boldsymbol{\theta}'+\boldsymbol{\Delta}) > f(\boldsymbol{\theta}')$，重复令 $\boldsymbol{\Delta} \leftarrow \boldsymbol{\Delta}/2$，直到实现 f 减少.

根据这两种修正，牛顿法的每一步一定会使 f 减少，直到达到拐点.

总之，从 $k=0$ 开始，假设 $\boldsymbol{\theta}^{[0]}$，重复以下步骤.

(1) 计算 $f(\boldsymbol{\theta}^{[k]})$、$\nabla f(\boldsymbol{\theta}^{[k]})$ 和 $\nabla^2 f(\boldsymbol{\theta}^{[k]})$.

(2) 利用式 (5.3) 测试 $\boldsymbol{\theta}^{[k]}$ 是否是最小值，如果是，结束. [②]

(3) 如果 $\boldsymbol{H} = \nabla^2 f(\boldsymbol{\theta}^{[k]})$ 非正定，扰动它将它变为正定的.

(4) 在 $\boldsymbol{\Delta}$ 方向上求解 $\boldsymbol{H\Delta} = -\nabla f(\boldsymbol{\theta}^{[k]})$.

(5) 如果 $f(\boldsymbol{\theta}^{[k]}+\boldsymbol{\Delta})$ 不小于 $f(\boldsymbol{\theta}^{[k]})$，重复减半 $\boldsymbol{\Delta}$，直到小于号成立.

(6) 令 $\boldsymbol{\theta}^{[k+1]} = \boldsymbol{\theta}^{[k]} + \boldsymbol{\Delta}$，$k$ 增加 1 并返回步骤 (1).

在实际问题中，不会测试 ∇f 是否严格等于 0，而是测试对于很小的常数 ϵ_r 和 ϵ_a，是否有 $\|\nabla f(\boldsymbol{\theta}^{[k]})\| < |f(\boldsymbol{\theta}^{[k]})|\epsilon_r + \epsilon_a$.

1. 牛顿法的例子

作为单参数的例子，考虑抗生素效力的实验. 准备含有 5×10^5 个细胞的 1 升培养物，并注射抗生素. 2 个小时后，开始每隔 1 小时取出 0.1 毫升培养物，并在显微镜下计数该样品中的活细菌数，14 个小时后停止，计下数量 y_i 和时间 t_i（小时）. 给出以下数据.

t_i	2	3	4	5	6	7	8	9	10	11	12	13	14
y_i	35	33	33	39	24	25	18	20	23	13	14	20	18

这是一个简单的样本计数模型 y_i，它们的期望值是 $E(Y_i) = \mu_i = 50\mathrm{e}^{-\delta t_i}$，其中 δ 是一个未知的“死亡率”参数（每小时），t_i 是采样时间（每小时）. 在给定采样方案的情况下，可以合理地假设计数是具有概率函数 $f(y_i) = \mu_i^{y_i}\mathrm{e}^{-\mu_i}/y_i$ 的独立

① 正定性可以通过尝试相关矩阵的乔莱斯基分解进行测试：如果矩阵是正定的，则测试成功，否则失败. 使用旋转乔莱斯基分解来测试半正定性. 或者只需测试任意对称特征程序返回的特征值.

② 如果目标函数包含一个鞍点，那么理论上牛顿法可以找到它，这样的话，梯度将为零，而黑塞不定：在这种极少见的情况下，只有通过直接扰动牛顿步骤才能有进一步的进展.

的泊松 (μ_i) 随机变量的观察值（见 A.3.2 节）. 因此对数似然估计是

$$l(\delta)=\sum_{i=1}^{n}\{y_i\log(\mu_i)-\mu_i-\log(y_i!)\}$$

$$=\sum_{i=1}^{n}y_i\{\log(50)-\delta t_i\}-\sum_{i=1}^{n}50\mathrm{e}^{-\delta t_i}-\sum_{i=1}^{n}\log(y_i!),$$

其中，$n=13$，对 δ 微分有

$$\frac{\partial l}{\partial\delta}=-\sum_{i=1}^{n}y_it_i+\sum_{i=1}^{n}50t_i\mathrm{e}^{-\delta t_i}\text{ 和 }\frac{\partial^2 l}{\partial\delta^2}=-50\sum_{i=1}^{n}t_i^2\mathrm{e}^{-\delta t_i}.$$

在 $\mathrm{e}^{-\delta t_i}$ 中 t_i 项的存在排除了 $\partial l/\partial\delta=0$ 的闭式解，可以用牛顿法代替. 图 5-1 展示了该方法的过程. 在这个例子中二阶导数不需要扰动且不需要减半步长.

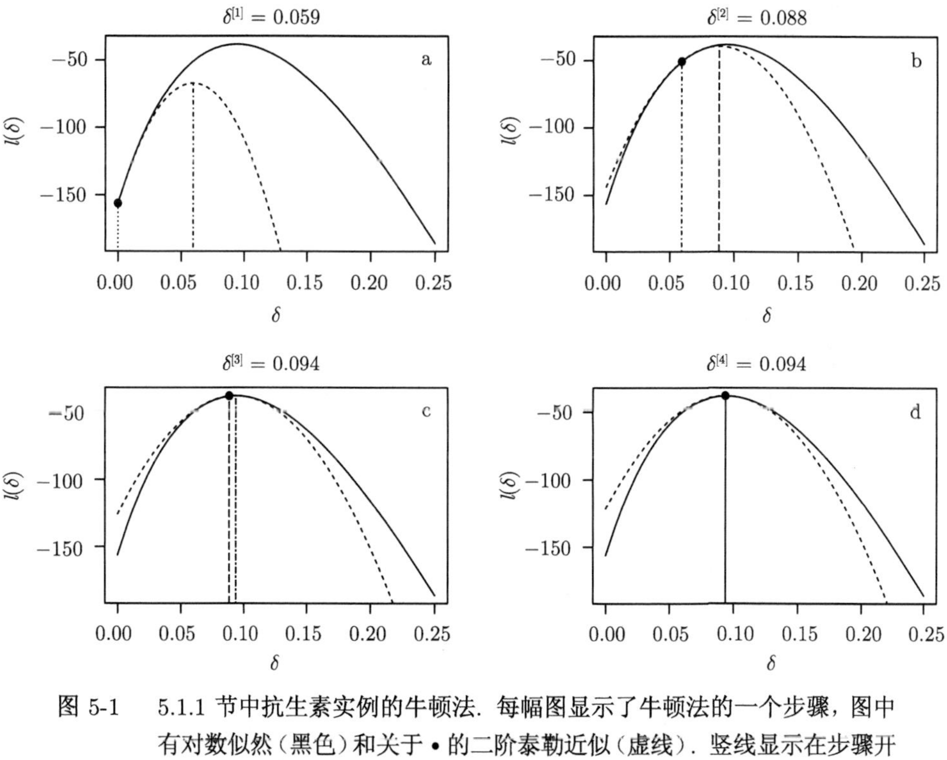

图 5-1 5.1.1 节中抗生素实例的牛顿法. 每幅图显示了牛顿法的一个步骤，图中有对数似然（黑色）和关于 • 的二阶泰勒近似（虚线）. 竖线显示在步骤开始和结束时的估计值. 每幅图的标题给出了最终的估计. a 图从 $\delta^{[0]}=0$ 开始，b 图到 d 图表示随后的迭代直到收敛

现在讲解一个向量参数的例子. 下面的数据是在艾滋病（AIDS）流行的初级阶段被报道的比利时的 AIDS 病例数量.

年 (19-)	81	82	83	84	85	86	87	88	89	90	91	92	93
病例	12	14	33	50	67	74	123	141	165	204	253	246	240

在这种流行病早期，有一个重要的问题是控制措施是否开始产生影响或疾病是否继续不受控制地扩散. 一个不受控制增长的简单模型是“指数增长”模型. 模型表明病例数量 y_i 是一个独立泊松随机变量的观测值，期望值 $\mu_i = \alpha e^{\beta t_i}$，其中 t_i 是自 1980 年以来的年数. 因此，对数似然为

$$l(\alpha, \beta) = \sum_{i=1}^{n} y_i\{\log(\alpha) + \beta t_i\} - \sum_{i=1}^{n}(\alpha e^{\beta t_i} - y_i!),$$

那么，

$$\nabla l = \begin{bmatrix} \sum y_i/\alpha - \sum \exp(\beta t_i) \\ \sum y_i t_i - \alpha \sum t_i \exp(\beta t_i) \end{bmatrix}$$

并且

$$\nabla^2 l = \begin{bmatrix} -\sum y_i/\alpha^2 - \sum t_i e^{\beta t_i} \\ -\sum t_i e^{\beta t_i} - \alpha \sum t_i^2 e^{\beta t_i} \end{bmatrix}.$$

简单看一下梯度表达式就足以说明我们需要数值方法来找到参数的极大似然估计. 从初始猜测 $\alpha^{[0]} = 4$，$\beta^{[0]} = 0.35$ 出发，下面是第一次牛顿迭代：

$$\begin{bmatrix} \alpha^{[0]} \\ \beta^{[0]} \end{bmatrix} = \begin{bmatrix} 4 \\ 0.35 \end{bmatrix} \Rightarrow \nabla l = \begin{bmatrix} 88.4372 \\ 1850.02 \end{bmatrix},$$

$$\nabla^2 l = \begin{bmatrix} -101.375 & -3409.25 \\ -3409.25 & 154567 \end{bmatrix} \Rightarrow (\nabla^2 l)^{-1} \nabla l = \begin{bmatrix} -1.820 \\ 0.028 \end{bmatrix}$$

$$\Rightarrow \begin{bmatrix} \alpha^{[1]} \\ \beta^{[1]} \end{bmatrix} = \begin{bmatrix} \alpha^{[0]} \\ \beta^{[0]} \end{bmatrix} - (\nabla^2 l)^{-1} \nabla l = \begin{bmatrix} 5.82 \\ 0.322 \end{bmatrix}.$$

经过 8 步之后，在 $\hat{\alpha} = 23.1$，$\hat{\beta} = 0.202$ 处取得最大似然. 图 5-2 从更有趣的点 $\hat{\alpha}_0 = 4$，$\hat{\beta}_0 = 0.35$ 出发，展示了 6 个牛顿步骤. 在前两个步骤中要求扰动正定性，但是该方法在 6 个步骤内收敛.

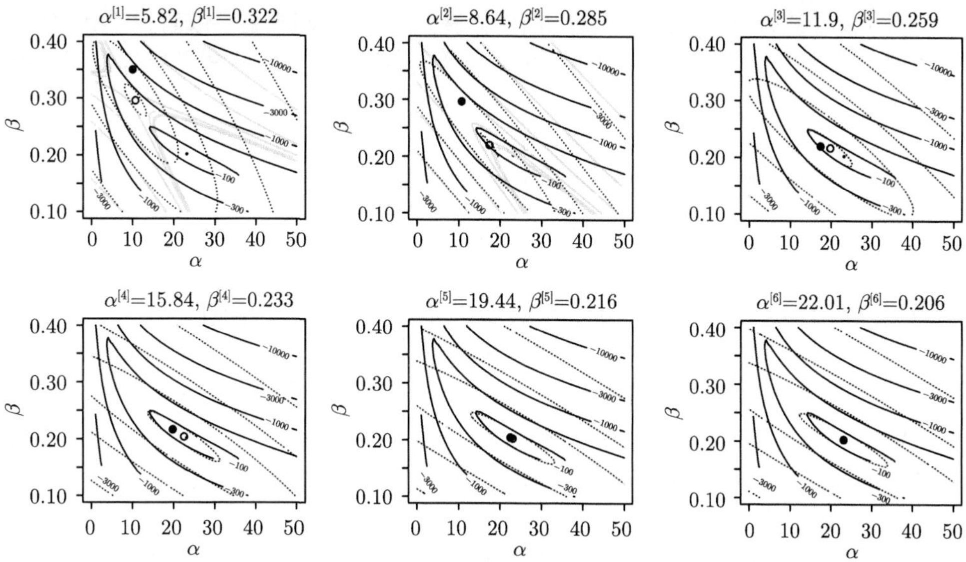

图 5-2　5.1.1 节中 AIDS 实例的牛顿法. 每幅图显示了牛顿法的一个步骤，图中黑线是对数似然，灰线是关于 • 的二阶泰勒近似，虚线是正定修正的黑塞所给出的二次插值. ∘ 给出了在每一步结束时牛顿法的建议参数值，图片标题里面也给出了这个值. 迭代从左上角开始，到右下角时达到收敛

2. 变异的牛顿法：避免求 f 的值和预期的黑塞

我们有时候能够求出 ∇f 和 $\nabla^2 f$，但 f 本身要么求不出来，要么很难用稳定的方法来计算. 牛顿法需要计算 f 只是为了检验牛顿法使 f 减少. 一般来说，用在 $\boldsymbol{\theta}'+\boldsymbol{\Delta}$ 点处 $\boldsymbol{\Delta}$ 方向上 f 必须是非增加的这一条件来替换条件 $f(\boldsymbol{\theta}+\boldsymbol{\Delta})\leqslant f(\boldsymbol{\theta})$ 就足够了，也就是 $\nabla f(\boldsymbol{\theta}'+\boldsymbol{\Delta})^{\mathrm{T}}\boldsymbol{\Delta}\leqslant 0$. 在许多情况下，迭代以其他方式可能会分散，而基于这种条件的步长控制却能确保收敛，但是不同于基于函数值的控制，我们很容易想到一些病态的例子来打破这一点. 这种步长的减少只能应用于经检测步长还没有达到收敛标准的情况. 参见 5.4.3 节的例子.

另一种常见的应用在最大似然估计中对该方法的变异，是用 $-E\left\{\nabla^2 l(\boldsymbol{\theta})\right\}$ 来代替 $-\nabla^2 l(\boldsymbol{\theta})$（即费希尔得分）. 因为这种替换总是（半）正定的，不需要对正定性进行扰动，而且通过围绕式 (5.4) 的讨论可知，当使用简单的步长控制时，该方法收敛.

5.1.2 拟牛顿法

牛顿法是一种非常高效的方法，并且在极大似然环境中具有优良的性质，即完全是基于对数似然的导数，这在使用大样本结果式 (2.3) 时是必须的. 然而，在某些情况下，导数向量 ∇f 是可求的，但是黑塞矩阵 $\nabla^2 f$ 却很复杂或者很难计算. 如果 $\boldsymbol{\theta}$ 的维数很大，那么牛顿方向的数值求解也会成本过高. 这些考虑提出了只基于 f 和 ∇f 能做什么的问题.

显而易见的方法是再次应用推导出牛顿法的策略，但是要基于 f 的一阶泰勒展开. 然而，使用**最速下降法**是不可能的. 问题在于，在我们感兴趣的精确点处一阶泰勒展开不再是 f 的一个好的模型. 在 f 的最小点处 $\nabla f = \mathbf{0}$，我们没有理由忽略泰勒展开式的二阶项而只取一阶项，因为后者已经消失了. 这种理论上的担忧在实践中得到了证实：最速下降法在接近最小值时经常变得极为缓慢.

一种不太明显的方法是从优化过程中累积的一阶导数的信息出发来建立 f 的局部二次模型. 这就引出了**拟牛顿法**，它完全基于 ∇f 的求值来更新黑塞矩阵 $\nabla^2 f$ 的近似值. 原则上，这个近似可以用于代替牛顿法中的黑塞矩阵，但是直接求黑塞矩阵的逆的近似也是有可能的，这样就减少了计算 $\boldsymbol{\Delta}$ 这一步的成本. 同样可以确定的是，黑塞近似**总是**正定的.

拟牛顿法是 W. C. Davidon（美国物理学家）在 20 世纪 50 年代中期提出的. 那时他发表的关于这种方法的文章并没有被接受，这就相当于唱片公司没有签约披头士（此文章最终于 1991 年发表）. 如今拟牛顿法有很多，但是流传最广的是 BFGS 法[①]，下面简要介绍这种方法.

假设 $\boldsymbol{H}^{[k+1]}$ 是第 $k+1$ 步的近似正定黑塞矩阵，那么有

$$f(\boldsymbol{\theta}) \simeq f(\boldsymbol{\theta}^{[k+1]}) + \nabla f(\boldsymbol{\theta}^{[k+1]})^{\mathrm{T}}(\boldsymbol{\theta} - \boldsymbol{\theta}^{[k+1]}) \\ + \frac{1}{2}(\boldsymbol{\theta} - \boldsymbol{\theta}^{[k+1]})^{\mathrm{T}}\boldsymbol{H}^{[k+1]}(\boldsymbol{\theta} - \boldsymbol{\theta}^{[k+1]}).$$

拟牛顿法的基本要求是这个近似应该与 $\nabla f(\boldsymbol{\theta}^{[k]})$ 完全匹配. 也就是说，它在前一个点 $\boldsymbol{\theta}^{[k]}$ 处得到的方向向量应该是完全正确的. 因此

$$\nabla f(\boldsymbol{\theta}^{[k+1]}) + \boldsymbol{H}^{[k+1]}(\boldsymbol{\theta}^{[k]} - \boldsymbol{\theta}^{[k+1]}) = \nabla f(\boldsymbol{\theta}^{[k]}),$$

可以将该式写成紧凑的形式：

$$\boldsymbol{H}^{[k+1]}\boldsymbol{s}_k = \boldsymbol{y}_k, \tag{5.6}$$

其中，$\boldsymbol{s}_k = \boldsymbol{\theta}^{[k+1]} - \boldsymbol{\theta}^{[k]}$ 且 $\boldsymbol{y}_k = \nabla f(\boldsymbol{\theta}^{[k+1]}) - \nabla f(\boldsymbol{\theta}^{[k]})$. 式 (5.6) 只在 $\boldsymbol{s}_k$ 和 $\boldsymbol{y}_k$ 满足某些条件时对正定的 $\boldsymbol{H}^{[k+1]}$ 可行，但是简单来说，通过选择合适的步长来满足沃尔夫条件，这些是可以实现的.

① BFGS 是以在 1970 年左右独立提出并发表该方法的 Broyden、Fletcher、Goldfarb 和 Shanno 的名字命名的. 当然，所有 Roald Dahl 的读者都是用“Big Friendly Giant Steps”来记住这个名字的（M. V. Bravington，pers.com.）.

现在从近似黑塞矩阵的逆 $\boldsymbol{B}^{[k]} \equiv (\boldsymbol{H}^{[k]})^{-1}$ 出发. 只有式 (5.6) 是不能定义一个唯一的 $\boldsymbol{B}^{[k+1]}$ 的，因此需要一些额外的条件. 我们要求一个 $\boldsymbol{B}^{[k+1]}$ 使得它:

(1) 满足式 (5.6) 从而 $\boldsymbol{B}^{[k+1]}\boldsymbol{y}_k = \boldsymbol{s}_k$;

(2) 尽可能接近 $\boldsymbol{B}^{[k]}$;

(3) 是正定的.

条件 (2) 中的"接近"是用一种特定的矩阵范数来判断的，在这里就不做介绍了. 这个问题的唯一解决方法是 BFGS 更新

$$\boldsymbol{B}^{[k+1]} = (\boldsymbol{I} - \rho_k \boldsymbol{s}_k \boldsymbol{y}_k^{\mathrm{T}})\boldsymbol{B}^{[k]}(\boldsymbol{I} - \rho_k \boldsymbol{y}_k \boldsymbol{s}_k^{\mathrm{T}}) + \rho_k \boldsymbol{s}_k \boldsymbol{s}_k^{\mathrm{T}},$$

其中，$\rho_k^{-1} = \boldsymbol{s}_k^{\mathrm{T}}\boldsymbol{y}_k$. 那么之后 BFGS 方法同牛顿法就完全相同了，只是用 $\boldsymbol{B}^{[k]}$ 代替 $\nabla^2 f(\boldsymbol{\theta}^{[k]})$ 的逆，而且不需要求二阶导数或者扰动黑塞矩阵来实现正定性. 通常使用黑塞矩阵的有限差分近似来开始该方法（见 5.5.2 节）.

唯一的在牛顿法中不需要的细节是必须更仔细地进行步长选择. 我们必须确保步长 $\boldsymbol{\Delta}$ 满足充分减少条件

$$f(\boldsymbol{\theta}^{[k]} + \boldsymbol{\Delta}) \leqslant f(\boldsymbol{\theta}^{[k]}) + c_1 \nabla f(\boldsymbol{\theta}^{[k]})^{\mathrm{T}}\boldsymbol{\Delta},$$

$c_1 \in (0,1)$，以及曲率条件

$$\nabla f(\boldsymbol{\theta}^{[k]} + \boldsymbol{\Delta})^{\mathrm{T}}\boldsymbol{\Delta} \geqslant c_2 \nabla f(\boldsymbol{\theta}^{[k]})^{\mathrm{T}}\boldsymbol{\Delta},$$

$c_2 \in (c_1, 1)$. 这些条件统称为沃尔夫条件. 前一条件确保步长在 $\boldsymbol{\Delta}$ 的方向上相对于 f 的梯度合理减少，防止过长的步长；后一条件是说在 $\boldsymbol{\Delta}$ 方向上函数的梯度应该充分地减少.（否则，如果函数在这个方向上仍然快速下降，为什么不采用更长的步长?）完整的讨论见参考文献 [28]，其中建议将 $c_1 = 10^{-4}$ 和 $c_2 = 0.9$ 作为典型情况.

在进行极大似然估计时，很容易使用收敛 $\boldsymbol{B}$ 矩阵作为 $\boldsymbol{I}^{-1}$ 的估计，但是需要小心使用. 因为基于围绕式 (5.4) 的讨论，即使 $\boldsymbol{B}$ 是 f 的逆黑塞矩阵的一个较差的近似，拟牛顿法仍然可行. 在 BFGS 迭代没有开发的方向，$\boldsymbol{B}$ 可能是 f 的形状的一个较差的近似.

拟牛顿法的例子

图 5-3 展示了将 BFGS 应用在 5.1.1 节比利时的 AIDS 模型中的前 6 步. 与图 5-2 中的牛顿法相比，此方法进度略慢，但是仍然在大约 12 步内达到收敛，尽管只需要求出函数值和一阶导数.

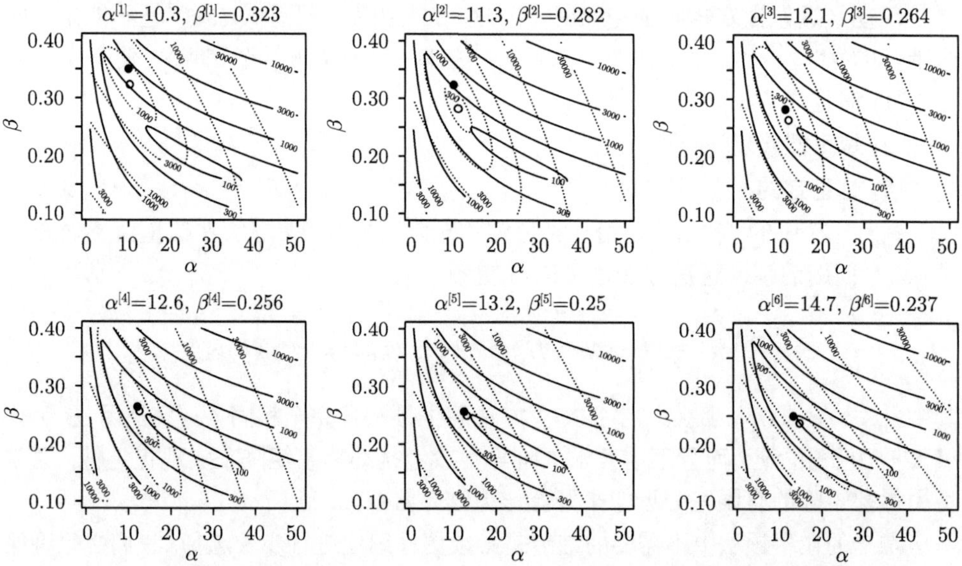

图 5-3　BFGS 拟牛顿法应用在 5.1.1 节 AIDS 的例子中. 每幅图片显示每一步的结果，图中黑线是负对数似然，虚线是由当前梯度和 • 的近似逆黑塞矩阵求出的二次插值.∘给出了在每一步结束时更新的参数值这个值在每幅图片标题中以数字显示. 迭代从左上角开始，在 6 步之后达到极大似然估计

5.1.3　内尔德–米德多面体法

如果连梯度向量的值都很难求，或者我们的目标不只是使泰勒近似成立，那么应该怎样做呢？如果只有函数值我们又能做什么？内尔德–米德多面体法①提供了很好的答案.

令 p 为 $\boldsymbol{\theta}$ 的维数. 在该方法的每个阶段，保持 $p+1$ 个不同的向量 $\boldsymbol{\theta}$，在参数空间中定义一个多面体（例如：对于二维 $\boldsymbol{\theta}$ 来说，多面体是一个三角形）. 迭代以下步骤，直到达到最小值或多面体压缩到一个点.

(1) 定义搜索方向为从最差点（具有最高目标值的多面体的顶点）到剩余 p 个点的平均值的向量.

(2) 将初始步长设置为从最差点到其他点的质心距离的 2 倍. 如果成功（意味着新的点不再是最差点），那么尝试 1.5 倍的步长，接受两者中较好的一个.

(3) 如果前一步没有成功地发现新的点，那么尝试从最差点到质心距离的一半和 1.5 倍的步长.

(4) 如果最后两个步骤未能找到成功的点，则通过对当前最佳点（它是保持不变的）进行线性缩放来减小多面体的尺寸.

① 也称为**下坡单纯形法**，但不要与完全不同的线性规划中的**单纯形法**相混淆.

对方法进行改变是可能的，特别是改变步长和收缩因子. 图 5-4 展示了多面体方法应用到 5.1.1 节中 AIDS 数据的负对数似然的例子. 它用不同的线条画出了每个多面体，包括黑色实线、灰色实线和黑色虚线. 每个多面体中的最差点用圆圈突出显示.

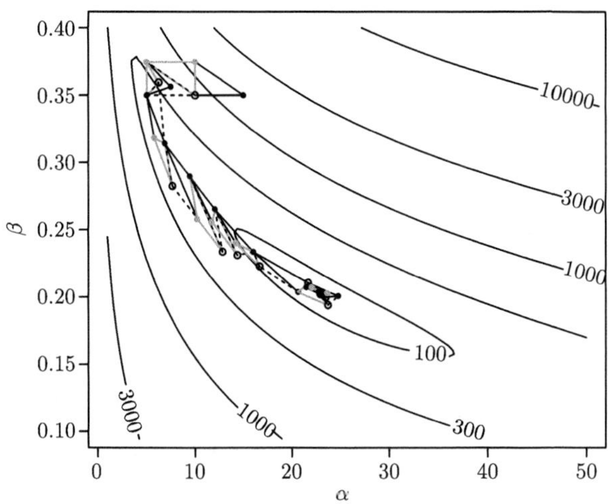

图 5-4　内尔德–米德法应用到 5.1.1 节中 AIDS 的例子. 图中展示了从初始值 $\alpha = 10$，$\beta = 0.35$ 开始到收敛的所有 24 步. 多面体（三角形）线条样式包括黑色实线、灰色实线和黑色虚线. 每个多面体的最差顶点用一个符号突出显示

这个例子用了 24 步达到了极大似然估计. 这个步数比牛顿法或 BFGS 法稍高，但是由于在这种情况下我们不需要导数，因此实际上它的计算量更少.

在这个例子的基础上，你可能会倾向于认为只需要内尔德–米德法就够了，但是通常不是这样的. 如果你需要知道非常准确的最优值（例如，嵌套优化中的内部优化），那么内尔德–米德法通常需要很长时间才能得到一个用牛顿法能够快速给出的答案. 同样地，多面体法可能会“卡住”，因此从任何明显的最小值重新开始优化通常是个好主意（新的多面体将明显的最小值作为一个顶点），检验更远的步骤是不可能的. 如果答案没必要太精确并且导数很难求的话，那么内尔德–米德法是很好的方法.

5.2　R 中的似然极大化示例

海胆竹是深海胆的一个种类. Gage 和 Tyler（见参考文献 [11]）报道了从 Rockall Trough 收集的蜡状芽孢杆菌的生长数据，如图 5-5 所示. Gurney 和 Nisbet（见参

考文献 [20]）提出了简单的基于能量预算的观点来得到体积 V 与年龄 a 间的函数关系模型，即

$$\frac{\mathrm{d}V}{\mathrm{d}a}=\begin{cases}\gamma V, & V<\phi/\gamma,\\ \phi, & \text{其他},\end{cases}$$

其中 γ 和 ϕ 是参数. 初始体积 ω 也是模型参数. 生长分为两个阶段：在第一阶段，动物在它能获得的食物的基础上尽可能快地生长；在第二阶段，它生长得不是那么快，会将过剩的食物能量用于繁殖. 因此，它开始生产时年龄是

$$a_m=\frac{1}{\gamma}\log\left(\frac{\phi}{\gamma\omega}\right),$$

并且可以求出模型的解析解：

$$V(a)=\begin{cases}\omega\exp(\gamma a), & a<a_m,\\ \phi/\gamma+\phi(a-a_m), & \text{其他}.\end{cases}$$

显然，数据并不会完全遵循模型，因此将第 i 次的体积测量值记为 v_i，一种可能的模型是 $\sqrt{v_i}\sim N(\sqrt{V(a_i)},\sigma^2)$，其中观测值相互独立（该假设是合理的，因为每个数据只涉及一个个体）.

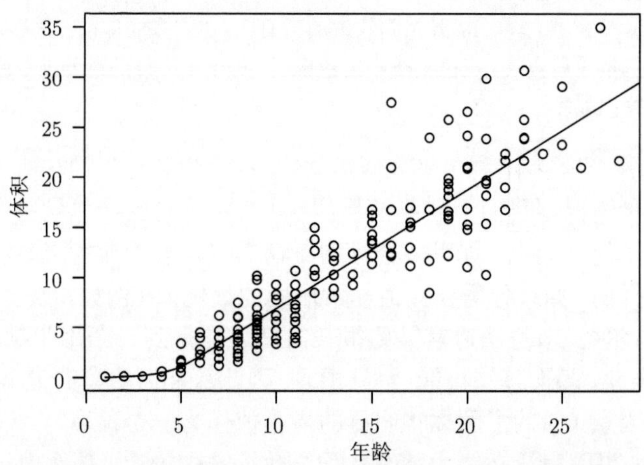

图 5-5　海胆体积与年龄的关系数据，∘ 给出的是原始数据. 黑色曲线是 5.2 节的最佳拟合模型

5.2.1　极大似然估计

给定模型的详细参数，可以直接编写用于计算 $\boldsymbol{\theta}=\log(\omega,\gamma,\phi,\sigma)^{\mathrm{T}}$ 的负对数似然的 R 函数，其中对数参数确保 ω,γ,ϕ 和 σ 的取值恒为正：

```
urchin.vol <- function(theta,age) {
## 给定 theta 的对数参数求 age 处的体积
  omega <- exp(theta[1]); gamma <- exp(theta[2])
  phi <- exp(theta[3]); V <- age*0
  am <- log(phi/(gamma*omega))/gamma
  ind <- age < am
  V[ind] <- omega*exp(gamma*age[ind])
  V[!ind] <- phi/gamma + phi*(age[!ind]-am)
  V
}
ll <- function(theta,age,vol) {
  rV <- sqrt(urchin.vol(theta,age)) ## 体积开根号的期望值
  sigma <- exp(theta[4])
  -sum(dnorm(sqrt(vol),rV,sigma,log=TRUE)) ## -ve log lik.
}
```

现在我们用 R 函数 optim 中自带的 BFGS 方法（因为没有给出梯度函数，optim 将通过有限差分来近似梯度，见 5.5.2 节），从 $\boldsymbol{\theta}$ 出发来最小化 ll（即最大化对数似然）. 假设数据在数据框 uv 中的 vol 和 age 列：

```
> th.ini <- c(0,0,0,0) ## 参数的初始值
> fit <- optim(th.ini,ll,hessian=TRUE,method="BFGS",
+             age=uv$age,vol=uv$vol)
> fit
$par
[1] -4.0056322 -0.2128199 0.1715547 -0.7521029
$value
[1] 94.69095
$counts
function gradient
    74     25
$convergence
[1] 0
...
```

optim 的第一个参数提供了开始优化的初始参数值. 接下来的参数是目标函数. 目标函数的第一个参数必须是需要优化的参数的向量. 目标函数可以依赖于其他固定参数，这些参数可以通过 optim 的“...”参数给出和命名：这就是 age 和 vol 如何传递到 ll 的. hessian=TRUE 让 optim 在收敛时返回一个近似黑塞矩阵，而 method="BFGS" 选择使用 BFGS 优化方法. 默认的方法是内尔德–米德法.

返回的对象 fit 包括几个元素. par 包含最小化参数值，这里的极大似然估计 $\hat{\boldsymbol{\theta}}$.value 包含目标函数的最小值（在这种情况下是最大对数似然的相反数）. counts 表示需要的函数个数和梯度值（在这个例子中后者用的是有限差分法）. convergence 包含一个数字代码：0 表示收敛，或者其他整数代表的一些问题（见 ?optim）. message（没有显示）包含从底层优化代码返回的任何判断信息. hessian（没有显示）包含黑塞矩阵.

5.2.2 模型检测

在对估计进行进一步研究之前，检查模型假设是否合理非常重要. 图 5-5 展示了原始数据中预期 $V(a)$ 对 a 的估计曲线. 作为预期体积的特征，模型看起来是合理的，但是进一步的推导是基于什么分布假设呢？对于这个模型，我们很容易计算它的标准化残差：

$$\hat{\epsilon}_i = \left\{\sqrt{v_i} - \sqrt{V(a_i)}\right\}/\sigma,$$

如果模型是正确的，那么它跟服从 $N(0,1)$ 的独立同分布的偏差应该很接近. 这时残差对拟合值的图和正态 QQ 图是有用的.

```
theta <- fit$par ## 极大似然估计
v <- urchin.vol(theta,uv$age)
rsd <- (uv$vol^.5-v^.5)/exp(theta[4])
plot(v,rsd);qqnorm(rsd);abline(0,1);
```

结果如图 5-6 所示，它表明分布假设没有问题.

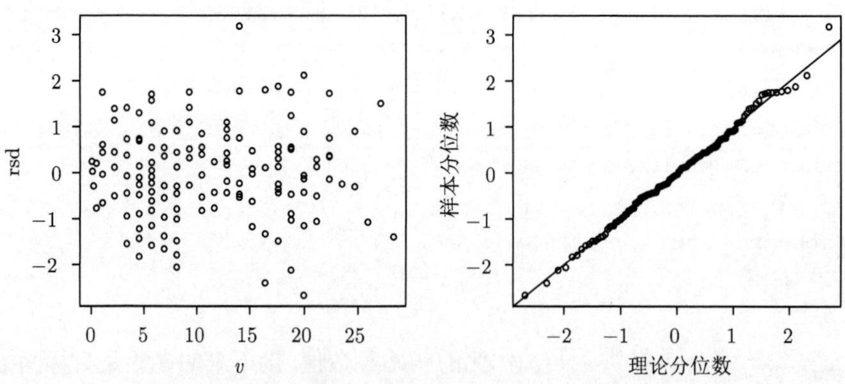

图 5-6　5.2 节海胆模型的检测图. 左图：标准化残差与拟合值. 均值或方差没有规律说明假设是合理的. 右图：标准化残差的正态 QQ 图. 它与直线拟合得非常好，因此可以接受正态假设

5.2.3 进一步推断

现在用式 (4.5) 来求原始数量级的模型参数的近似 95% 置信区间. 注意，我们已经有负对数似然的黑塞矩阵，并且对这个水平的近似来说 $1.96 \approx 2$.

```
> V <- solve(fit$hessian) ## 近似斜方差矩阵
> sd <- diag(V)^.5 ## 标准差
> ## 现在求 4 个参数的 95% 置信区间……
> rbind(exp(theta - 2*sd),exp(theta + 2*sd))
             [,1]      [,2]     [,3]      [,4]
[1,] 7.049868e-05 0.2138756 1.092046 0.4186246
[2,] 4.705125e+00 3.0548214 1.290534 0.5307708
```

ω 和 γ 的区间很宽，但是经过用 `diag(1/sd)%*%V%*%(disg(1/sd))` 计算 $\hat{\boldsymbol{\theta}}$ 的估计相关矩阵，我们发现 ω 和 γ 之间的相关性是 0.997，这可以解释两者的宽度.

作为模型选择的一个简单例子，假设我们想要检验假设 $\sigma = 0.4$. 上述 σ 的区间表明应该在 5% 的水平拒绝这个假设，用式 (2.4) 的广义似然比检验也可达到此目的. 为了实现这一点，我们需要 `ll` 的修正版本 `ll0`，例如，`sigma <- exp (theta[4])` 这一行被删除而用函数参数 `sigma = 0.4` 进行代替，从而满足原假设. 它还是要优化 `ll0`，计算对数似然比统计量并用式 (2.4) 计算 p 值:

```
> fit0 <- optim(rep(0,3),ll0,method="BFGS",
+                 age=uv$age,vol=uv$vol,sigma=0.4)
> llr <- fit0$value - fit$value
> pchisq(2*llr,1,lower.tail=FALSE)
[1] 0.003421646
```

与区间给出的信息相比，这为拒绝原假设提供了更多的证据. 我们也可以寻找在广义似然比测试中可接受的 σ 值的范围. 可以用以下代码实现:

```
llf <- function(sigma,ll.max,uv) # 接受边界上的值为 0
    -2*(ll.max-optim(rep(0,3),ll0,method="BFGS",age=uv$age,
       vol=uv$vol,sigma=sigma)$value)-qchisq(.95,1)
uniroot(llf,c(.2,.47),uv=uv,ll.max=fit$value)$root # 下边界
uniroot(llf,c(.47,1),uv=uv,ll.max=fit$value)$root # 上边界
```

所得的 σ 的 95% **轮廓似然**区间是 (0.421，0.532).

AIC 同样表明简化了的模型没有原始模型那么好:

```
> 2*fit$value + 2*4; 2*fit0$value + 2*3 ## AIC
[1] 197.3819
[1] 203.9497
```

然而，目前形式的模型有点非生物化. 海胆体积的测量误差可能相当小，并且观测

到的变异性大部分可能是由于个体之间在其实现的生长参数 γ 和 ϕ 中的变化，这表示应该重新调整随机效应.

5.3 具有随机效应的极大似然估计

当存在随机效应时，通常可以直接写出观测数据 $\boldsymbol{y}$ 的联合密度 $f_\theta(\boldsymbol{y}, \boldsymbol{b})$，以及不可观测的随机效应 $\boldsymbol{b}$，这取决于参数 $\boldsymbol{\theta}$. 然而，似然性是在观测数据值中计算的数据的边缘密度，

$$L(\boldsymbol{\theta}) = f_\theta(\boldsymbol{y}) = \int f_\theta(\boldsymbol{y}, \boldsymbol{b})\mathrm{d}\boldsymbol{b}, \tag{5.7}$$

并且积分通常难以用解析法解决. 那么有以下几种选择.

(1) 使用数值积分（也称为“正交”）. 这通常是不切实际的，除非积分可以分解为低维积分的乘积或 $\boldsymbol{b}$ 是低维的.

(2) 用蒙特卡罗方法估计积分. 这可能是有效的，但并不总是容易与数值似然最大化相结合，并且考虑到精度意味着我们通常必须模拟许多次，$\boldsymbol{y}$ 中有多少数据就有多少 $\boldsymbol{b}$ 值.

(3) 估计我们可以求的积分.

(4) 通过找到更容易求的函数来避免积分，其最大值将与似然最大值一致.

以下小节会考虑 (3) 和 (4) 两个选项，主要是看拉普拉斯近似、EM 算法以及这两种算法的结合.

5.3.1 拉普拉斯近似

对给定的 $\boldsymbol{y}$，令 $\hat{\boldsymbol{b}}_y$ 为使 $f(\boldsymbol{y}, \boldsymbol{b})$ 最大的 $\boldsymbol{b}$ 的值（为避免混乱，将 $\boldsymbol{\theta}$ 的独立性记号去掉）. 那么 $\log f$ 关于 $\hat{\boldsymbol{b}}_y$ 的二阶泰勒展开给出

$$\log f(\boldsymbol{y}, \boldsymbol{b}) \simeq \log f(\boldsymbol{y}, \hat{\boldsymbol{b}}_y) - \frac{1}{2}(\boldsymbol{b} - \hat{\boldsymbol{b}}_y)^{\mathrm{T}}\boldsymbol{H}(\boldsymbol{b} - \hat{\boldsymbol{b}}_y),$$

其中，$\boldsymbol{H} = -\nabla_b^2 \log f(\boldsymbol{y}, \hat{\boldsymbol{b}}_y)$. 因此，

$$f(\boldsymbol{y}, \boldsymbol{b}) \simeq f(\boldsymbol{y}, \hat{\boldsymbol{b}}_y)\exp\left\{-\frac{1}{2}(\boldsymbol{b} - \hat{\boldsymbol{b}}_y)^{\mathrm{T}}\boldsymbol{H}(\boldsymbol{b} - \hat{\boldsymbol{b}}_y)\right\}.$$

然而，将 $\boldsymbol{b}$ 的维数记为 n_b，

$$\int \frac{1}{(2\pi)^{n_b/2}|\boldsymbol{H}^{-1}|^{1/2}}\exp\left\{-\frac{1}{2}(\boldsymbol{b} - \hat{\boldsymbol{b}}_y)^{\mathrm{T}}\boldsymbol{H}(\boldsymbol{b} - \hat{\boldsymbol{b}}_y)\right\}\mathrm{d}\boldsymbol{b} = 1,$$

因为被积函数是 $N(\hat{\boldsymbol{b}}_y, \boldsymbol{H}^{-1})$ 随机向量的概率密度函数，而概率密度函数的积分为 1. 因此有

$$\int f(\boldsymbol{y},\boldsymbol{b})\mathrm{d}\boldsymbol{b} \simeq f(\boldsymbol{y},\hat{\boldsymbol{b}}_y)\int \exp\left\{-\frac{1}{2}(\boldsymbol{b}-\hat{\boldsymbol{b}}_y)^{\mathrm{T}}\boldsymbol{H}(\boldsymbol{b}-\hat{\boldsymbol{b}}_y)\right\}\mathrm{d}\boldsymbol{b}$$

$$= f(\boldsymbol{y},\hat{\boldsymbol{b}}_y)\frac{(2\pi)^{n_b/2}}{|\boldsymbol{H}|^{1/2}}, \tag{5.8}$$

右端是积分的一阶**拉普拉斯近似**. 仔细计算近似误差显示它通常为 $O(n^{-1})$，其中 n 是样本大小（假设 $\boldsymbol{b}$ 的长度固定）.

注意求积分的问题是如何降为求 $\nabla^2 \log f(\boldsymbol{y},\hat{\boldsymbol{b}}_y)$ 和 $\hat{\boldsymbol{b}}_y$ 的问题的. 如果可以求出前者，那么后者用牛顿法总是可以求的. 当然对拉普拉斯近似得到的近似似然进行最优化也需要数值最优化，因此通常需要嵌套的优化循环, 但这通常比对式 (5.7) 使用穷举法要好一些.

5.3.2　EM 算法

一个相当巧妙的方法完全避免了式 (5.7) 中的积分，我们用在某些情况下更易于求解析解的积分来代替它. 在任何情况下，它的近似值比直接用式 (5.7) 本身求解精度更高. 这种方法从参数 $\boldsymbol{\theta}'$ 的一个猜测值开始，它的标准分解为：

$$\log f_\theta(\boldsymbol{y},\boldsymbol{b}) = \log f_\theta(\boldsymbol{b}|\boldsymbol{y}) + \log f_\theta(\boldsymbol{y}).$$

那么，思路就是用 $f_{\theta'}(\boldsymbol{b}\,|\boldsymbol{y})$ 求 $\log f_\theta(\boldsymbol{y},\boldsymbol{b})$ 的期望（要密切注意 $\boldsymbol{\theta}$ 何时是完备的，何时不是）. 在一些模型中，这个期望可以直接计算，但除此之外我们还可以相对高精度地近似它. 在任何情况下都有

$$E_{b|y,\theta'}\log f_\theta(\boldsymbol{y},\boldsymbol{b}) = E_{b|y,\theta'}\log f_\theta(\boldsymbol{b}|\boldsymbol{y}) + \log f_\theta(\boldsymbol{y}),$$

根据 Q 和 P 的定义，以及最后一项只是对数似然 $l(\boldsymbol{\theta})$，上式可以方便地简写为

$$Q_{\theta'}(\boldsymbol{\theta}) = P_{\theta'}(\boldsymbol{\theta}) + l(\boldsymbol{\theta}). \tag{5.9}$$

现在由与 4.1 节中式 (4.4) 完全相同的推导方法可知，当 $\boldsymbol{\theta}=\boldsymbol{\theta}'$ 时，$E_{b|y,\theta'}\log f_\theta(\boldsymbol{b}|\boldsymbol{y})$ 达到最大值. 因此，$P_{\theta'}$ 是在 $P_{\theta'}(\boldsymbol{\theta}')$ 处达到最大值. 由此可知，如果 $Q_{\theta'}(\boldsymbol{\theta}) > Q_{\theta'}(\boldsymbol{\theta}')$，那么 $l(\boldsymbol{\theta}) > l(\boldsymbol{\theta}')$，因为我们知道 $P_{\theta'}(\boldsymbol{\theta}) < P_{\theta'}(\boldsymbol{\theta}')$. 也就是说，对于与 $Q_{\theta'}(\boldsymbol{\theta}')$ 相关的 $Q_{\theta'}(\boldsymbol{\theta})$，任意使它增加的 $\boldsymbol{\theta}$ 的值一定是在 $l(\boldsymbol{\theta})$ 增加后取到的，因为那时 $P_{\theta'}(\boldsymbol{\theta})$ 已经减少了. 所以我们对 $\boldsymbol{\theta}$ 所做的任意改变如果使 $Q_{\theta'}(\boldsymbol{\theta})$ 增加，就一定会使 $l(\boldsymbol{\theta})$ 增加.

因为 $P_{\hat{\theta}}(\boldsymbol{\theta})$ 和 $l(\boldsymbol{\theta})$ 都在 $\hat{\boldsymbol{\theta}}$ 处取最大值，所以 $Q_{\hat{\theta}}(\boldsymbol{\theta})$ 在 $\hat{\boldsymbol{\theta}}$ 处有最大值. 进一步讲，如果 $l(\boldsymbol{\theta}')$ 是一个拐点，则 $Q_{\theta'}(\boldsymbol{\theta})$ 只能在 $\boldsymbol{\theta}'$ 处取最大值：否则，$P_{\theta'}(\boldsymbol{\theta})$ 在 $\boldsymbol{\theta}'$ 处取最大值，而 $l(\boldsymbol{\theta})$ 取不到.

综合考虑 Q 的这些性质可以看出，如果重复地求出 $\boldsymbol{\theta}^* = \arg\max_\theta Q_{\theta'}(\boldsymbol{\theta})$，然后令 $\boldsymbol{\theta}' \leftarrow \boldsymbol{\theta}^*$，所得的 $\boldsymbol{\theta}'$ 的值的序列导致似然性的单调增加，并且最终收敛于 $l(\boldsymbol{\theta})$ 的拐点：希望是 $\hat{\boldsymbol{\theta}}$. 该迭代被称为 EM 算法，它有两步，首先通过采用期望来获得函数 $Q_{\theta'}(\boldsymbol{\theta})$，然后以 $\boldsymbol{\theta}$ 为变量将它最大化.

当趋于 $\hat{\boldsymbol{\theta}}$ 时，EM 算法最基本的形式收敛有些减缓，但是我们可以由 Q 来计算梯度和 l 的黑塞矩阵，从而使得对 l 使用牛顿法非常方便，而不用真正计算 l. 在式 (5.9) 中对 $\boldsymbol{\theta}$ 进行微分并且计算 $\boldsymbol{\theta} = \boldsymbol{\theta}'$ 时的值，我们发现

$$\left.\frac{\partial Q_{\theta'}(\boldsymbol{\theta})}{\partial \boldsymbol{\theta}}\right|_{\boldsymbol{\theta}=\boldsymbol{\theta}'} = \left.\frac{\partial P_{\theta'}(\boldsymbol{\theta})}{\partial \boldsymbol{\theta}}\right|_{\boldsymbol{\theta}=\boldsymbol{\theta}'} + \left.\frac{\partial l(\boldsymbol{\theta})}{\partial \boldsymbol{\theta}}\right|_{\boldsymbol{\theta}=\boldsymbol{\theta}'} = \left.\frac{\partial l(\boldsymbol{\theta})}{\partial \boldsymbol{\theta}}\right|_{\boldsymbol{\theta}=\boldsymbol{\theta}'} \tag{5.10}$$

因为 $P_{\theta'}(\boldsymbol{\theta})$ 在 $\boldsymbol{\theta} = \boldsymbol{\theta}'$ 处有最大值，所以它的导数为零. 一些其他的研究（见参考文献 [7]）用式 (2.3) 推导出了一些结果：

$$\left.\frac{\partial^2 l(\boldsymbol{\theta})}{\partial \boldsymbol{\theta} \partial \boldsymbol{\theta}^{\mathrm{T}}}\right|_{\boldsymbol{\theta}=\boldsymbol{\theta}'} = \left.\frac{\partial^2 Q_{\theta'}(\boldsymbol{\theta})}{\partial \boldsymbol{\theta} \partial \boldsymbol{\theta}^{\mathrm{T}}}\right|_{\boldsymbol{\theta}=\boldsymbol{\theta}'} + \left.\frac{\partial^2 Q_{\theta'}(\boldsymbol{\theta})}{\partial \boldsymbol{\theta} \partial \boldsymbol{\theta}'^{\mathrm{T}}}\right|_{\boldsymbol{\theta}=\boldsymbol{\theta}'}. \tag{5.11}$$

式 (5.11) 还使得 $l(\boldsymbol{\theta})$ 的最大值能够与 EM 算法可能发现的其他拐点区分开，因为在后一种情况下黑塞矩阵是不定的（具有正特征值和负特征值）.

E 步骤的高阶拉普拉斯近似

至此，你可能有理由提出异议，认为 EM 方法需要计算

$$E_{b|y,\theta'} \log f_\theta(\boldsymbol{y}, \boldsymbol{b}) = \int \log f_\theta(\boldsymbol{y}, \boldsymbol{b}) f_{\theta'}(\boldsymbol{b}|\boldsymbol{y}) \mathrm{d}\boldsymbol{b}, \tag{5.12}$$

而它涉及的积分通常来说并不比我们试图避免的式 (5.7) 的积分更容易. 事实上，在很多特殊情况下，期望比式 (5.7) 简单得多，这也就是方法的真正力量所在. 但是，事实上也有对于式 (5.12) 的一个简单拉普拉斯近似（见参考文献 [42]）可以比式 (5.8) 更精确.

关键的工作是由 Tierney 等（见参考文献 [43]）完成的，他们通过两个积分的一阶拉普拉斯近似考虑如下形式的条件期望的近似：

$$E\{g(\boldsymbol{b})\} = \frac{\displaystyle\int g(\boldsymbol{b}) f_\theta(\boldsymbol{y}, \boldsymbol{b}) \mathrm{d}\boldsymbol{b}}{\displaystyle\int f_\theta(\boldsymbol{y}, \boldsymbol{b}) \mathrm{d}\boldsymbol{b}},$$

如果 g 不是严格大于零的，那么该方法不成立，因此，考虑估计矩母函数 $M(s) = E[\exp\{sg(\boldsymbol{b})\}]$ 并且利用 $E(g) = \mathrm{d}\log M(s)/\mathrm{d}s|_{s=0}$. 根据 h_s 和 h 的定义有

$$M(s) = \frac{\displaystyle\int \exp\{sg(\boldsymbol{b})\} f_\theta(\boldsymbol{y},\boldsymbol{b})\mathrm{d}\boldsymbol{b}}{\displaystyle\int f_\theta(\boldsymbol{y},\boldsymbol{b})\mathrm{d}\boldsymbol{b}}$$

$$= \frac{\displaystyle\int \exp\{sg(\boldsymbol{b}) + \log f_\theta(\boldsymbol{y},\boldsymbol{b})\}\mathrm{d}\boldsymbol{b}}{\displaystyle\int \exp\{\log f_\theta(\boldsymbol{y},\boldsymbol{b})\}\mathrm{d}\boldsymbol{b}} = \frac{\displaystyle\int \mathrm{e}^{h_s(\boldsymbol{b})}\mathrm{d}\boldsymbol{b}}{\displaystyle\int \mathrm{e}^{h(\boldsymbol{b})}\mathrm{d}\boldsymbol{b}}.$$

设 $\hat{\boldsymbol{b}}$ 为 h 的最大值点，$\hat{\boldsymbol{b}}_s$ 为 h_s 的最大值点. 此外定义 $\boldsymbol{H} = -\nabla^2 h(\hat{\boldsymbol{b}})$ 和 $\boldsymbol{H}_s = -\nabla^2 h_s(\hat{\boldsymbol{b}}_s)$. 根据两个积分的标准一阶拉普拉斯近似有

$$\hat{M}(s) = \frac{|\boldsymbol{H}|^{1/2} f_\theta(\boldsymbol{y},\hat{\boldsymbol{b}}_s)\mathrm{e}^{sg(\hat{\boldsymbol{b}}_s)}}{|\boldsymbol{H}_s|^{1/2} f_\theta(\boldsymbol{y},\hat{\boldsymbol{b}})}. \tag{5.13}$$

Tierney 等证明了在 h/n 和 h_s/n 都是常数阶（即：具有不依赖于 n 的量级）时这个近似误差为 $O(n^{-2})$. 那么现在 $\hat{E}(g) = \mathrm{d}\log \hat{M}(s)/\mathrm{d}s|_{s=0}$ 就是 $E(g)$ 的估计，Tierney 等也证明了它有 $O(n^{-2})$ 的误差. 利用当 $s=0$ 时 $\hat{\boldsymbol{b}}_s = \hat{\boldsymbol{b}}$，以及 f_θ 关于 $\boldsymbol{b}_s$ 的一阶偏导在 $s=0$ 处因此为零，计算式 (5.13) 的对数在 $s=0$ 处的导数有

$$\hat{E}(g) = g(\hat{\boldsymbol{b}}) - \frac{1}{2}\frac{\mathrm{d}}{\mathrm{d}s}\log|\boldsymbol{H}_s|\bigg|_{s=0}. \tag{5.14}$$

为了避免求关于 $\boldsymbol{b}$ 的三阶导数，Tierney 等提出用中心有限差分法来近似关于 s 的导数. 在 EM 算法中，$g(\boldsymbol{b}) = \log f_\theta(\boldsymbol{y},\boldsymbol{b})$，其他所有的值都是在 $\boldsymbol{\theta} = \boldsymbol{\theta}'$ 处求的. 所以，$h_s = s\log f_\theta(\boldsymbol{y},\boldsymbol{b}) + \log f_{\theta'}(\boldsymbol{y},\boldsymbol{b})$，并且估计给出了误差为 $O(n^{-2})$ 的 $Q_{\boldsymbol{\theta}'}(\boldsymbol{\theta})$.

5.4 R 随机效应极大似然估计示例

再次考虑 5.2 节中海胆生长的模型. 关于这些数据变异性的一个更符合生物实际的模型可能是

$$V_i = \begin{cases} \omega\exp(g_i a_i), & a_i < a_{mi}, \\ p_i/g_i + p_i(a_i - a_{mi}), & \text{其他}, \end{cases}$$

其中，$a_{mi} = \log\{p_i/(g_i\omega)\}/g_i$，$\log g_i \sim N(\mu_g, \sigma_g^2)$ 且 $\log p_i \sim N(\mu_p, \sigma_p^2)$（都相互独立），因此 $\sqrt{v_i} \sim N(\sqrt{V_i},\ \sigma^2)$. 这样在这个模型中，每一个海胆都有一个服从对数

正态分布的独立的增长率，模型参数为 ω, μ_g, σ_g, μ_p, σ_p 和 σ. 显然数据的联合密度和随机效应在这里很容易计算，但是似然所需的积分却很难求.

5.4.1 直接拉普拉斯近似

为了对似然使用拉普拉斯近似，我们需要求出随机效应对数联合密度的最大值和关于随机效应的数据，以及相应的黑塞矩阵. 这就必须要编写一个程序来计算联合密度，以及其梯度和随机效应的黑塞矩阵. 一个简单的方法是将联合密度写成 R 表达式，然后用 deriv 函数做其他重要工作（见 5.5.3 节）. 这个例子的唯一障碍是，对 $a_i < a_{mi}$ 的海胆必须与其他海胆分开处理.

以下是用于生成函数 v0 的 R 代码，它的参数在 function.arg 中列出，给定参数和随机效应的值，以及梯度和关于随机效应的黑塞矩阵，它将返回尚未成熟的海胆的预测体积. 注意这里对数参数化的使用.

```
v0e <- expression(-log(2*pi*sigma^2)/2 -
     (sqrt(y) - sqrt(exp(w)*exp(exp(g)*a)))^2/(2*sigma^2)
     - log(2*pi) - log(sig.g*sig.p) -
     (g-mu.g)^2/(2*sig.g^2) - (p-mu.p)^2/(2*sig.p^2))

v0 <- deriv(v0e,c("g","p"), hessian=TRUE,function.arg=
     c("a","y","g","p","w","mu.g","sig.g","mu.p",
                                        "sig.p","sigma"))
```

类似的冗长代码可以生成成熟海胆的体积函数 v1. 只要改变平均体积的表达式就可以. 接下来我们需要一个函数来求对数联合密度及其导数以用于优化. 令 b 表示包含随机效应的向量：首先是 g_i，然后是 p_i. y 是体积数据，a 包含年龄.

```
lfyb <- function(b,y,a,th) {
## 求 y 和 b 的联合概率密度函数，并求梯度和黑塞矩阵
  n <- length(y)
  g <- b[1:n]; p <- b[1:n+n]
  am <- (p-g-th[1])/exp(g)
  ind <- a < am
  f0 <- v0(a[ind],y[ind],g[ind],p[ind],
         th[1],th[2],th[3],th[4],th[5],th[6])
  f1 <- v1(a[!ind],y[!ind],g[!ind],p[!ind],
         th[1],th[2],th[3],th[4],th[5],th[6])
  lf <- sum(f0) + sum(f1)
  g <- matrix(0,n,2) ## 将梯度提取到 g……
  g[ind,] <- attr(f0,"gradient") ## dlfyb/db
  g[!ind,] <- attr(f1,"gradient") ## dlfyb/db
```

```
    h <- array(0,c(n,2,2)) ## 将黑塞矩阵提取到 H……
    h[ind,,] <- attr(f0,"hessian")
    h[!ind,,] <- attr(f1,"hessian")
    H <- matrix(0,2*n,2*n)
    for (i in 1:2) for (j in 1:2) {
      indi <- 1:n + (i-1)*n; indj <- 1:n + (j-1)*n
      diag(H[indi,indj]) <- h[,i,j]
    }
    list(lf=lf,g=as.numeric(g),H=H)
  }
```

用于创建完整黑塞矩阵 H 的代码清楚地表明黑塞是非常稀疏的（绝大多数元素是零）. 如果合理利用稀疏性，那么接下来的效率会更高. 但是目前这是无用的.

下一步是写一个近似对数似然函数. 它的主要元素是一个用牛顿法来最大化关于随机效应的联合密度的循环. 前面讲过，为了保证收敛性，我们需要在每一步都检验黑塞矩阵的正定性，并在必要时进行干扰. 方法之一是检验黑塞矩阵的乔莱斯基分解是否可行，如果需要的话用它加上单位矩阵的倍数. 乔莱斯基因子也为解决寻找方向的问题提供了一个有效的方法，因此接下来的函数返回黑塞矩阵或它的正定性修正后的乔莱斯基因子：

```
  pdR <- function(H,k.mult=20,tol=.Machine$double.eps^.8) {
    k <- 1; tol <- tol * norm(H); n <- ncol(H)
    while (inherits(try(R <- chol(H + (k-1)*tol*diag(n)),
             silent=TRUE),"try-error")) k <- k * k.mult
    R
  }
```

最后，这是近似负对数似然：

```
  llu<-function(theta,vol,age,tol=.Machine$double.eps^.8){
  ## 海胆模型的拉普拉斯近似对数似然估计
    ii <- c(3,5,6)
    theta[ii] <- exp(theta[ii]) ## 方差参数
    n <- length(vol)
    if (exists(".inib",envir=environment(llu))) {
      b <- get(".inib",envir=environment(llu))
    } else b <- c(rep(theta[2],n),rep(theta[4],n)); ## 初始化
    lf <- lfyb(b,vol,age,theta)
    for (i in 1:200) { ## 牛顿循环……
      R <- pdR(-lf$H) ## R'R 等于(扰动)黑塞均值
      step <- backsolve(R,forwardsolve(t(R),lf$g)) ## 牛顿
```

```
    conv <- ok <- FALSE
    while (!ok) { ## 步数减半
      lf1 <- lfyb(b+step,vol,age,theta);
      if (sum(abs(lf1$g)>abs(lf1$lf)*tol)==0) conv <- TRUE
      kk <- 0
      if (!conv&&kk<30&&
         (!is.finite(lf1$lf) || lf1$lf < lf$lf)) {
        step <- step/2;kk <- kk+1
      } else ok <- TRUE
    }
    lf <- lf1;b <- b + step
    if (kk==30||conv) break ## 如果收敛或失败
  } ## 那么结束牛顿循环
  assign(".inib",b,envir=environment(llu))
  R <- pdR(-lf$H,10)
  ll <- lf$lf - sum(log(diag(R))) + log(2*pi)*n
  -ll
}
```

可以在不同调用之间用 `llu` 保存随机效应最大值 $\hat{\boldsymbol{b}}$ 来节省计算时间，并且用之前存储的 $\hat{\boldsymbol{b}}$ 作为下一次调用时的初始值：这是通过调用 `get` 和 `assign` 来实现的，它们从 `llu` 的环境中存储和检索 $\hat{\boldsymbol{b}}$. 注意，我们假设方差参数中使用了对数参数化.

现在可以用 `optim` 来完成拟合，跟 5.2 节中更简单的似然完全一样.

```
> th <- c(-4,-.2,log(.1),.2,log(.1),log(.5)) ## 初始化
> fit <- optim(th,llu,method="BFGS",vol=uv$vol,
+                  age=uv$age,hessian=TRUE)
> 2*fit$value + 2*length(fit$par) ## AIC
[1] 196.5785
```

因此，为一个结构上看起来更合理的模型所做的所有额外工作至少没有增加 AIC.

5.4.2 EM 优化

现在考虑用 EM 算法拟合同样的模型. 期望这一步的解析解看起来是不可求的，因此让我们用 5.3.2 节中的方法. 直接拉普拉斯近似是将随机效应和数据的对数联合密度 $\log f_\theta(\boldsymbol{y},\boldsymbol{b})$ 进行求导和最大化得来的. E 步骤更高阶的近似需要 $s\log f_\theta(\boldsymbol{y},\boldsymbol{b})+\log f_{\theta'}(\boldsymbol{y},\boldsymbol{b})$ 的等价量，常数 s 的值是任意的. 下面是求等价量连同它的梯度和黑塞的函数.

```
lfybs <- function(s,b,vol,age,th,thp) {
## 求 s log f(y,b;th) + log f(y,b;thp)
  lf <- lfyb(b,vol,age,thp)
  if (s!=0) {
    lfs <- lfyb(b,vol,age,th)
    lf$lf <- lf$lf + s * lfs$lf;lf$g <- lf$g + s * lfs$g
    lf$H <- lf$H + s * lfs$H
  }
  lf
}
```

接下来我们要以 $\boldsymbol{b}$ 为变量将函数最大化. 下面的程序只是对 `llu` 进行了修改，它在 $s=0$ 时返回 $\log f_\theta(\boldsymbol{y},\hat{\boldsymbol{b}})$，否则返回 $\log|\boldsymbol{H}_s|/2$，与用式 (5.14) 计算 $Q_{\theta'}(\boldsymbol{\theta})$ 需要的要素一致.

```
laplace <- function(s=0,th,thp,vol,age,b=NULL,
                        tol=.Machine$double.eps^.7) {
  ii <- c(3,5,6);thp[ii] <- exp(thp[ii])
  th[ii] <- exp(th[ii])    ## 方差参数
  n <- length(vol)
  ## 初始化 b……
  if (is.null(b)) b <- c(rep(thp[2],n),rep(thp[4],n));
  lf <- lfybs(s,b,vol,age,th,thp)
  for (i in 1:200) { ## 用牛顿循环来求 b̂
  R <- pdR(-lf$H) ## R'R 等于固定的黑塞矩阵, R 是上三角矩阵
  step <- backsolve(R,forwardsolve(t(R),lf$g)) ## 牛顿
  conv <- ok <- FALSE
  while (!ok) {
     lf1 <- lfybs(s,b+step,vol,age,th,thp);
     if (sum(abs(lf1$g)>abs(lf1$lf)*tol)==0 ||
                 sum(b+step!=b)==0) conv <- TRUE
     kk <- 0
     if (!conv&&kk<30&&(!is.finite(lf1$lf) ||
                         lf1$lf < lf$lf)) {
       step <- step/2;kk <- kk+1
     } else ok <- TRUE
   }
   dlf <- abs(lf$lf-lf1$lf);lf <- lf1;b <- b + step;
   if (dlf<tol*abs(lf$lf)||conv||kk==30) break
```

```
  } ## 结束牛顿循环
  if (s==0) {
    return(list(g=lfyb(b,vol,age,th)$lf,b=b))
  }
  R <- pdR(-lf$H,10)
  list(b=b,rldetH = sum(log(diag(R))))
}
```

剩下的就很明确了. 下面是一个用于求 Q 函数值的函数（仍然是储存 $\hat{\boldsymbol{b}}$，将它作为下一次调用的初始值）. 式 (5.14) 中需要的导数通过有限差分来得到（见 5.5.2 节）.

```
Q <- function(th,thp,vol,age,eps=1e-5) {
## 1.求出使得对数联合概率密度在 thp 处取得最大值的 b̂
  if (exists(".inib",envir=environment(Q))) {
    b <- get(".inib",envir=environment(Q))
  }   else b <- NULL
  la  <- laplace(s=0,th,thp,vol,age,b=b)
  assign(".inib",la$b,envir=environment(Q))
## 2.对 s=-eps 和 s=eps 分别求出 b 的值,使 th 和 thp 处的 s 对数联合概
  率密度以及 log|H_s| 取得最大值
  lap <- laplace(s=eps/2,th,thp,vol,age,b=la$b)$rldetH
  lam <- laplace(s= -eps/2,th,thp,vol,age,b=la$b)$rldetH
  la$g - (lap-lam)/eps
}
```

那么，现在有基本 EM 迭代的程序如下：

```
> thp <- th <- rep(0,6); ## 初始值
> for (i in 1:30) { ## EM 循环
+  er <- optim(th,Q,control=list(fnscale=-1,maxit=200),
+            vol=uv$vol,age=uv$age,thp=thp)
+  th <- thp <- er$par
+  cat(th,"\n")
+ }
-1.30807 -0.104484 0.015933 -0.351366 -0.422658 -0.22497
-1.13297 -0.220579 0.049261 -0.240472 -0.724219 -0.42390
                 [7 iterations omitted]
-2.91226 -0.162600 -1.079699 -0.049739 -1.247416 -1.27902
                 [19 iterations omitted]
-3.39816 -0.322957 -1.550822 0.150278 -1.512047 -1.37022
```

用于优化 Q 的是内尔德–米德方法，为了避免对最优值进行过度改进，步长限制在 200 以内，因为这个最优值在下一步中肯定会被舍弃. 对于远达不到最优值的前面几步，算法进展很快，但是那之后进展会变慢，这是基本 EM 迭代的主要实际问题. 在前几步之后最好利用式 (5.10) 和式 (5.11) 换成基于牛顿法的优化.

5.4.3 基于 EM 的牛顿优化

下面是一个根据式 (5.10) 用有限差分 Q 求对数似然的导数的简单程序（见 5.5.2 节）：

```
ll.grad <- function(theta,vol,age,eps=1e-4) {
  q0 <- Q(theta,theta,vol,age)
  n <- length(theta); g <- rep(0,n)
  for (i in 1:n) {
    th <- theta; th[i] <- th[i] + eps
    g[i] <- (Q(th,theta,vol,age)-q0)/eps
  }
  g
}
```

在给定 ll.grad 的情况下，我们并不真的需要式 (5.11)，而是可以简单地用 ll.grad 的有限差分来求对数似然的近似黑塞.

```
ll.hess <- function(theta,vol,age,eps=1e-4) {
  g0 <-ll.grad(theta,vol,age,eps)
  n <- length(theta); H <- matrix(0,n,n)
  for (i in 1:n) {
    th <- theta; th[i] <- th[i] + eps
    H[i,] <- (ll.grad(th,vol,age,eps)-g0)/eps
  }
  B <- solve(H)
  list(H=(H + t(H))/2,B=(B + t(B))/2)
}
```

注意，上面也计算了逆黑塞矩阵，并且在返回黑塞和它的逆之前，它们都成了对称的. 那么就很容易进行一个新的牛顿循环：它唯一不标准的特点是现在步长控制必须基于保证最后一步中步长方向上的导数不能是负的（见 5.1.1 节的结尾）.

```
for (i in 1:30) {
  g <- ll.grad(th,uv$vol,uv$age)
  B <- ll.hess(th,uv$vol,uv$age)$B
  eb <- eigen(B)
  if (max(eb$values)>0) { ## 强制定义为负值
```

```
    d <- -abs(eb$values)
    B <- eb$vectors%*%(d*t(eb$vectors))
  }
  step <- -B%*%g; step <- step/max(abs(step))
  while(sum(step*ll.grad(th+step,uv$vol,uv$age))<0) {
    step <- step/2 }
  th <- th + step
  cat(th,mean(abs(g)),"\n")
  if (max(abs(g))<1e-4) break
}
```

从基本 EM 参数估计的 10 个迭代后开始，这个循环在 12 个迭代后收敛. 相比之下，在基本 EM 迭代的 30 步之后，对数似然梯度向量有些元素的数量级仍然大于 1. 对步长的限制使得最大步长元素的大小是 1，这样就保证了不会有格外大的步长在求 Q 值时引起计算问题. 参数估计（对数刻度）和标准差如下：

```
> th;diag(-ll.hess(th,uv$vol,uv$age)$B)^.5
[1] -3.39180 -0.36804 -1.69383 0.18609 -1.50680 -1.35400
[1] 0.712693 0.188591 0.168546 0.039671 0.188626 0.257298
```

在实际应用中，这些结果和一阶拉普拉斯近似的结果没有什么区别. 所以这样一来，利用对数似然来进行高阶近似的额外工作，除了确认一阶拉普拉斯近似的结果之外，并没有什么好处. 实际上，既然极大似然估计和参数真实值之间的差对精确似然来说基本上是 $O(n^{-1/2})$，那么在计算极大似然估计时我们经常看到用 $O(n^{-2})$ 的估计来代替 $O(n^{-1})$ 的估计没有明显改进也就不奇怪了.

图 5-7 是一些模型检测图. 随机效应相对正态有些重尾，可能它们应该用 t 分布来建模. 否则的话，模型看起来很有说服力，它的大部分变异性可以由海胆–海胆增长率的变异性来解释. 主要的实际困难是残差仍然有点高，不能用测量误差来解释. 在这方面取得进展的方法应该是，通过分离测量标准来认真估计测量误差，并将经过测量的测量误差包含到模型规格中.

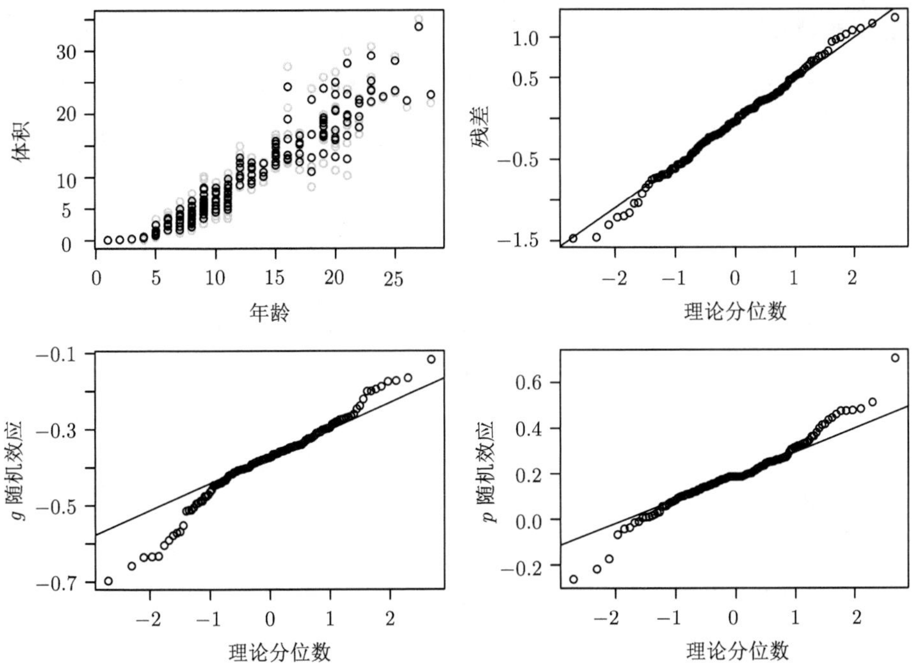

图 5-7　5.4 节中完整海胆模型的检测图. 左上图: 黑色圆圈是给定预测随机效应条件下的预测海胆体积, 灰色圆圈是原始数据. 右上图: 残差的正态 QQ 图. 左下图: 预测随机效应 $\hat{\boldsymbol{g}}$ 的正态 QQ 图. 右下图: 预测随机效应 $\hat{\boldsymbol{p}}$ 的正态 QQ 图. 两种随机效应看起来都有些重尾

5.5 计算机求导

前面几节用到了大量求导运算. 如果采用手算我们很快就会觉得冗长乏味，并且如果一个人不是把自我价值建立在仔细进行极长的常规运算上，那么他会很快找到一种自动计算的方法. 有 3 种可能的选择.

(1) 使用计算机代数系统，如 Mathematica、Maple 或 Maxima①来帮助进行求导. 这对相对简单的模型效果比较好，只是结果在使用前通常需要进行一些“人工简化”.

(2) 用有限差分来近似求导. 这种方法始终是可行的，但是没有其他方法的精度高.

(3) 用**自动微分**（AD），它通过自动应用链式法则用计算机代码直接对要求导的函数进行准确的数值求导. 与方法 (1) 相比，它对更加复杂的情形也适用.

① Maxima 是免费软件.

5.5.1 数值代数

对计算机符号代数的一般性讨论超出了本章的范围. 然而，有必要说明一下 R 中的函数 D 所实现的基本符号求导，它将对 R 表达式中的单个变量进行符号求导. 例如，考虑对 $g(a,x)=\{\sin(ax)x^2\}^{-1}$ 关于 x 进行求导:

```
> dx <- D(expression(1/(sin(a*x)*x^2)),"x"); dx
-((cos(a * x) * a * x^2 + sin(a * x) * (2 * x))/
  (sin(a * x) * x^2)^2)
```

由第一个参数定义的表达式被第二个参数（一个字符串）中的变量进行求导. 返回一个“call”，而它又能被 D 求导. 例如，我们来求 $\partial^2 g/\partial a\partial x$ 的值:

```
> D(dx,"a")
-(((cos(a * x) - sin(a * x) * x * a) * x^2 + cos(a * x)
   * x * (2 * x))/(sin(a * x) * x^2)^2 - (cos(a * x) * a
   * x^2 + sin(a * x) * (2 * x)) * (2 * (cos(a * x) * x
   * x^2 * (sin(a * x) * x^2)))/((sin(a * x) * x^2)^2)^2)
```

做一些简化这个结果会更好.

5.5.2 有限差分

考虑对充分光滑的函数 $f(\boldsymbol{x})$ 关于它的向量变量 $\boldsymbol{x}$ 的元素进行求导. f 可以是简单的函数如 $\sin(x)$，也可以是复杂的函数，如在给定大气成分、外源强迫等条件下，根据全球大气环流模型预测的全球平均气温. 近似求导的一种自然方法是使用**有限差分**（FD）近似:

$$\frac{\partial f}{\partial x_i}\simeq\frac{f(\boldsymbol{x}+\Delta\boldsymbol{e}_i)-f(\boldsymbol{x})}{\Delta},\tag{5.15}$$

其中 Δ 是一个小的常数，$\boldsymbol{e}_i$ 是与 $\boldsymbol{x}$ 维数相同的一个向量，除了第 i 个元素为 1 外其余全为 0. Δ 应该取多大? 尽量小，对吗? 错. 问题关键在于计算机对实数的存储只能达到有限精度（一般来说，对 64 位 double 精度的浮点数大约等价于 16 位小数）. 这意味着如果 Δ 太小，计算出来的 $f(\boldsymbol{x}+\Delta\boldsymbol{e}_i)$ 和 $f(\boldsymbol{x})$ 的值就有相同的可能，那么式 (5.15) 就 100% 是错的. 即使不是在那么极端的情形下，也能丢失几乎所有精度. 下面的代码片段说明了这个问题:

```
> a <- 1e16; b <- a + pi
> b-a; pi
[1] 4
[1] 3.141593
```

显然，$b-a$ 的精确值应该是 π，而不是 4，但是 π 是 10^{16} 的一个微小的部分. 因此在用 16 位小数存储 10^{16}+π 时，我们丢失了 3.141593 中小数点后的所有信息. [①]

① $b-a$ 是 4 而不是 3 是由于我们用二进制来表示数，而不是十进制.

这种信息的丢失叫作**消去误差**.

我们能够求出式 (5.15) 中的消去误差的范围. 假设对 f 进行计算的精度是 ϵ^{-1} 分之一（这里能够期望的最好结果是 ϵ 是机器精度）. 现在令 L_f 为 f 的大小的上界，并将 f 的计算值记为comp(f). 我们有 $|\text{comp}\{f(\boldsymbol{x}+\Delta\boldsymbol{e}_i)\}-f(\boldsymbol{x}+\Delta\boldsymbol{e}_i)|\leqslant\epsilon L_f$ 和 $|\text{comp}\{f(\boldsymbol{x})\}-f(\boldsymbol{x})|\leqslant\epsilon L_f$，两者结合可得

$$\left|\frac{\text{comp}\{f(\boldsymbol{x}+\Delta\boldsymbol{e}_i)-f(\boldsymbol{x})\}}{\Delta}-\frac{f(\boldsymbol{x}+\Delta\boldsymbol{e}_i)-f(\boldsymbol{x})}{\Delta}\right|\leqslant\frac{2\epsilon L_f}{\Delta}.$$

因此，右边是两个非常相近的量在有限精度计算中相减所得结果的消去误差的上界.

消去误差界说明我们希望 Δ 尽可能大，但它会使得式 (5.15) 的近似值变差. 为了研究这一点，需要找到即使右边的所有元素都正确计算时式 (5.15) 的误差界. 简单来说，泰勒定理告诉我们

$$f(\boldsymbol{x}+\Delta\boldsymbol{e}_i)=f(\boldsymbol{x})+\nabla f(\boldsymbol{x})^{\mathrm{T}}\boldsymbol{e}_i\Delta+\frac{1}{2}\Delta^2\boldsymbol{e}_i^{\mathrm{T}}\nabla^2 f\boldsymbol{e}_i.$$

注意 $\nabla f(\boldsymbol{x})^{\mathrm{T}}\boldsymbol{e}_i=\partial f/\partial x_i$，换种写法我们有

$$\frac{f(\boldsymbol{x}+\Delta\boldsymbol{e}_i)-f(\boldsymbol{x})}{\Delta}-\frac{\partial f}{\partial x_i}=\frac{1}{2}\Delta\boldsymbol{e}_i^{\mathrm{T}}\nabla^2 f\boldsymbol{e}_i.$$

现在假设 L 是 $\boldsymbol{e}_i^{\mathrm{T}}\nabla^2 f\boldsymbol{e}_i=\partial^2 f/\partial x_i^2$ 的数量级的上界. 那么有

$$\left|\frac{f(\boldsymbol{x}+\Delta\boldsymbol{e}_i)-f(\boldsymbol{x})}{\Delta}-\frac{\partial f}{\partial x_i}\right|\leqslant\frac{L\Delta}{2}.$$

也就是说，我们有了有限差分**截断**[①]误差的上界.

所以，我们既希望 Δ 尽可能小来最小化截断误差，又希望它尽可能大来最小化消去误差. 假设总误差以下式为界：

$$\text{err.fd}\leqslant\frac{L\Delta}{2}+\frac{2\epsilon L_f}{\Delta},$$

选择一个 Δ 来最小化这个界是合理的. 也就是说，我们应该取

$$\Delta\approx\sqrt{\frac{4\epsilon L_f}{L}}.$$

① 这样叫是因为它是与**截断**函数的泰勒级数近似相关的误差.

如果 f 的典型大小和它的二阶导数是相同的，那么

$$\Delta \approx \sqrt{\epsilon}$$

与最优值就不会相差太大. 这就是为什么常常用机器精度的平方根作为有限差分区间. 如果 $L_f \not\approx L$ 或 f 无法计算到机器精度的较小倍数的准确度，那么参考 Gill 等的著作（见参考文献 [15]）的 8.6 节.

其他有限差分公式

上面提到的有限差分法是**向前差分**. 中心差分会更准确，但计算量更大：

$$\frac{\partial f}{\partial x_i} \simeq \frac{f(\boldsymbol{x}+\Delta \boldsymbol{e}_i)-f(\boldsymbol{x}-\Delta \boldsymbol{e}_i)}{2\Delta}.$$

在大小合适的情况下，$\Delta \approx \epsilon^{1/3}$ 基本上是正确的.

也可以用更高阶的导数. 例如：

$$\frac{\partial^2 f}{\partial x_i \partial x_j} \simeq \frac{f(\boldsymbol{x}+\Delta \boldsymbol{e}_i+\Delta \boldsymbol{e}_j)-f(\boldsymbol{x}+\Delta \boldsymbol{e}_i)-f(\boldsymbol{x}+\Delta \boldsymbol{e}_j)+f(\boldsymbol{x})}{\Delta^2},$$

在大小合适的情况下，$\Delta \approx \epsilon^{1/4}$ 最精确. 显然，如果准确的一阶导数存在，那么对它们做差分会更好.

5.5.3 自动微分

自动微分用函数求值的计算机代码直接对函数进行微分. 自动微分的方法有好几种，但最成熟的一种是利用**面向对象**编程语言来达成预期的目标. 从自动微分的角度来看，面向对象语言的关键特征是在这种语言中每一个数据结构或对象都有一个类，并且 `+`、`-`、`*` 等运算符的意义依赖于它们所作用的对象的类. 同样地，函数的作用取决于它的变量的类. 见 3.6 节.

那么假设我们要关于实变量 x_1、x_2 和 x_3 求

$$f(x_1, x_2, x_3) = \{x_1 x_2 \sin(x_3) + \mathrm{e}^{x_1 x_2}\}/x_3$$

的微分.[①] 在 R 中，如果 $\mathtt{x}_1$、$\mathtt{x}_2$ 和 $\mathtt{x}_3$ 的初始值是浮点数，那么代码 `(x1*x2*sin(x3)+ exp(x1*x2))/x3` 能求这个函数的值.

现在定义一种新的对象，它的类是 `"ad"`，有一个值（是浮点数），属性为 `"grad"`. 在当前例子中这个 `"grad"` 属性会是包含关于 $\mathtt{x}_1$、$\mathtt{x}_2$ 和 $\mathtt{x}_3$ 的微分值的三维向量. 现在我们可以定义能够返回具有正确值和 `"grad"` 属性的 `"ad"` 类的算术运算符和数学函数，不管它们是用在什么表达式中.

下面的 R 函数创建并初始化了一个简单的 `"ad"` 类对象：

① 这个例子参见参考文献 [28].

```
ad <- function(x,diff = c(1,1)) {
## 创建 "ad" 类对象. diff[1] 是 grad 的长度, diff[2] 是 grad 中值为 1
   的元素
  grad <- rep(0,diff[1])
  if (diff[2]>0 && diff[2]<=diff[1]) grad[diff[2]] <- 1
  attr(x,"grad") <- grad
  class(x) <- "ad"
  x
}
```

在这里，它用于将 x1 初始化为 1，将它的属性设为三维 "grad"，并且将 grad 的第一个元素设为 1，因为 $\partial x_1/\partial x_1 = 1$.

```
> x1 <- ad(1,c(3,1))
> x1
[1] 1
attr(,"grad")
[1] 1 0 0
attr(,"class")
[1] "ad"
```

接下来的部分比较有趣. 我们定义指定为 "ad" 类的数学函数和运算符，并根据函数值正确推导微分值. 下面是一个 "ad" 类的 sin 函数：

```
sin.ad <- function(a) {
  grad.a <- attr(a,"grad")
  a <- as.numeric(a) ## 避免无限循环
  d <- sin(a)
  attr(d,"grad") <- cos(a) * grad.a ## 链式法则
  class(d) <- "ad"
  d
}
```

下面是将它应用于 x1 时的输出：

```
> sin(x1)
[1] 0.841471
attr(,"grad")
[1] 0.5403023 0.0000000 0.0000000
attr(,"class")
[1] "ad"
```

所以，结果的值是 $\sin(x_1)$，它的 "grad" 的第一个元素包含 $\sin(x_1)$ 关于 x_1 的微分在 $x_1 = 1$ 处的值.

这种，方法也可以使运算符**超载**. 例如，下面是 "ad" 类的乘法运算符:

```
"*.ad" <- function(a,b) { ## ad 类的乘法
  grad.a <- attr(a,"grad")
  grad.b <- attr(b,"grad")
  a <- as.numeric(a)
  b <- as.numeric(b)
  d <- a*b ## 求值
  attr(d,"grad") <- a * grad.b + b * grad.a ## 链式法则
  class(d) <- "ad"
  d
}
```

用同样的方法继续，我们能够创建一个完整的 "ad" 类数学函数和运算符库. 有了这样的一个库，给定一般的浮点数变量，我们能用原来用于简单求值的代码来求函数的微分. 例如，下面是求范例的值的代码:

```
> x1 <- 1; x2 <- 2; x3 <- pi/2
> (x1*x2*sin(x3)+ exp(x1*x2))/x3
[1] 5.977259
```

下面是将变量用 "ad" 对象代替后的同样的代码:

```
> x1 <- ad(1,c(3,1))
> x2 <- ad(2,c(3,2))
> x3 <- ad(pi/2,c(3,3))
> (x1*x2*sin(x3)+ exp(x1*x2))/x3
[1] 5.977259
attr(,"grad")
[1] 10.681278 5.340639 -3.805241
attr(,"class")
[1] "ad"
```

你可以验证一下这些结果是否正确（当然是在机器精度范围内）.

这种用函数值简单推导微分值的方法叫作向前模自动微分. R 不是实现这一点的最好的语言，如果你需要对复杂的模型应用自动微分，那么用 C++ 等当中现有的软件库通常会更好，因为它已经为你重写了所有的函数值和运算符.

1. R 中的 deriv 函数

对不是特别复杂的函数，R 的 deriv 函数用“源转换”来实现向前模自动微分，而不是用运算符超载法. 要微分的表达式用 R 表达式或单侧公式给出，特征向量指定对哪个变量进行微分. 重复前面的例子，我们有:

```
> f <- expression((x1*x2*sin(x3)+ exp(x1*x2))/x3)
```

```
> g <- deriv(f,c("x1","x2","x3"),
+              function.arg=c("x1","x2","x3"))
> g(1,2,pi/2)
[1] 5.977259
attr(,"gradient")
          x1       x2        x3
[1,] 10.68128 5.340639 -3.805241
```

参数 function.arg 告诉 deriv 我们想要返回一个函数（而不是一个表达式）以及它的参数应该是什么. 另外还有一个参数 hessian，如果它是 TRUE 的话，就计算沿梯度的二阶导数.

2. 附加说明

为了使自动微分有效，需要求值的函数在所求的函数值处有适当定义的微分是不够的. 它要求求值中所用到的所有函数/运算符在求值参数处都有适当定义的微分. 这会给在某些变量值处条件执行的代码带来问题. 例如，一个正的已知数 y 的博克斯–考克斯变换是

$$B(y;\lambda)=\begin{cases}(y^\lambda-1)/\lambda, & \lambda\neq 0,\\ \log(y), & \lambda=0.\end{cases}$$

如果你用显式来编码，那么当 $\lambda=0$ 时自动微分将永远无法得到 B 关于 λ 的微分.

3. 逆向模自动微分

如果你需要一个标量值函数的多阶微分，那么向前模自动微分在理论上的运算量与有限差分相同，因为每一阶导数需要的运算量都至少与函数求值相同. 实际上，与运算符超载相关的操作使得自动微分运算量更大，而另一种方法也会超载. 当然，自动微分的好处是精度更高，并且在很多应用中运算量并不是至关重要的.

一种具有大大节省计算量潜力的选择是逆向模自动微分. 再次考虑 Nocedal 和 Wright 的例子：

$$f(x_1,x_2,x_3)=\{x_1x_2\sin(x_3)+\mathrm{e}^{x_1x_2}\}/x_3.$$

f 的任意计算机求值都会将计算分成一系列在一个或两个浮点数上的基本运算. 可以把这看作一个**计算图**：

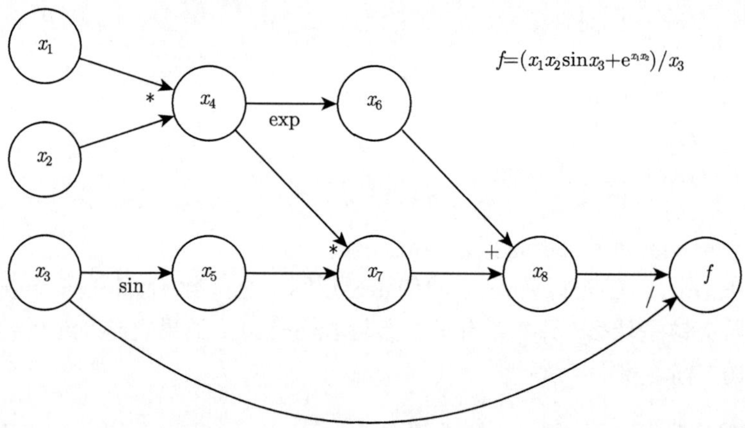

其中，x_4 到 x_8 节点是从输入值 x_1 到 x_3 再到最终结果 f 的过程中一定会产生的中间量. 箭头从**父**节点指向**子**节点. 要求出一个子节点，必须把它所有的父节点的值都求出来. 对这个图进行简单的从左至右的求值可以得到下图：

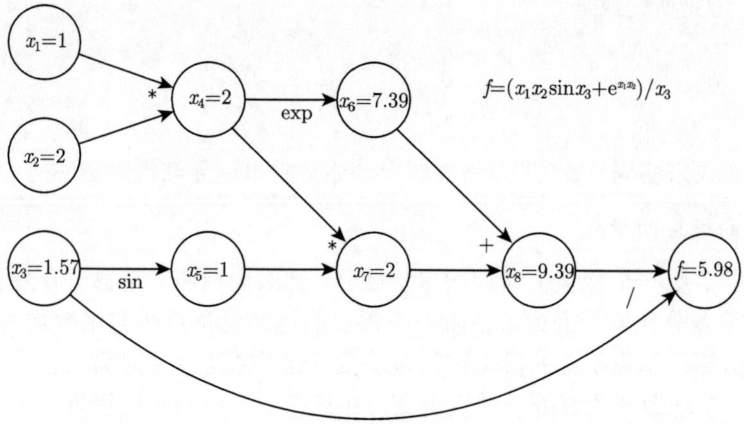

现在，向前模自动微分携带微分和函数值向前穿过整个图. 例如，一个节点关于输入变量 x_1 的微分用

$$\frac{\partial x_k}{\partial x_1}=\sum_{j\text{ 是 }k\text{ 的父节点}}\frac{\partial x_k}{\partial x_j}\frac{\partial x_j}{\partial x_1}$$

来计算，等式右边用面向对象法通过超载函数和运算符来求值. 下面的图展示了这个过程，只关于 x_1 求微分：

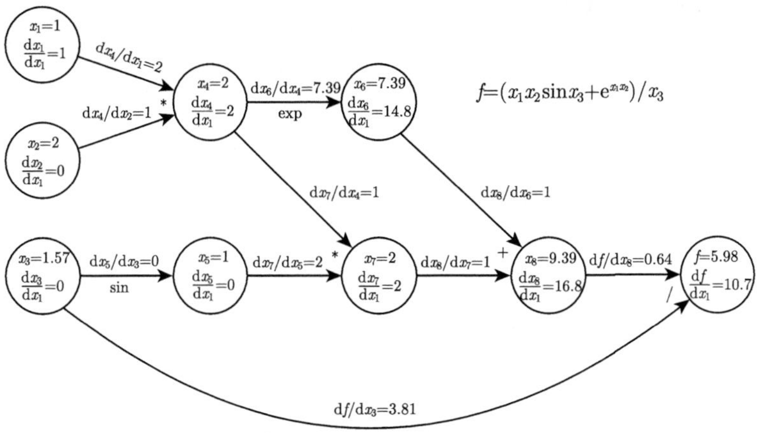

计算仍然是从左到右，只有在其所有父节点的值都已知时才能对一个子节点求值.

如果要求关于几个输入变量的微分，那么每个节点都要关于这些变量求导数值，这样计算量就会很大（在前一个图中，每个节点都包含多个导数值）. 因此逆向模方法更加灵活. 它首先对整个图进行**前推回代**，根据父节点求出子节点的函数值和所有导数值，如下：

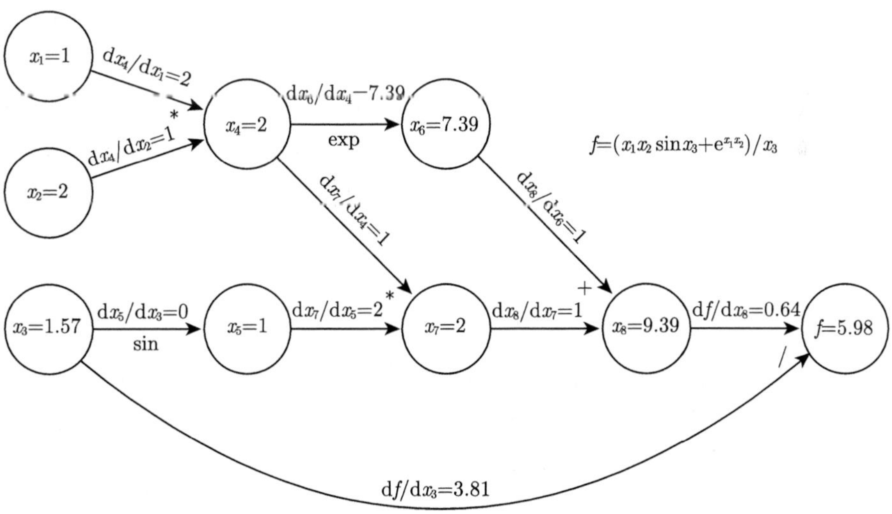

然后逆向回代从最后一个节点（此处有 $\partial f/\partial f=1$）开始用

$$\frac{\partial f}{\partial x_k}=\sum_{j\text{ 是 }k\text{ 的子节点}}\frac{\partial x_j}{\partial x_k}\frac{\partial f}{\partial x_j}$$

反向求 f 关于每一个节点的导数值.

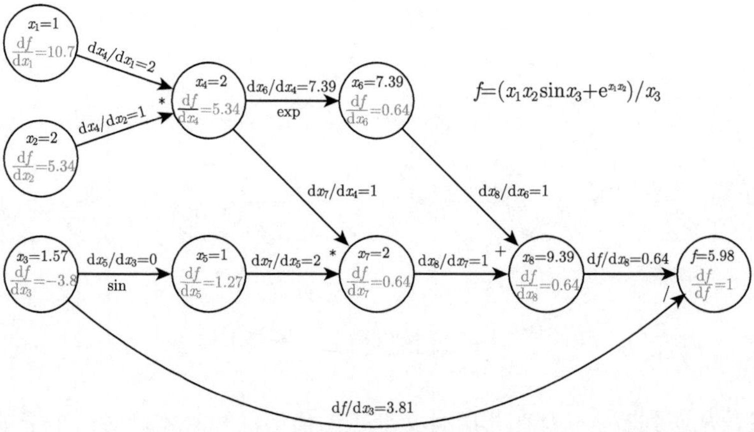

灰色的导数是用逆向回代计算的. 这里的重点是每个节点只需要计算一个导数，但是最终我们求出了 f 关于每一个输入变量的导数. 因此与有限差分或向前模自动微分相比，逆向模自动微分可以节省大量运算. 这里仍然是通用的自动微分库为你将过程自动化了，因此你需要写的只是求值代码.

可惜的是，逆向模的效率有很高的代价. 在向前模中，只要它所有子节点的值都求出来，我们就可以舍弃与一个节点相关的值和导数. 在逆向模中，与**每一个相连点**相关的**所有节点**的值和导数值在前推回代过程中都要进行存储，以用于逆向回代. 这需要很大的存储量. 例如，如果 f 涉及一个 1000×1000 矩阵的逆，那么我们需要存储大约 2×10^9 个中间节点值和同样数量的导数值. 我们甚至还没有考虑存储图的结构就已经需要 32 亿字节的存储量了. 关于既满足自动微分存储又降低运算量和存储量的研究有很多. 更多内容见参考文献 [18].

4. 用自动微分来改进有限差分

在拟合复杂的或计算机密集型的模型时，优化过程中用自动微分来进行常规导数运算可能代价太高. 但是，它仍然能为校正有限差分区间提供一种有效的方法. 一个“典型的”模型运行能够自动微分，并且能够调整有限差分区间来达到最接近自动微分导数的拟合. 在优化过程中，如果需要的话可以对有限差分区间再进行一到两次校正.

5.6 寻找目标函数

既然前面的定理和方法具有明显的一般性，很容易假设如果你能求出对数似

然 (或其他目标函数), 那么也就能够优化它并且从结果得出有用的统计学结论. 这种假设并不总是成立, 较为谨慎的做法是画一下图来检验目标函数是我们想象中的性质良好的函数.

一个简单的例子能够说明这些检验的重要性. 考虑用最小二乘/极大似然来将一个看起来很普通的动态模型拟合到单一时间序列上. 模型是

$$n_{t+1} = rn_t(1 - n_t/K), \quad t = 0, 1, 2, \cdots,$$

其中 r 和 K 是参数, 假设 n_0 是已知的. 进一步假设我们有观测值 $y_t = n_t + \epsilon_t$, 其中 $\epsilon_t \underset{\text{i.i.d.}}{\sim} N(0, \sigma^2)$, σ 已知. 用最小二乘 (或本例中的 "极大似然") 来估计 r 和 K 需要求

$$f(r, K) = \sum_i \{y_i - n_i(r, K)\}^2$$

关于 r 和 K 的最小值. 我们应该试着对 f 有个初步印象. 为了了解这种方法, 考虑两组模拟数据的例子. 在每种情况下的模拟中, 我取 $n_0 = 20$, $K = 50$, $\sigma = 1$, 但是不同情况下的 r 值不一样.

- 在第一种情况下用 $r = 2$ 来模拟数据. 如果我们现在假装需要根据这些数据来估计 r 和 K, 那么可以看一下 f 的 r-横切面和 K-横切面. 下图给出了原始数据和一个 r-横切面.

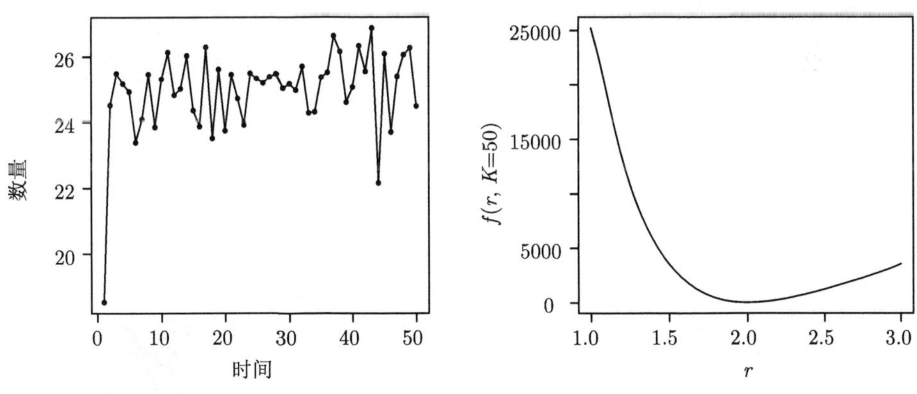

K 取其他值时的 r-横切面看起来一样普通, 而在这个 r 的取值范围内, K-横切面看起来也是比较良好的. 因此在这种情况下, f 似乎是 r 和 K 的一个好的光滑函数, 并且任何像样的优化方法都应该能够找到最优值.

- 在第二种情况下用 $r = 3.8$ 来模拟数据.

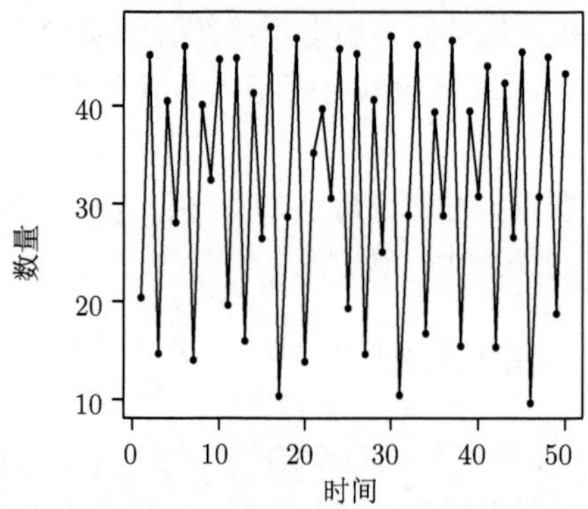

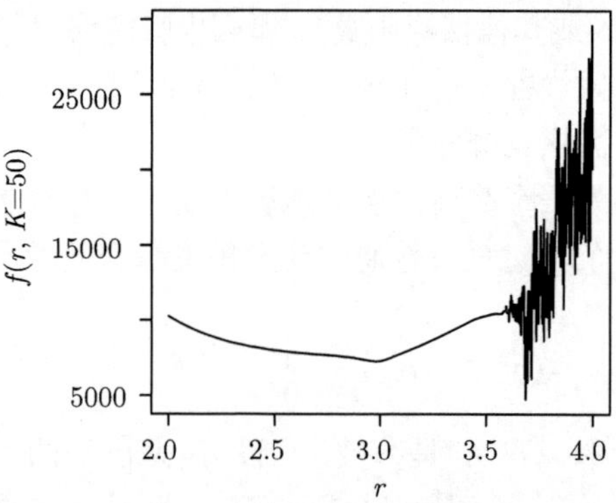

现在目标函数在 3.7 附近有一个最小值，但是在一个极不规则的区域内它被其他局部极小值包围着，因此找到真正的极小值会是一个极为费力的问题. 另外，我们现在还不确定如何对“最优的”$\boldsymbol{\theta}$ 的不确定性进行量化：在这种情况下考虑渐进似然变量显然是没用的.

在这两个例子中，目标函数的简单横切面给出了有用的信息. 在第一个例子中一切看起来都还不错. 在第二个例子中我们需要很仔细地考虑优化的目的，以及基本问题是否需要重写. 注意目标函数是如何高度依赖参数的，这使得在拟合模型之前先理解它显得更加重要. 这样的话动态模型尽管很简单，但是也有很多复杂的表现，包括混沌.

目标函数横切面是局部视图

绘制目标函数的横切面图是一种不错的思路，但是在 $\boldsymbol{\theta}$ 多维时它们只能给出一种有限且局部的视图. 例如，下面的左图给出了一个函数 $f(x, y)$ 的 x-横切面，右图是函数图像.

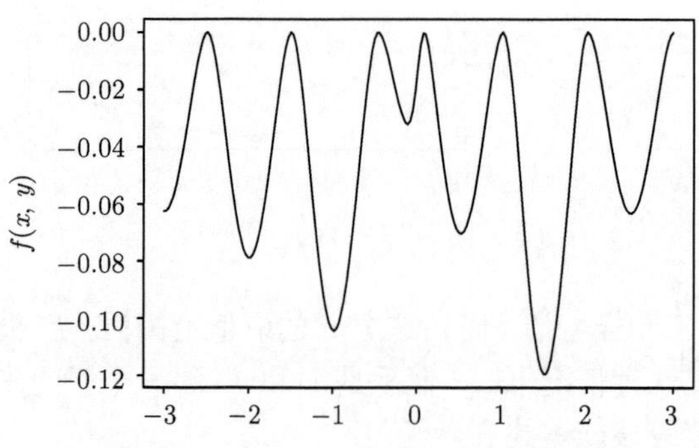

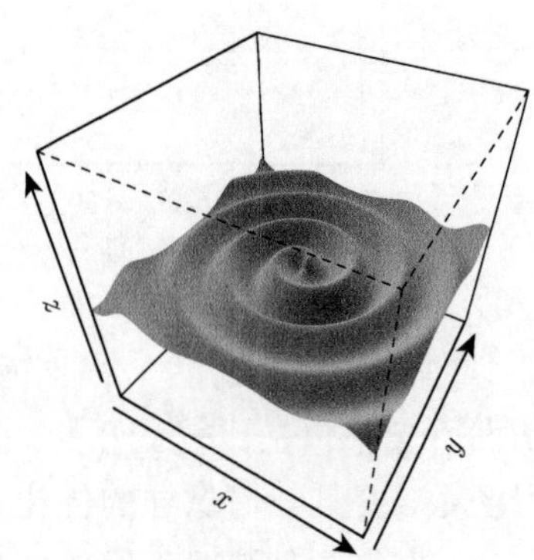

从左图看起来函数有很多局部极小点，优化会很困难. 但是实际上它有一个局

部最小值，即全局最小值. 如右图所示，从任一点 x, y 向下走你总能达到这个最小值.

也可能会出现相反的问题. 下面是另一个函数 $g(x, y)$ 的 x 和 y 横切面.

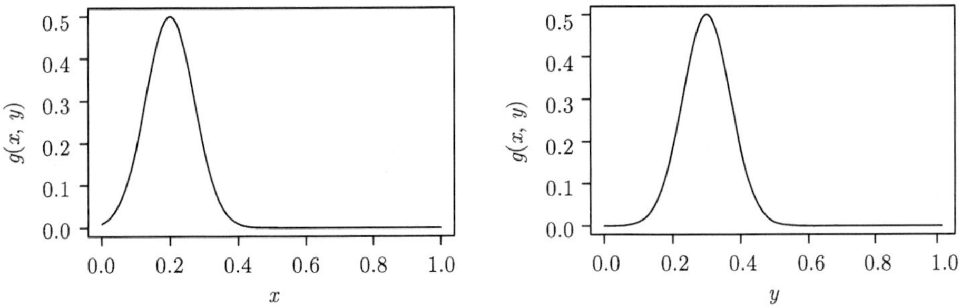

根据这些图你可能倾向于得出 g 状态较好并且是单峰的这样的结论. 问题是 g 实际上看起来是这样的:

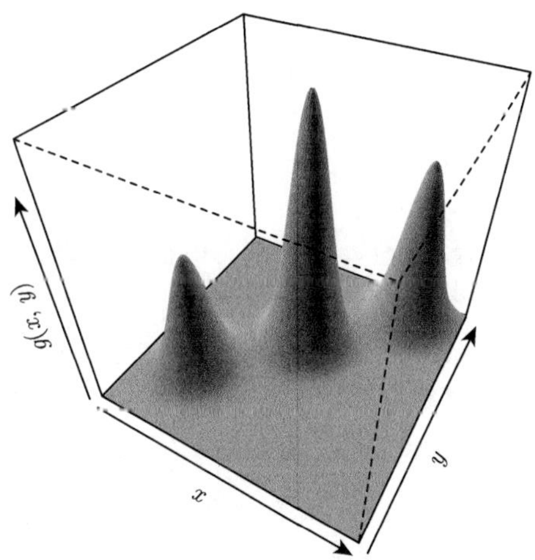

因此，一般来说，最好是在优化前画出经过目标函数的横截面图，在优化后画出经过显然的最优点的横截面图. 但是要记住横截面图只是给出了局部视角.

5.7 处理多模态

对于多模态的处理并没有一种通用的法则，但是下面的方法可能会有所帮助.

- 一般建议从完全不同的初始值重复优化多次，这些初始值可能是随机生成的. 这有利于揭示多模态并找出最优模态.
- 对于数量级相对较小的局部最优，**引导法**可能会有所帮助. 假设我们有一

个基于数据向量 $\boldsymbol{y}$ 的对数似然 $l(\boldsymbol{\theta})$. 从参数猜测值 $\boldsymbol{\theta}_0$ 开始，按照如下步骤进行迭代.

(1) 从 $\boldsymbol{\theta}_0$ 开始，用数值优化求 $\hat{\boldsymbol{\theta}} = \text{argmax}_\theta\, l(\boldsymbol{\theta})$.

(2) 用替换来重新取样数据以产生重采样数据向量 $\boldsymbol{y}^*$ 和对应的对数似然函数 $l^*(\boldsymbol{\theta})$.

(3) 从 $\hat{\boldsymbol{\theta}}$ 开始，用数值优化求 $\boldsymbol{\theta}_0 = \text{argmax}_\theta l^*(\boldsymbol{\theta})$.

所有辅助数据都与 $\boldsymbol{y}$ 一起重采样（使得辅助数据与它们所属的数据集保持一致）. 其理念是，通过随机扰动目标，可能能够避免求局部最优. 对于更大的扰动，可以使用更小的重采样.

- 如果目标看起来是病态多模态的，那么可能要考虑改写我们所处理的问题了.

5.8 习题

5.1 `Rosenbrock` 函数 $f(x,z) = a(z-x^2)^2 + (b-x)^2$ 是优化方法的经典测试函数. 通常取 $a = 100$，$b = 1$.

a. 使用向量参数 `x` 和 `z` 以及标量参数 `a` 和 `b` 编写函数 `Rosenbrock`，`a` 和 `b` 的默认值分别为 10 和 1. 用 `contour` 和 `outer` 画出 f 的等值线图，其中 $-1.5 \leqslant x \leqslant 1.5, -0.5 \leqslant z \leqslant 1.5$.

b. 写一个修改版的 `Rosenbrock`，其适合用 `optim` 进行优化. 取初始值 $x=-1$, $z=1$，用 `optim` 来优化 `Rosenbrock`，将结果与内尔德–米德法和 BFGS 法的结果相比较.

c. 用 `nlm` 和 `nlminb` 重复最优化.

5.2 自己编写代码，用牛顿法来最优化 `Rosenbrock` 函数. 可以选择使用 R 的符号或自动微分函数来获得所需的梯度和黑塞矩阵.

5.3 自己编写代码，用 BFGS 法来最优化 `Rosenbrock` 函数.

5.4 写一个函数，使它可以用 `optim` 来计算负对数似然和 5.1.1 节中细胞数量的例子的梯度. 从而用 `optim` 求出 δ 的极大似然估计. 计算并比较基于对数似然的黑塞矩阵和广义似然比检验反演的 δ 的 95%置信区间.

5.5 写一个函数，使它可以用 `optim` 来计算 5.1.1 节中 AIDS 例子的模型的负对数似然（对 `log = TRUE` 选项使用 `dpois`）. 再写一个函数来计算这个模型的扩展版本的负对数似然性，其中对数患病率与时间的相关性是二次的，而不是线性的. 使用广义似然比检验来比较模型，并计算它们的 AIC 值. 这里广义似然比检验的哪些方面会有问题？

5.6 R 的 `MASS` 包中包含一个数据帧 `geyser`，其中 `geyser$waiting` 给出了美国黄石国家公园内老忠实泉的喷发间隔时间. 一个可能的模型是，等待时间 t_i 独立地取自两个正态分布的混合，概率密度函数为

$$f(t_i) = \frac{\phi}{\sqrt{2\pi}\sigma_1}\mathrm{e}^{-\frac{1}{2\sigma_1^2}(t_i-\mu_1)^2} + \frac{1-\phi}{\sqrt{2\pi}\sigma_2}\mathrm{e}^{-\frac{1}{2\sigma_2^2}(t_i-\mu_2)^2},$$

其中参数 ϕ 的取值在 0 和 1 之间. 求出参数的极大似然估计并测试是否 $p = 0.5$. 这个分析有什么理论上的注意事项吗? 画出适当的模型检验图 (不是"残差"图).

5.7 R 的 faraway 包中包含来自关于人类受试者平衡的实验数据. 这里有 40 个受试者, 根据 3 个不同的视觉限制度站在 2 个不同的表面, 本实验对每个受试者重复实验多次. 记录受试者的性别、年龄、身高和体重. 以下代码加载数据创建了一个随机变量来表明受试者是完全平衡的 (1) 或不平衡的 (0), 并将受试者标识符转换为 factor 变量:

```
library(faraway)
ctsib$stable <- ifelse(ctsib$CTSIB==1,1,0)
ctsib$Subject <- factor(ctsib$Subject)
```

我们的兴趣在于用其他的变量来解释稳定性. 数据的一个可能的模型涉及指定主体的随机效应向量 $\boldsymbol{b}$, 形式如下:

$$\texttt{stable}_i|\boldsymbol{b} \sim \text{Bernoulli}(\mu_i) \quad \mu_i = \mathrm{e}^{\eta_i}/(1+\mathrm{e}^{\eta}_i),$$

如果受试者 j 测量值为 i, 性别为 k, 在界面 m, 并且角度限制为 q, 那么

$$\eta_i = \alpha + \gamma_k + \delta_m + \phi_q + \tilde{\beta}\texttt{Height}_i + b_j,$$

其中 $b_j \sim N(0, \delta_b^2)$ (相互独立). 指定主体的随机效应很重要, 因为我们会期望在它们的平衡能力方面具有主体到主体的可变性. 更一般地, 我们可以将向量矩阵形式的 η_i 的模型写成

$$\boldsymbol{\eta} = \boldsymbol{X\beta} + \boldsymbol{Zb}, \quad \boldsymbol{b} \sim N(\boldsymbol{0}, \boldsymbol{I}\sigma_b^2).$$

$\boldsymbol{X}$ 包含一列 Height 数据和一些值为 0 和 1 的列, 用于识别特定组的测量值 (Sex、Vision 等). $\boldsymbol{Z}$ 包含一些 0 和 1, 用于提取每一个数据行中正确的 b_j. 下面的代码可以生成合适的矩阵:

```
X <- model.matrix(~ Sex+Height+Surface+Vision,ctsib)
Z <- model.matrix(~ Subject-1,ctsib)
```

a. 写一个 R 函数来计算 stable 的联合概率/密度和指定对象的随机效应, 以及它的梯度和关于 $\boldsymbol{b}$ 的黑塞矩阵的主对角. 只需要黑塞的主对角, 因为它是一个对角矩阵.
b. 写一个 R 函数来计算模型参数的负对数似然, 通过拉普拉斯近似对 $\boldsymbol{b}$ 进行积分.
c. 用 optim 拟合模型来求极大似然估计.

第 6 章　贝叶斯计算

前面提到统计学中的贝叶斯方法将模型参数 $\boldsymbol{\theta}$ 当作一个**先验**概率密度函数为 $f(\boldsymbol{\theta})$ 的随机变量，并且用下面的**后验**概率密度函数回答了统计推断的基本问题：

$$f(\boldsymbol{\theta}|\boldsymbol{y})=\frac{f(\boldsymbol{y}|\boldsymbol{\theta})f(\boldsymbol{\theta})}{f(\boldsymbol{y})},$$

（见 2.5 节）. 在实际问题中主要的挑战是

$$f(\boldsymbol{y})=\int f(\boldsymbol{y}|\boldsymbol{\theta})f(\boldsymbol{\theta})\mathrm{d}\boldsymbol{\theta} \tag{6.1}$$

对一些有意思的模型通常是棘手的，并且，对于直接需要的 $f(\boldsymbol{\theta}|\boldsymbol{y})$ 的积分通常也一样棘手. 因此有两种主要的策略来取得进展：要么估计需要的积分，要么找到一种可以不计算积分的用 $f(\boldsymbol{\theta}|\boldsymbol{y})$ 来模拟的方法. 后一种策略基于这样的事实：对于很多统计的目的来说，能够通过密度来进行模拟和能够计算密度效果是一样的，甚至有时会更好. 混合策略也是有效的. 关于这里所讨论课题的更多内容可以参见参考文献 [12]、[13]、[35]、[36].

6.1　近似积分

有一种可能的做法是用拉普拉斯近似来计算归一化常数式 (6.1) 和一些其他的感兴趣的积分. 例如，用 5.3.1 节中对 $\boldsymbol{b}$ 积分的方法来对 $\boldsymbol{\theta}$ 积分. 这是因为被积函数只有一种重要模式，并且在式 (6.1) 的情况下，不太可能得到一个完全合适的后验 $f(\boldsymbol{\theta}|\boldsymbol{y})$.

另一种估计的方法是由式 (6.1) 得到 $f(\boldsymbol{y})=E_\theta\{f(\boldsymbol{y}|\boldsymbol{\theta})\}$，然后利用一种叫作**重要性抽样**的模拟技术来估计这一期望. 方法很简单. 假设要估计 $\alpha=E_f\{\phi(\boldsymbol{X})\}$，其中 $\boldsymbol{X}\sim f(\boldsymbol{x})$. 用 $f(\boldsymbol{x})$ 来模拟 n 个偏差 $\boldsymbol{x}_i$，并且设 $\hat{\alpha}'=\sum_i\phi(\boldsymbol{x}_i)/n$，可以得到一个显然的无偏估计. 因为对于很多的 $\boldsymbol{x}_i$ 来说 $\phi(\boldsymbol{x}_i)$ 可能非常接近于零，所以我们的估计实际上是基于那些 ϕ 不可忽略的极少数点，从而使得估计值不准确并且极其多变. 如果可以得到概率密度函数 $g(\boldsymbol{z})$，使得 $\phi(\boldsymbol{z})$ 很高的概率比较大而很低的概率比较小，那么我们就可以利用 $\alpha=E_f\{\phi(\boldsymbol{X})\}=E_g\{\phi(\boldsymbol{Z})f(\boldsymbol{Z})/g(\boldsymbol{Z})\}$ 来得到一个无偏估计量：

$$\tilde{\alpha}=\frac{1}{n}\sum_{i=1}^{n}\phi(\boldsymbol{z}_i)f(\boldsymbol{z}_i)/g(\boldsymbol{z}_i),\quad \boldsymbol{z}_i\sim g(\boldsymbol{z}).$$

根据 ϕ 将 $\boldsymbol{z}_i$ 放在更加合适的位置可以把这种重要性抽样估计量的初级版本进行升级. $f(\boldsymbol{z}_i)/g(\boldsymbol{z}_i)$ 通常叫作**重要性权重**. 因为贝叶斯分析中有个问题是 $f(\boldsymbol{z}_i)$ 通常是非标准化的密度函数，所以需要对重要性权重进行标准化，从而有改进的重要性抽样估计量：

$$\hat{\alpha} = \frac{\sum_{i=1}^n \phi(\boldsymbol{z}_i)f(\boldsymbol{z}_i)/g(\boldsymbol{z}_i)}{\sum_{i=1}^n f(\boldsymbol{z}_i)/g(\boldsymbol{z}_i)}, \quad \boldsymbol{z}_i \sim g(\boldsymbol{z}),$$

这个公式也可以直接用于计算其他的比式 (6.1) 更加必要的积分.

在式 (6.1) 的问题中，使用

$$N(\hat{\boldsymbol{\theta}}, \{-\nabla_\theta^2 \log f(\boldsymbol{y}, \hat{\boldsymbol{\theta}})\}^{-1}) \tag{6.2}$$

的概率密度函数作为 $g(\boldsymbol{\theta})$ 会很有吸引力，其中 $\hat{\boldsymbol{\theta}}$ 是 $f(\boldsymbol{y}, \boldsymbol{\theta})$ 的最大点. 这是受拉普拉斯估计启发得到的. 或者，为了降低在分布的尾部有极端权重的风险，可以用 $t_k(\hat{\boldsymbol{\theta}}, \{-\nabla_\theta^2 \log f(\boldsymbol{y}, \hat{\boldsymbol{\theta}})\}^{-1})$ 代替 g，并将 k 设为一个小的整数（见 1.6.1 节）. 对其他需要计算的积分也可以采用相同的方法.

一般来说，需要从后验估计中得到的量都是根据后验分布得到的 $\boldsymbol{\theta}$ 的函数的期望. 也就是说，我们需要如下形式的积分：

$$\int \phi(\boldsymbol{\theta})f(\boldsymbol{\theta}|\boldsymbol{y})\mathrm{d}\boldsymbol{\theta} = \frac{\displaystyle\int \phi(\boldsymbol{\theta})f(\boldsymbol{y}|\boldsymbol{\theta})f(\boldsymbol{\theta})\mathrm{d}\boldsymbol{\theta}}{\displaystyle\int f(\boldsymbol{y}|\boldsymbol{\theta})f(\boldsymbol{\theta})\mathrm{d}\boldsymbol{\theta}},$$

这些可以直接应用 5.3.2 节的式 (5.14) 估计出来.

6.2 马尔可夫链蒙特卡罗

当我们知道后验分布的形式相对简单，尤其是具有单一模式时，前面刚刚讲述的估计方法是有用的. 但是，在很多适用贝叶斯方法情况下，这些假设不一定成立，这时则需要一些更通用的方法. 关键是要利用

$$f(\boldsymbol{\theta}|\boldsymbol{y}) \propto f(\boldsymbol{\theta}, \boldsymbol{y})\ (= f(\boldsymbol{y}|\boldsymbol{\theta})f(\boldsymbol{\theta}))$$

来由 $f(\boldsymbol{\theta}|\boldsymbol{y})$ 推导出估计的方法，这样就只需要由赋予 $\boldsymbol{y}$ 的观测数据值求出 $f(\boldsymbol{\theta}, \boldsymbol{y})$ 的值. 在给定数据的条件下，由此得到的马尔可夫链蒙特卡罗（MCMC）方法通过模型未知量（参数和任意随机效应）的分布来模拟（相关）样本. 基于一步中的未知量生成一组新的未知量，所得到的马尔可夫链的稳定分布就是我们要求的分布. MCMC 方法的发展依赖于我们能用计算机产生明显随机的数：附录 C 讨论了这种方法的可行程度.

6.2.1 马尔可夫链

使用 MCMC 不要求我们具备太多关于马尔可夫链的理论背景，但是一些基础的概念还是需要的. 之所以一系列的随机向量，如 $\boldsymbol{X}_1, \boldsymbol{X}_2, \boldsymbol{X}_3, \cdots$，能够构成一个**马尔可夫链**，是因为对于任意的 j，有

$$f(\boldsymbol{x}_j|\boldsymbol{x}_{j-1}, \boldsymbol{x}_{j-2}, \cdots, \boldsymbol{x}_1) = f(\boldsymbol{x}_j|\boldsymbol{x}_{j-1}).$$

为方便起见，我们把给定 $\boldsymbol{x}_{j-1}$ 的条件下 $\boldsymbol{x}_j$ 的密度记作 $P(\boldsymbol{x}_j|\boldsymbol{x}_{j-1})$，这是马尔可夫链的**转换核心**. 如果存在一个密度 f_x 使得

$$f_x(\boldsymbol{x}_j) = \int P(\boldsymbol{x}_j|\boldsymbol{x}_{j-1}) f_x(\boldsymbol{x}_{j-1}) \mathrm{d}\boldsymbol{x}_{j-1}$$

（两边的 f_x 是同一个密度函数），那么这就是这个链的**平稳分布**. 稳定分布的存在取决于 P 是**不可约**的，意思是不管链从哪里开始，遍历 $\boldsymbol{X}$ 所有可能取值的概率都是正的. 如果这个链还是**周期性**的，即当它的长度趋于无穷时它将无数次重复遍历所有不可忽略的值，那么它的平稳分布也是它的**极限分布**. 这意味着这个链可以从 $\boldsymbol{X}$ 的任意可能的取值开始，并且它的边缘分布最终会收敛于 f_x. 因此，当模拟长度 J 趋于无穷时有

$$\frac{1}{J}\sum_{j=1}^{J} \phi(\boldsymbol{X}_j) \to E_{f_x}\{\phi(\boldsymbol{X})\}$$

（也叫作**遍历性**）. 这种由大数定律（见 1.10.2 节）到特定类型的相关序列的扩展使得 MCMC 方法非常有用，所以本章讨论生成具有我们需要性质的链的方法.

6.2.2 可逆性

现在我们转到通过建立马尔可夫链来从 $f(\boldsymbol{\theta}|\boldsymbol{y})$ 生成一系列 $\boldsymbol{\theta}_1, \boldsymbol{\theta}_2, \cdots$，的问题. 如果 MCMC 方法满足**详细平衡条件**（又叫**可逆性**），它就能根据 $f(\boldsymbol{\theta}|\boldsymbol{y})$ 生成样本. 根据马尔可夫链，设 $P(\boldsymbol{\theta}_i|\boldsymbol{\theta}_j)$ 为给定 $\boldsymbol{\theta}_j$ 的条件下 $\boldsymbol{\theta}_i$ 的概率密度函数. 我们需要

$$P(\boldsymbol{\theta}_j|\boldsymbol{\theta}_{j-1}) f(\boldsymbol{\theta}_{j-1}|\boldsymbol{y}) = P(\boldsymbol{\theta}_{j-1}|\boldsymbol{\theta}_j) f(\boldsymbol{\theta}_j|\boldsymbol{y}). \tag{6.3}$$

如果 $\boldsymbol{\theta}_{j-1}$ 来自于 $f(\boldsymbol{\theta}|\boldsymbol{y})$，那么式 (6.3) 的左边是 $\boldsymbol{\theta}_j$，$\boldsymbol{\theta}_{j-1}$ 的联合概率密度函数. 对 $\boldsymbol{\theta}_{j-1}$ 积分可以给出相应的 $\boldsymbol{\theta}_j$ 的边缘密度：

$$\begin{aligned}\int P(\boldsymbol{\theta}_j|\boldsymbol{\theta}_{j-1}) f(\boldsymbol{\theta}_{j-1}|\boldsymbol{y}) \mathrm{d}\boldsymbol{\theta}_{j-1} &= \int P(\boldsymbol{\theta}_{j-1}|\boldsymbol{\theta}_j) f(\boldsymbol{\theta}_j|\boldsymbol{y}) \mathrm{d}\boldsymbol{\theta}_{j-1} \\ &= f(\boldsymbol{\theta}_j|\boldsymbol{y}).\end{aligned}$$

也就是说，由 $f(\boldsymbol{\theta}|\boldsymbol{y})$ 给出 $\boldsymbol{\theta}_{j-1}$，那么根据式 (6.3)，马尔可夫链也能由 $f(\boldsymbol{\theta}|\boldsymbol{y})$ 给出 $\boldsymbol{\theta}_j$. 所以假设我们从 $\boldsymbol{\theta}_1$ 开始，根据 $f(\boldsymbol{\theta}|\boldsymbol{y})$ 这并非不可能，然后就可以由目标分布生成链. 它能以多快的速度收敛到 $f(\boldsymbol{\theta}|\boldsymbol{y})$ 的大概率区域则是另一个问题了.

6.2.3 Metropolis Hastings 方法

Metropolis Hastings 方法建立了一个有适当的 P 值的链. 过程如下.

(1) 选择一个**建议分布** $q(\boldsymbol{\theta}_j|\boldsymbol{\theta}_{j-1})$（例如，一个中心为 $\boldsymbol{\theta}_{j-1}$ 的正态分布）. 然后选择一个 $\boldsymbol{\theta}_0$ 的值，设 $j=1$，迭代 (2)(3) 步.

(2) 由 $q(\boldsymbol{\theta}_j|\boldsymbol{\theta}_{j-1})$ 生成 $\boldsymbol{\theta}'_j$.

(3) 令 $\boldsymbol{\theta}_j=\boldsymbol{\theta}'_j$ 的概率为

$$\alpha=\min\left\{1,\frac{f(\boldsymbol{y}|\boldsymbol{\theta}'_j)f(\boldsymbol{\theta}'_j)q(\boldsymbol{\theta}_{j-1}|\boldsymbol{\theta}'_j)}{f(\boldsymbol{y}|\boldsymbol{\theta}_{j-1})f(\boldsymbol{\theta}_{j-1})q(\boldsymbol{\theta}'_j|\boldsymbol{\theta}_{j-1})}\right\}, \tag{6.4}$$

否则令 $\boldsymbol{\theta}_j=\boldsymbol{\theta}_{j-1}$. j 递增.

注意，如果 q 只跟 $\boldsymbol{\theta}_j-\boldsymbol{\theta}_{j-1}$ 的数量级相关的话（例如，如果 q 是中心为 $\boldsymbol{\theta}_{j-1}$ 的正态分布），那么 q 项可以取消. 先验分布 $f(\boldsymbol{\theta})$ 如果是不恰当的均匀分布的话也一样. 如果这两种简化都成立时有 $\alpha=\min\{1,L(\boldsymbol{\theta}'_j)/L(\boldsymbol{\theta}_{j-1})\}$，那么我们根据似然度来选择接受或者拒绝.

一个重要的考虑是 $\boldsymbol{\theta}_1$ 可能非常不合适，从而导致迭代多次才能达到 $f(\boldsymbol{\theta}|\boldsymbol{y})$ 的大概率区域. 为此我们通常需要舍弃**调试阶段**最初模拟的几百或上千个 $\boldsymbol{\theta}_j$ 向量.

6.2.4 为什么 Metropolis Hastings 方法可行

正如我们在 6.2.2 节看到的，如果满足细节平衡，那么 Metropolis Hastings（MH）方法是可行的. 它确实可行，而且很容易证明. 为了简化起见，令 $\pi(\boldsymbol{\theta})=f(\boldsymbol{\theta}|\boldsymbol{y})\propto f(\boldsymbol{y}|\boldsymbol{\theta})f(\boldsymbol{\theta})$，那么由 $\boldsymbol{\theta}$ 到 $\boldsymbol{\theta}'$ 的 MH 接受概率为

$$\alpha(\boldsymbol{\theta}',\boldsymbol{\theta})=\min\left\{1,\frac{\pi(\boldsymbol{\theta}')q(\boldsymbol{\theta}|\boldsymbol{\theta}')}{\pi(\boldsymbol{\theta})q(\boldsymbol{\theta}'|\boldsymbol{\theta})}\right\}.$$

我们需要证明 $\pi(\boldsymbol{\theta})P(\boldsymbol{\theta}'|\boldsymbol{\theta})=\pi(\boldsymbol{\theta}')P(\boldsymbol{\theta}|\boldsymbol{\theta}')$. 如果 $\boldsymbol{\theta}'=\boldsymbol{\theta}$，那么这是显然的. 否则的话，我们知道 $P(\boldsymbol{\theta}'|\boldsymbol{\theta})=q(\boldsymbol{\theta}'|\boldsymbol{\theta})\alpha(\boldsymbol{\theta}',\boldsymbol{\theta})$，从而有

$$\begin{aligned}\pi(\boldsymbol{\theta})P(\boldsymbol{\theta}'|\boldsymbol{\theta})&=\pi(\boldsymbol{\theta})q(\boldsymbol{\theta}'|\boldsymbol{\theta})\min\left\{1,\frac{\pi(\boldsymbol{\theta}')q(\boldsymbol{\theta}|\boldsymbol{\theta}')}{\pi(\boldsymbol{\theta})q(\boldsymbol{\theta}'|\boldsymbol{\theta})}\right\}\\&=\min\{\pi(\boldsymbol{\theta})q(\boldsymbol{\theta}'|\boldsymbol{\theta}),\pi(\boldsymbol{\theta}')q(\boldsymbol{\theta}|\boldsymbol{\theta}')\}=\pi(\boldsymbol{\theta}')P(\boldsymbol{\theta}|\boldsymbol{\theta}'),\end{aligned}$$

其中最后一个等号是根据上面第三项的对称性而来.

6.2.5 Metropolis Hastings 的一个小例子

为了说明该方法基本的简洁性，考虑一个根本不需要模拟的例子. 假设有 20 个独立观测值 x_i，每个都可以作为服从 $N(\mu,\sigma^2)$ 分布的随机变量，我们想要对 μ 和 σ 进行推导. 在缺少关于这些参数确切的先验信息的情况下，假设我们根据先验独立性和不当的先验密度来做决定，那么 $f(\mu)\propto k$ 并且 $f(\log\sigma)\propto c$，其中 k 和 c 是常数（它们的取值不重要）. 我们使用 $\log\sigma$，因为 σ 一定是取正值. ①

这种设定建立了贝叶斯模型. 为了用 MH 方法根据参数对应的后验分布进行模拟，我们需要一个适当的分布. 在这种情况下我们选择独立的、对于两个参数来说中心都在当前参数的 t_3 分布. 这表示我们只需要简单地将 t_3 随机偏差的倍数加到现在的参数值上就可以推出新的参数值：这是**随机游动**算法的一个例子. 然后用 MH 机制来决定接受或拒绝推导出的数值.

以下是实现这一例子的 R 代码，用的是从 $N(1, 2)$ 中模拟的 x 数据. 假设参数以 $\boldsymbol{\theta}=(\mu,\log\sigma)^{\mathrm{T}}$ 的形式在矩阵 theta 中按列存储：

```
set.seed(1);x <- rnorm(20)*2+1     ## 拟合数据
n.rep <-10000; n.accept <- 0
theta <- matrix(0,2,n.rep) ## 用于储存 sim. 的值
ll0 <- sum(dnorm(x,mean=theta[1,1],
               sd=exp(theta[2,1]),log=TRUE))
for (i in 2:n.rep) { ## MH 循环
  theta[,i] <- theta[,i-1] + rt(2,df=3)*.5 ## 建议分布
  ll1 <- sum(dnorm(x,mean=theta[1,i],
                 sd=exp(theta[2,i]),log=TRUE))
  if (exp(ll1-ll0)>runif(1)) { ## MH 接受/拒绝
    ll0 <- ll1; n.accept <- n.accept + 1 ## 接受
  } else theta[,i] <- theta[,i-1] ## 拒绝
}
n.accept/n.rep  ## 接受建议分布的比例
```

在对数概率范围内计算是对下溢到零的概率的合理预防措施（即仅仅因为它们比计算机能够表示的最小的数更小就认为它们的值为零）. 链的接受率是被控制的，为的是保证它既不太高也不太低. 很明显接受率太低是一个问题，因为那样的话链会长期停留在相同的状态，导致相关性非常高，并且为了得到有足够的代表性的样本需要运行很久. 低的接受率可能是因为尝试很大的步长，这几乎总是会被拒绝. 不太明显的是，太高的接受率也存在问题，因为它们只在步长相对于后验建议的可

① 注意，$\log\sigma$ 的一致先验会对 $\sigma\approx 0$ 赋予很大的权重，而如果数据中关于 σ 的信息极少的话这样就会出现问题.

变性大小来说非常小的时候会出现. 这又会产生过度自相关的链和长时间运行的需要. 结果，在很多情况下，接受大约四分之一的步长几乎是最优的（见参考文献[37]）. 这里我们可以通过建议分布的标准偏差来控制接受率：一些实验发现将它设为 0.5 时接受率为 23%.

我们需要看一下输出的结果. 下面的代码很好地描绘了链的元素相对于迭代的曲线图和链的元素在舍弃调试期的 1000 个迭代后的直方图：

```
layout(matrix(c(1,2,1,2,3,4),2,3))
plot(1:n.rep,theta[1,],type="l",xlab="iteration",
                          ylab=expression(mu))
plot(1:n.rep,exp(theta[2,]),type="l",xlab="iteration",
                          ylab=expression(sigma))
hist(theta[1,-(1:1000)],main="",xlab=expression(mu))
hist(exp(theta[2,-(1:1000)]),main="",
                          xlab=expression(sigma))
```

结果见图 6-1.

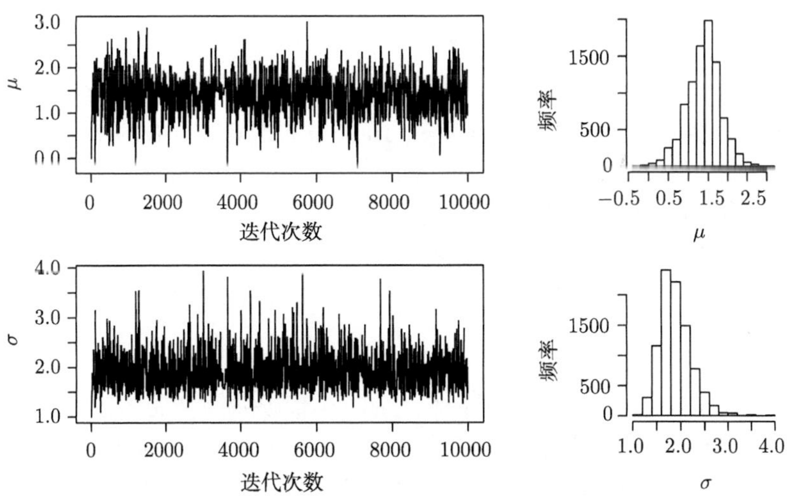

图 6-1　将 Metropolis Hastings 方法应用于本节中的小模型的结果. 左边部分是链的每一步中参数的模拟值，通过线来连接. 在这个例子中链收敛得很快并且混合得很好. 右边部分是舍弃试运行阶段最初的 1000 步后参数模拟值的直方图

左边的图显示，链看起来很快就达到了稳定的状态（收敛速度快），然后在那个分布周围快速移动（混合效果好）. 右边的直方图显示了根据后验得到的参数的边缘分布.

6.2.6 设计建议分布

Metropolis Hastings 的要点是建议分布. 为了让链混合得好，我们需要保证它是正确的，而对于复杂的模型，我们绕不开更新参数向量的元素，正如上一节中的小例子一样，它们有独立的随机步长和相同的方差. 在多数的实际应用中，需要对 MH 样本进行一些试运行和对模型结构进行一些分析来为建议分布“调音”. 特别是在以下几个方面.

(1) 对于简单的独立随机游动建议分布，不同的参数需要不同的标准偏差.

(2) 随着维数的增加，同时更新 $\boldsymbol{\theta}$ 的所有元素的困难也在增加，除非提出一些无用的小步长. 其难点在于，一个完全随机的步长越来越不可能落入一个随着维数增加后验可以忽略的区域. 另外，当所有元素一起给出的时候，很难调节每一个元素的标准差. 有一种解决办法是将其分成小的部分，在每一步中只更新小的互斥子集的参数向量. 要更新的子集可以随机选择，或者我们可以以一定的顺序系统地更新所有的子集.①这个方法只影响提议的计算；接受率的计算并没有改变. 需要注意的是，我们增加了更新整个参数所需要的工作量，因为对每个参数子集都要进行重复计算来决定接受还是拒绝.

(3) 有时可能需要使用相关建议分布，而不是独立更新参数 $\boldsymbol{\theta}$ 的每个元素. 要记住一个不现实的事实，即完美的建议分布应该是后验分布本身，在式 (6.2) 可用时，可试着基于此式求建议分布. 我们可以将它作为 MH 迭代的静态建议分布，也可以简单地将协方差矩阵的模型作为多元正态分布或者 t 分布的基. 当然，在大多数情况下，我们做模拟是因为其他方法都不可用，只能通过试运行或运行来获取适当的相关结构，尽管后一种做法会将我们带入自适应 MCMC 的领域，但它超越了本书的范围，不过除此之外也别无选择.

在检验一个慢速混合的例子后，6.5 节会再次讨论建议分布的设计.

6.2.7 吉布斯采样

在我们考虑建议分布的设计的时候有两个问题是很重要的. 第一，经常需要更新模块中的参数. 第二，最好的建议分布是后验分布本身：用它代替式 (6.4) 中的 q，我们发现 $\alpha = 1$，因此这样的分布总是被接受的. 第二点本身是不现实的，但是通过分模块使用，可以得到一个非常高效的方法，即吉布斯采样.②

其最基本的理念是，假设我们有 $\boldsymbol{\theta}^{[-1]} = (\theta_2, \theta_3, \cdots, \theta_q)^{\mathrm{T}}$ 的联合后验分布的一个随机抽样，要求整个 $\boldsymbol{\theta}$ 的联合后验分布的一个抽样. 考虑到 $f(\boldsymbol{\theta}|\boldsymbol{y}) = f(\theta_1$

① 在一些极少见的情况下，按顺序更新所有的子集会导致不必要的循环或者操作的不可逆性：随机排序或随机子集选择可以解决这一问题.

② 该名字是为纪念首先应用它的物理模型.

$|\boldsymbol{\theta}^{[-1]}, \boldsymbol{y})f(\boldsymbol{\theta}^{[-1]}|\boldsymbol{y})$，这很容易做到（见 1.4.2 节或 1.4.3 节）：由 $f(\theta_1|\boldsymbol{\theta}^{[-1]}, \boldsymbol{y})$ 模拟 θ_1，将结果应用到 $\boldsymbol{\theta}^{[-1]}$ 中就完成了. 在这个过程中，关于 θ_1 没有什么特别的. 对其他的 θ_i 同样的方法也成立，或者其实对几个 θ_i 同时成立. 事实上，如果可以得到 $\boldsymbol{\theta}$ 的所有元素的条件分布，那么我们可以通过对每个 θ_i 轮流进行更新来简单地进行循环，从而用 $f(\boldsymbol{\theta}|\boldsymbol{y})$ 生成一个（相关的）抽样序列.

那么总的来说，假设参数行向量被分成子向量 $\boldsymbol{\theta} = (\boldsymbol{\theta}^{[1]}, \boldsymbol{\theta}^{[2]}, \cdots, \boldsymbol{\theta}^{[K]})$. 再定义

$$\tilde{\boldsymbol{\theta}}_j^{[-k]} = (\boldsymbol{\theta}_{j+1}^{[1]}, \boldsymbol{\theta}_{j+1}^{[2]}, \cdots, \boldsymbol{\theta}_{j+1}^{[k-1]}, \boldsymbol{\theta}_j^{[k+1]}, \cdots, \boldsymbol{\theta}_j^{[K]}).$$

然后，给定 $\boldsymbol{\theta}_1$ 的初始值，吉布斯采样的 J 步如下进行：

(1) 对 $j = 1, \cdots, J$ 重复 ……；

(2) 对 $k = 1, \cdots, K$ 模拟 $\boldsymbol{\theta}_{j+1}^{[k]} \sim f(\boldsymbol{\theta}^{[k]}|\tilde{\boldsymbol{\theta}}_j^{[-k]}, \boldsymbol{y})$.

由 $\tilde{\boldsymbol{\theta}}_j^{[-k]}$ 的定义可以注意到，我们总是将最新的模拟值作为条件.

此时，明显的问题是如何找到所有的这些条件分布. 通常可以通过条件依赖的分层来指定一个模型，但是这些依赖都是在同一个方向上的，而求条件依赖的问题被留在了其他的方向. 或者，如果我们试着通过所有的条件分布直接确定模型的话，就会有一个仍旧复杂的问题，那就是检验我们确定的模型确实与一个适当定义的联合分布相符.

事实上，条件识别问题没有第一眼看起来那么难，即使我们不能将条件归类到一些标准分布，也总能想出一些办法来用它们进行模拟，因为最后是对元素简单地使用 MH 方法. 条件识别的主要技巧是利用这个事实：对于任意的概率密度函数，不包含概率密度函数中的变量的乘积因子必须是标准化常数的一部分. 为了确定一个概率密度函数，必须能够将它的形式化为标准化常数. 下面的例子可以将这一点讲清楚.

6.2.8 吉布斯采样的小例子

再次考虑 6.2.5 节的小例子，但是这一次正态模型的参数有一些适当的先验条件. 所以对于服从 $N(\mu, \phi)$ 分布的随机变量，我们有 $n = 20$ 个观测值，其中 $1/\phi \sim G(a, b)$（这是一个伽马随机变量，概率密度函数为 $f(y) = b^a y^{a-1} \mathrm{e}^{-by}/\Gamma(a)$）并且 $\mu \sim N(c, d)$. a, b, c 和 d 是特定的常数，联合密度由涉及的 3 个密度的乘积给出：

$$f(\boldsymbol{x}, \mu, \phi) \propto \frac{1}{\phi^{n/2}} \mathrm{e}^{-\Sigma_i (x_i - \mu)^2/(2\phi)} \mathrm{e}^{-(\mu - c)^2/(2d)} \frac{1}{\phi^{a-1}} \mathrm{e}^{-b/\phi},$$

其中不包含 $\boldsymbol{x}$, ϕ 和 μ 的因子被忽略，因为它们只对标准化常数有用. 正如我们在 1.4.2 节看到的，条件密度与联合密度成比例，比例为条件值，所以我们可以读取 $1/\phi$ 的条件值，再次忽略不包含 ϕ 的因子（因此只对标准化常数有用）：

$$f(1/\phi|\boldsymbol{x},\mu) \propto \frac{1}{\phi^{n/2+a-1}} \mathrm{e}^{-\Sigma_i(x_i-\mu)^2/(2\phi)-b/\phi}.$$

如果这是一个概率密度函数，那么就可以认为它是 $G(n/2+a-1, \sum_i (x_i-\mu)^2/2+b)$ 的概率密度函数.

μ 的条件密度函数更加冗长:

$$\begin{aligned} f(\mu|\boldsymbol{x},\phi) &\propto \mathrm{e}^{-\Sigma_i(x_i-\mu)^2/(2\phi)-(\mu-c)^2/(2d)} \\ &\propto \mathrm{e}^{-(n\mu^2-2\bar{x}n\mu)/(2\phi)-(\mu^2-2\mu c)/(2d)} \\ &= \mathrm{e}^{-\frac{1}{2\phi d}(dn\mu^2-2\bar{x}dn\mu+\phi\mu^2-2\mu\phi c)} = \mathrm{e}^{-\frac{dn+\phi}{2\phi d}(\mu^2-2\mu\frac{dn\bar{x}+\phi c}{dn+\phi})} \\ &\propto \mathrm{e}^{-\frac{dn+\phi}{2\phi d}(\mu-\frac{dn\bar{x}+\phi c}{dn+\phi})^2}, \end{aligned}$$

其中包含 $\sum_i x_i^2$ 和 c^2 的项被并入了第二个 $\propto$ 的标准化常数中，而完成最后一个 $\propto$ 的平方所需要的常数被从标准化常数中拿了出来. 由最后一行，我们看到:

$$\mu|\boldsymbol{x},\phi \sim N\left(\frac{dn\bar{x}+\phi c}{dn+\phi}, \frac{\phi d}{dn+\phi}\right).$$

现在很容易写出吉布斯采样的代码:

```
n <- 20;set.seed(1);x <- rnorm(n)*2+1 ## 拟合数据

n.rep <- 10000;
thetag <- matrix(0,2,n.rep)

a <- 1; b <- .1; c <- 0; d <- 100 ## 先验常数
xbar <- mean(x) ## 储存均值
thetag[,1] <- c(mu <- 0,phi <- 1) ## 初始猜测值
for (j in 2:n.rep) { ## 吉布斯采样循环
  mu <- rnorm(1,mean=(d*n*xbar+phi*c)/(d*n+phi),
              sd=sqrt(phi*d/(d*n+phi)))
  phi <- 1/rgamma(1,n/2+a-1,sum((x-mu)^2)/2+b)
  thetag[,j] <- c(mu,phi) ## 储存结果
}
```

下面的图 6-2 与图 6-1 等价. 注意两个图中先验的变化带来的影响非常有限. 这是因为即使是用于吉布斯采样的合适的先验也是非常模糊的，它为可能的参数值提供的信息非常有限（可以画出 $\Gamma(1,0.1)$ 的图来验证这一点），而数据的信息量却很大.

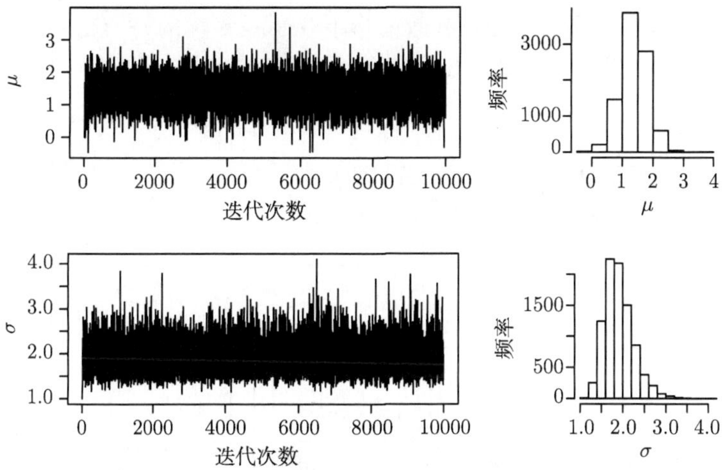

图 6-2 将吉布斯采样方法应用于本节中的小模型的结果. 左边部分是链的每一步中参数的模拟值，通过线来连接. 右边部分是舍弃试运行阶段最初的 1000 步后参数模拟值的直方图

6.2.9 吉布斯例子的核心

正如前面提到的，我们可以用 MH 步骤来代替无法获得或者不想费事去求的任何条件概率. 再次使用前面的小例子，假设 μ 的条件密度需要花费比较多的精力：

```
a <- 1; b <- .1; c <- 0; d <- 100
mu <- 0; phi <- 1; n.accept <- 0
thetamg[,1] <- c(mu,phi)
for (j in 2:n.rep) {
  mup <- mu + rnorm(1)*.8 ## mu 的建议分布
  log.a <- sum(dnorm(x,mup,sqrt(phi),log=TRUE)) +
         dnorm(mup,c,sqrt(d),log=TRUE) -
         sum(dnorm(x,mu,sqrt(phi),log=TRUE)) -
         dnorm(mu,c,sqrt(d),log=TRUE)
  if (runif(1) < exp(log.a)) { ## 接受 MH?
    mu <- mup;n.accept <- n.accept + 1
  }
  ## phi 的吉布斯更新……
  phi <- 1/rgamma(1,n/2+a-1,sum((x-mu)^2)/2+b)
  thetamg[,j] <- c(mu,phi) ## 储存结果
}
n.accept/n.rep
```

接受率大约为 50%（事实上在单参数情形下几乎是最优的）. 结果见图 6-3. μ 的链不像单纯的吉布斯情形中那么出色，但是比纯 MH 的结果要好.

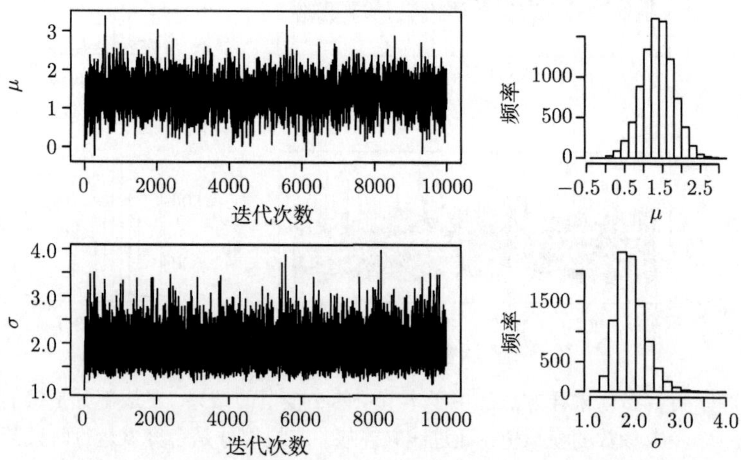

图 6-3　将吉布斯采样方法的核心应用于 6.2.8 节中的小模型的结果. 左边部分是链的每一步中参数的模拟值，通过线来连接. 右边部分是舍弃试运行阶段最初的 1000 步后参数模拟值的直方图

6.2.10　吉布斯采样的局限性

吉布斯采样极大地减少了选择一个好的建议分布的难度，这种建议分步会将 MH 复杂化，但它也不是“免费的午餐”. 关键在于如果参数的后验相关性高的话，吉布斯采样会生成缓慢移动的链，因为由条件分布进行抽样会产生很小的步长. 有时分模块来更新参数或者通过重新设置参数来减少后验的相关性可以改善混合. 其他符合实际的考虑是，如果吉布斯采样使用不恰当的先验，那么检验后验的恰当性就很重要：不是总能通过样本的输出来检测不恰当性.

6.2.11　随机影响

贝叶斯模拟方法的一个美妙之处是几乎不需要考虑随机影响：为了进行模拟可以简单地把它们看作参数. 这里的关键是，如果我们有来自于联合后验 $f(\boldsymbol{\theta}, \boldsymbol{b}|\boldsymbol{y})$ 的参数和随机影响的样本，那么直接舍弃样本的随机影响就会得到边缘后验密度 $f(\boldsymbol{\theta}|\boldsymbol{y})$ 的一个样本. 唯一需要注意的是，我们一般不会直接指定随机影响的分布的参数值，而是会选择用先验来代替参数（一般是性质模糊的先验）.

6.2.12　检查收敛性

MCMC 方法的巨大吸引力在于它们极强的适用性. 原则上可以将其运用于各种模型，并且如果打算模拟足够的迭代的话，那么可以从后验生成一个样本. 难点在于如何分辨什么是足够的迭代. 对于一般的后验来说，设计得比较好的采样器可能需要几千或者上万的迭代. 对于其他的情形，要从后验获得足够的样本可能需要地球上所有的运行宇宙有史以来的时间：例如，如果后验是由高维空间中几个完全分开而又紧凑的模块组成的，那么实现从一个模块到另一个模块的移动是几乎不可能的，更不用说很频繁地按照正确的比率从模块中取样了. 为了理解这个问题，假设你的后验如 5.6 节的最后一个图，但是没有中间的峰值. 在 MH 采样中，从一个模块转换到另一个模块的机会不为零的任意提议都会使接受率非常低. 在吉布斯采样中，条件看起来会像 5.6 节倒数第二个图那样，因此吉布斯采样几乎不可能从一个峰值转换到另一个峰值.

所以检验 MCMC 链表面的收敛性很重要. 明显的检查是图 6-1 到图 6-3 中画出的左图，其从视觉上对收敛性和链混合的程度给了我们一些启示. 如果对于后验可能是多峰的有任何怀疑的话，合理的做法是从完全不同的起点运行多个链，以检查它们似乎收敛于相同的分布. 如果你感兴趣的是一些标量值函数 $h(\boldsymbol{\theta})$，那么直接对这个数量绘图或做其他判断是合理的.

将简单的轨迹图变得更为复杂的一个步骤是检查在迭代到 j 的过程中，样本的具体分位数在对 j 进行画图时是如何变化的. 例如，下面的代码以链的进程的简单线条图为基础，画出了包含样本的 0.025、0.5 和 0.975 分位数的图：

```
qtplot <- function(theta,n.plot=100,ylab="") {
## 简单的 MCMC 链判断图
  cuq <- Vectorize(function(n,x) ## 累积分位数函数
      as.numeric(quantile(x[1:n],c(.025,.5,.975))),
      vectorize.args="n")
  n.rep <- length(theta)
  plot(1:n.rep,theta,col="lightgrey",xlab="iter",
                                    ylab=ylab,type="l")
  iter <- round(seq(1,n.rep,length=n.plot+1)[-1])
  tq <- cuq(iter,theta)
  lines(iter,tq[2,])
  lines(iter,tq[1,],lty=2);lines(iter,tq[3,],lty=2)
}
```

对 `qtplot(theta[1,],ylab=expression(mu))` 的调用画出了图 6-4 的左上图，稍作修改后的调用会生成左下方的图. 在这两种情况下，看起来中位数和其他分位数都快速达到了稳定.

对于稍微更正式的检验，了解一下**有效样本大小**的理念是比较有用的. 大致来说，多大的来自于 $f(\boldsymbol{\theta}|\boldsymbol{y})$ 的独立样本才相当于我们的 MCMC 方法的相关样本？或者说，如果保留链里所有第 k 的倍数个样本，那么 k 应该取多大时我们才可以合

理地将所得到的稀释样本视为近似独立的？为了回答这些问题，我们需要检查链的自相关函数（ACF），如图 6-4 中右边的图，它们就是由 R 里的 acf(theta[1,]) 生成的. 显然，每 25 个 μ 值保留一个和每 20 个 σ 值保留一个会生成几乎独立的样本.

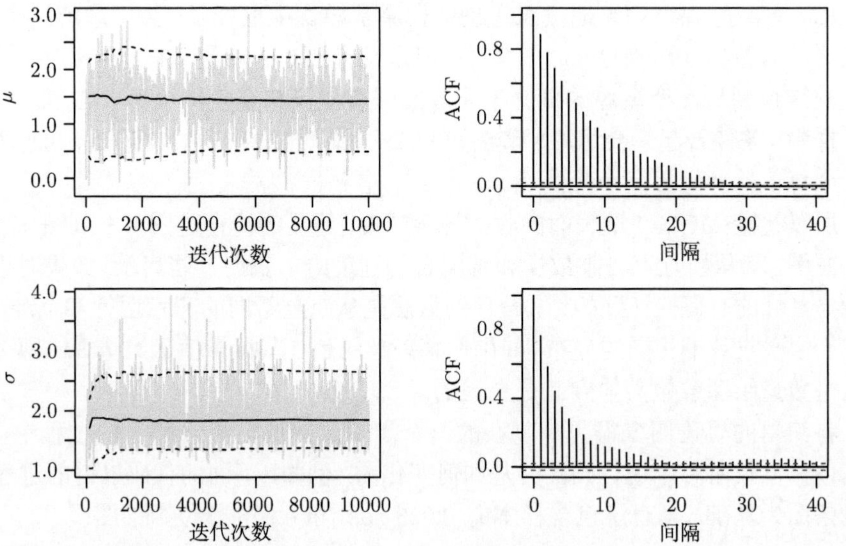

图 6-4 基本的 MCMC 检验图，与本节中讨论的 6.2.5 节中的例子有关. 左边的两个轨迹图是两个链分量（灰色）随链中位数（实线）、0.025 分位数和 0.975 分位数（虚线）的变化. 这里所有的稳定性都很好. 右边的图是链的等价自相关函数，给出了使用这种采样器时的实际自相关度，它表明 μ 分量的实际自相关度比 σ 分量要高

事实上 acf 函数也会返回每个间隔处估计的相关系数. 例如：

```
> mu.ac <- acf(theta[1,])[[1]][,,1];mu.ac
[1] 1.0000000 0.8831924 0.7777484 0.6863556 0.6096274
[6] 0.5406225 0.4834136 0.4303171 0.3796966 0.3389512
  .     .         .         .         .         .
```

与链相关联的**自相关长度**被定义为相关总和的 2 倍减 1. 总和是严格大于间隔的，直到无穷，但在实际问题中，我们将间隔相加，直到自相关几乎为 0（更好的方法见 R 包 coda）. 那么相应的有效样本大小就可以被定义为序列长度除以自相关长度. 例如：

```
> acl <- 2*sum(mu.ac)-1; acl
[1] 16.39729
> n.rep/acl ## 有效样本容量
[1] 609.8569
```

因此 μ 分量的有效样本大小约为 600（尽管在计算之前我们一般会舍弃置入的步骤）. 对 σ 重复相同的方法得到自相关长度约为 10，有效样本大小约为 1000. 对于前面考虑过的吉布斯采样器中的 Metropolis，μ 的自相关长度只有 6，σ 只有 1.3，对于纯吉布斯，对 μ 的值降到接近 1.

有了这个信息，可以进行更正式的检验. 例如，给定多个链，我们可以二次抽样来获得链与链之间近似独立的样本，然后运用 ANOVA 方法来看不同链之间的差值是否与不同的分量相关. 对于单个链，我们可能想要将显然收敛的链分成两部分，然后正式检验两个样本是否服从同一个分布. 这里使用两样本 Kolmogorov-Smirnov 检验，前提是两样本来自于独立的两个分布，因此这里也需要二次抽样. 下面是一个简单的 μ 链的例子：

```
> th0 <- theta[1,1001:550]
> th1 <- theta[1,5501:10000]
> ind <- seq(1,4500,by=16) ## 二次抽样指数
> ks.test(th0[ind],th1[ind])


        Two-sample Kolmogorov-Smirnov test


data: th0[ind] and th1[ind]
D = 0.0745, p-value = 0.4148
alternative hypothesis: two-sided
```

p 值为 0.4，没有证据证明链的两半的分布不同，所以根据结果没有理由怀疑收敛性. 采样间隔的确切选择并不重要：简单地检查 ACF 可能会让我们将采样间隔增加到 25，得到的结论是相同的. 然而，使用一个非常低的采样率会彻底失败：完全不能二次采样违反了检验的独立性假设，计算得到 p 值约为 10^{-13}，甚至采样间隔为 5 时 p 值也错误地低至 0.016.

本节只是介绍了收敛性检验的表面部分. 详细信息见参考文献 [36]，以及 R 的 coda 包里关于检验函数的更多设置（见参考文献 [31]）.

6.3 区间估计和模型对比

给定一个链的可靠的后验拟合，可以进行区间估计和计算模型对比所需要的量. 前者是直接的，因为区间可以直接由模拟参数的观测分位数得到. 例如，在 6.2.9 节的简单小模型中，很容易得到 μ 和 σ 的 95% **置信区间**（CI），如下（将前 1000 个样本视作老化舍弃）：

```
quantile(thetamg[1,-(1:1000)],c(0.025,0.975)) ## CI mu
quantile(thetamg[2,-(1:1000)]^.5,c(0.025,0.975)) # CI sig
```

结果是 $0.52 < \mu < 2.22, 1.39 < \sigma < 2.67$. 下一小节讨论模型对比.

计算边缘似然和 DIC

2.5.2 节中讨论过，贝叶斯模型对比存在一些根本的困难，在进行任何计算前意识到这一点是很重要的. 现在，假设我们的模型是用有意义的先验确定的，使得边缘似然函数可以作为模型对比的一个有意义的基础. 这样的话，6.1 节中介绍的那一类重要采样，就为计算边缘似然 $f(\boldsymbol{y}) = \int f(\boldsymbol{y}|\boldsymbol{\theta})f(\boldsymbol{\theta})\mathrm{d}\boldsymbol{\theta}$ 提供了一种合理的方式，这是计算模型对比的贝叶斯因子的基础. 前面讲过，重要性采样的理念是从一些适当的密度函数 $\propto g(\boldsymbol{\theta})$ 里生成 n 个随机向量 $\boldsymbol{\theta}_i$，然后运用估计

$$\hat{f}(\boldsymbol{y}) = \frac{\sum_i f(\boldsymbol{y}|\boldsymbol{\theta}_i)f(\boldsymbol{\theta}_i)/g(\boldsymbol{\theta}_i)}{\sum_i f(\boldsymbol{\theta}_i)/g(\boldsymbol{\theta}_i)},$$

其中，如果密度 g 被适当标准化的话，分母可以简单的用 n 来代替. 直接将 MCMC 采样的结论应用到这里并令 $g(\boldsymbol{\theta}_i) = f(\boldsymbol{y}|\boldsymbol{\theta}_i)f(\boldsymbol{\theta}_i)$ 是比较有吸引力的，在这种情况下

$$\hat{f}(\boldsymbol{y}) = \frac{n}{\sum_i 1/f(\boldsymbol{y}|\boldsymbol{\theta}_i)},$$

这是模拟的似然的调和平均. 可惜这个简单的估计质量不高. 它不需要有有限的方差，并且其实际表现往往很奇怪. [①] 问题是调和平均是由样本里 $f(\boldsymbol{y}|\boldsymbol{\theta}_i)$ 的最小值控制的，而且样本越大，最小值越小. 结果是这个估计对模拟的长度 n 有很强并且很系统的依赖. 如果我们简单地令 $g(\boldsymbol{\theta}_i) = f(\boldsymbol{\theta}_i)$，这个问题就不会发生，但是对高度信息化的似然和/或模糊先验的情况，这样的方法会使大部分的拟合 $\boldsymbol{\theta}_i$ 的被积函数可忽略，从而有很大的估计方差.

一个明显的解决方案是将采样基于两个方法的混合. 也就是说，我们从先验和后验分别模拟一个样本，并将混合样本看作来自于分布 $g(\boldsymbol{\theta}) = \alpha f(\boldsymbol{\theta}|\boldsymbol{y}) + (1-\alpha)f(\boldsymbol{\theta})$，这里 $0 < \alpha < 1$，并且 g 是适当标准化的. 当然，难点是 $f(\boldsymbol{\theta}|\boldsymbol{y})$ 正好包含我们要求的标准化常数，但将 $\hat{f}(\boldsymbol{y})$ 的估计插入到重要性抽样估计中有

$$\hat{f}(\boldsymbol{y}) = \frac{1}{n}\sum_{i=1}^{n}\frac{f(\boldsymbol{y}|\boldsymbol{\theta}_i)f(\boldsymbol{\theta}_i)}{\alpha f(\boldsymbol{y}|\boldsymbol{\theta}_i)f(\boldsymbol{\theta}_i)/\hat{f}(\boldsymbol{y}) + (1-\alpha)f(\boldsymbol{\theta}_i)}, \tag{6.5}$$

可以用数值方法对 $\hat{f}(\boldsymbol{y})$ 进行求解. [②]

---

① 质量不高这一点一开始很难理解，因为根据基本的重要性采样理论，建议分布应该是理想的，但是因为这个例子需要将重要性加权值正态化，异常状态就悄悄出现了.

② 很容易证明这个式子总有单个有限解，只要定义 $k = 1/\hat{f}(\boldsymbol{y})$，然后考虑 $1/k$ 对 k 的曲线与右边对 k 的（单调）曲线相交的位置即可. 如果将右边用实际的 $f(\boldsymbol{y})$ 代替，那么重要性采样具有无偏性和一致性，因此根就是大样本极限的边缘似然.

要在实际问题中使用这个基于重要性采样的估计需要加以注意来避免下溢和上溢问题. 令 $c = \log \hat{f}(\boldsymbol{y})$, $a_i = \log f(\boldsymbol{y}|\boldsymbol{\theta}_i)$, 式 (6.5) 可以重新写成

$$\log \sum_{i}^{n} \{\alpha \mathrm{e}^{-\beta} + (1-\alpha)\mathrm{e}^{c-a_i-\beta}\}^{-1} - \beta - \log n = 0,$$

其中 β 是任意常数, 为了避免上溢问题, 如果需要的话可以将它设置为一个非零值. 注意, 在实际问题中, 如果先验的后验概率在计算上极小的话, 式 (6.5) 的根 c 在计算上可能是下方无界的. 这在高维问题和使用模糊或无信息先验时可能会出现, 但是对后一种情况, 因为 2.5.2 节中讲过的原因, 边缘似然和贝叶斯因子无论怎样都不能再计算了.

为了实际地看清楚这一点, 假设我们用 6.2.8 节的吉布斯采样生成 20 000 个样本, 这些样本储存于两行矩阵 thetag 中, 现在从先验中加入 20 000 个样本, 并计算每个样本的对数似然:

```
n.prior <- 20000
thetap <- matrix(0,2,n.prior)
thetap[1,] <- rnorm(n.prior,c,sqrt(d))
thetap[2,] <- rgamma(n.prior,a,b)
th <- cbind(thetag,thetap) ## 组合样本
alpha=ncol(thetag)/ncol(th)
lfy.th <- colSums(matrix(dnorm(x,rep(th[1,],each=n),
    rep(sqrt(th[2,]),each=n),log=TRUE),n,n.rep+n.prior))
```

有了这些, 我们现在可以求 $c = \log \hat{f}(\boldsymbol{y})$. 下面的函数使式 (6.5) 更加稳定, 计算了 β 的值, 如果需要的话, 它可以减少上溢或者下溢:

```
fyf <- function(lfy,lfy.th,alpha,big=280) {
  ## log f(y) - log f(y|theta_i) = c - a_i ...
  ac <- lfy - lfy.th
  if (min(ac) < -big||max(ac) > big) { ## 溢出?
    beta <- sum(range(ac))/2
    if (beta > big) beta <- big
    if (beta < -big) beta <- -big
  } else beta <- 0
  n <- length(lfy.th)
  ac <- ac - beta
  ind <- ac < big ## 索引未溢出的 ac 值
  log(sum(1/(alpha*exp(-beta) + (1-alpha)*exp(ac[ind]))))-
      beta - log(n)
}
```

R 中的 uniroot 函数可以用来求 $\hat{f}(\boldsymbol{y})$ 的对数，如下：

```
>uniroot(fyf,interval=c(-100,0),lfy.th=lfy.th,alpha=alpha)
$root
[1] -44.64441
```

所以这里边缘似然的对数近似为 -44.6. [①] 如果我们要比较两个模型，那么可以用同样的方法计算第二个模型的对数边缘似然，形成对数贝叶斯因子，然后参考 2.5.2 节来理解结果. 但是要注意，这个例子只适用于说明计算过程：不能将该模型中的模糊先验视为有意义的先验信息，从而使得用贝叶斯因子进行严格的模型比较合理化.

1. 分数贝叶斯因子的计算

回顾 2.5.2 节的式 (2.7)，计算分数贝叶斯因子需要用（估计的）边缘似然除以 $\int f(\boldsymbol{y}|\boldsymbol{\theta})^b f(\boldsymbol{\theta})\mathrm{d}\boldsymbol{\theta}$（的估计值），其中 b 是 $(0,1)$ 之间的常数. 这里我们把得到的这个量叫作"分数边缘似然". 根据之前的计算，很容易重新使用式 (6.5) 并利用

$$\int f(\boldsymbol{y}|\boldsymbol{\theta})^b f(\boldsymbol{\theta})\mathrm{d}\boldsymbol{\theta} \simeq \frac{1}{n}\sum_{i=1}^{n}\frac{f(\boldsymbol{y}|\boldsymbol{\theta}_i)^b}{\alpha f(\boldsymbol{y}|\boldsymbol{\theta}_i)/\hat{f}(\boldsymbol{y})+(1-\alpha)}$$

来估计需要的积分. 令 $b=0.3$，下面是一些计算用的 R 代码：

```
lfy <- uniroot(fyf,interval=c(-100,0),lfy.th=lfy.th,
               alpha=alpha)$root
lfyb <- log(mean(exp(.3 * lfy.th -
                log(.5 * exp(lfy.th-lfy) + .5))))
frac.ml <- lfy - lfyb ## 分数极大似然估计的对数
```

结果是 -29.3. 为了说明分数方法的鲁棒性，这个例子里的先验参数可以改成 b=0.01，d=1000（会使先验更模糊）. 那么边缘似然的值会从 -44.6 降到 -47.4，而分数方法只会降到 -29.4.

2. 边缘似然估计的一个粗略拉普拉斯近似

在大样本极限有充分数据的情况下，后验的协方差矩阵是对数似然的逆黑塞矩阵，它决定了对数先验. 因此如果 $\hat{\boldsymbol{\Sigma}}$ 是链里 $\boldsymbol{\theta}$ 的估计协方差矩阵，而 $\hat{f}$ 是链里观测到的 $f(\boldsymbol{y}|\boldsymbol{\theta})f(\boldsymbol{\theta})$ 的最大值，那么应用形如 5.3.1 节的拉普拉斯近似可以得到一个粗略估计

$$\log \hat{f}(\boldsymbol{y}) \simeq \log \hat{f} + p\log(2\pi)/2 + \log|\hat{\boldsymbol{\Sigma}}|/2,$$

① 这个例子也可以用来说明只基于链样本的调和平均估计量的问题：将链运行迭代次数的 10 倍，因为随着迭代的增加，边缘似然的调和平均估计大约会增加 10 倍.

其中，$p=\dim(\theta)$. 这个近似是直接从后验的一个样本算出来的. 例如，继续前一小节的例子：

```
> V <- cov(t(thetag))
> lfyth <- lfy.th[1:n.rep] +
+             dnorm(thetag[1,],c,sqrt(d),log=TRUE) +
+             dgamma(thetag[2,],a,b,log=TRUE)
> max(lfyth) + log(2*pi) + sum(log(diag(chol(V))))
[1] -44.44495
```

这个可与之前的估计媲美. 这种方法只适用于拉普拉斯估计起作用的时候，所以只有在后验有单个可以由高斯来合理估计的重要模块时它才是有用的.

这里给出的两种简单的方法在非常复杂的模型里可能都不太好用. 这时（同样假设已经使用了有意义的先验）需要更复杂的方法：参考文献 [10] 所提到的是一个好的开始.

3. 计算 DIC

与边缘似然相关，计算 DIC 非常简单，将它用于模糊先验也是合理的. 继续同样的例子：

```
> Dthbar <- -2*sum(dnorm(x,mean(thetag[1,]),
+                  mean(thetag[2,])^.5,log=TRUE))
> pD <- mean(-2*lfy.th[1:n.rep]) - lfy.thbar
> DIC <- Dthbar + 2*pD; DIC; pD
[1] 83.79534
[1] 1.851937
```

所以 DIC 值为 83.8，有效自由度 p_D 为 1.85. 对 AIC 来说，我们更倾向于 DIC 值更小的模型.

6.4 一个 MCMC 的例子：藻类生长

本节讲了一个应用 MH 采样的特殊例子. 图 6-5 展示了从实验室恒化器实验中抽取的样本的藻类细胞数量. 恒化器中藻类细胞个数增长的一个可能的模型是它符合自阻尼增长模型，例如：

$$N_{t+1}=\mathrm{e}^{r}N_t\mathrm{e}^{-N_t/K+e_t},\quad e_t\sim N(0,\sigma_e^2),\tag{6.6}$$

独立的 e_t 项表明数量的增长不是完全确定的. 该模型在使用时通常有固定的时间步长（例如，t 可能表示间隔一小时或两小时）. 如果我们想估计 N_t 和 N_{t+1} 之间

的 N，可能需要使用线性插值. 那么细胞的数量 y 就可以被模拟为对潜在数量 N 的噪声观测，N 可能是有未知方差 σ^2 的高斯分布.

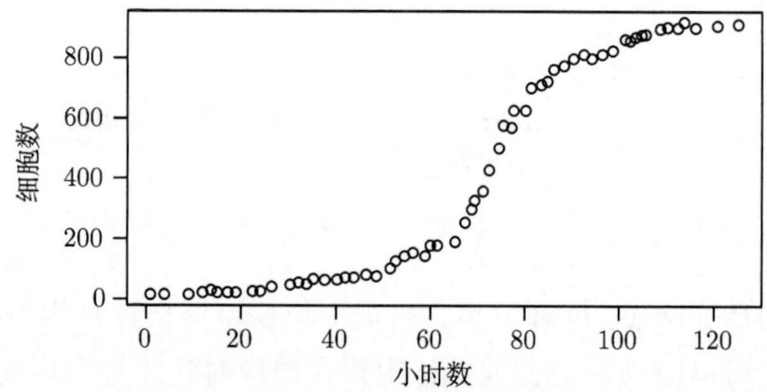

图 6-5　实验室恒化器实验中样本的藻类细胞数量与时间的对比图

首先需要指出的是，图 6-5 中的数据不是按时间均匀分布的. 时间间隔在 0.4 到 5.1 个小时之间变化. 因此，为了将该模型用于数据，我们需要将解插入到式 (6.6) 中. 因为 MCMC 采样会涉及必要地重复同样的插值，所以值得尝试并有效率地完成它. 这里有一个函数，它假定你已经从 `t0` 开始以 `dt` 为间隔在 m 个离散的时间求出了 N，并且想使用线性插值来估计给定时刻 `t` 处 N 的值. 下面的程序返回向量 `im`、`ip`、`wm` 和 `wp`，每个长度都是 `t`，因此如果 `N` 是均匀间隔的 N 个值构成的 m 维向量，那么 `N[im]*wm+N[ip]*wp` 给出对应于 `t` 的 N 次插值的估计向量. 它同时也返回 `dt` 和一个合适的 m 值：

```
lint <- function(t,t0=0,dt=1) {
## 生成插值指标与权重
  n <- length(t)
  ts <- seq(t0,max(t),by=dt)
  ts <- c(ts,max(ts)+dt)
  m <- length(ts)
  im <- floor((t-t0)/dt)+1;ip <- im+1;ip[ip>m] <- m
  list(im=im,ip=ip,wm=(ts[ip] - t)/dt,
          wp=(t - ts[im])/dt,m=m,dt=dt)
}
```

有了这个函数，现在可以写出一个函数来求细胞数量数据的联合密度、随机效应和模型参数. 最显而易见的方法是写出 $\boldsymbol{y}$ 和 e 的联合密度，但实际上这会使得取样非常困难. 因为最开始的 e_t 值影响整个后续序列的 N_t 值，所以再提出合理的步骤是困难的. 事实上对于高的 r 值来说本质上是不可能的. 然而，如果我们直接研究对数 $n_t = \log N_t$ 的话就没有这样的问题了. 接下来就容易在状态向量 $\boldsymbol{n}$ 和随机影响向量 e 之间建立一个一对一转换，(行列式为 1) 因此可以计算数据的联合密度、状态向量和参数. 这会生成如下函数 (其中伪一致先验是建立在所有对数参数上的)：

```
lfey <- function(theta,n,y,li) {
## 用于求 Ricker 模型中的 y、n 和 theta 的对数概率密度函数的函数
  theta <- exp(theta) ## parameters are intrinsically +ve
  r <- theta[1]; n0 <- theta[2]; K <- theta[3];
  sigma.e <- theta[4]; sigma <- theta[5]
  n.n <- length(n); ind <- 1:(n.n-1);
  ## state to r.e. transform...
  e <- c(n[1]-log(n0),n[ind+1]-n[ind]-r+exp(n[ind])/K)
  f.ne <- sum(dnorm(e,0,sigma.e,log=TRUE)) ## r.e. density
  mu <- exp(li$wm*n[li$im] + li$wp*n[li$ip]) # 插值
  f.y <- sum(dnorm(y,mu,sigma,log=TRUE)) ## f(y|n)
  f.y + f.ne ## 联合对数密度
}
```

找到一种方法来一次性更新参数和总体状态向量需要进一步的工作，6.5.3 节和 6.5.4 节将会讲述. 有一种简单的方法是对每一个参数和状态向量分别作规划，要么选择元素让它在每一步中随机更新，要么在每一步依次对每个元素进行处理. 后一种方法见如下代码. 假设数据存贮于 alg 数据帧中.

```
li <- lint(alg$hour,t0=0,dt=4) ## 插值权重
## 初始值……
n0 <- 10;r <- .3; K <- 3000; sig.b <- .2; sigma <- 10
theta <- log(c(r,n0,K,sig.b,sigma)) ## 参数向量

## 通过插值数据得到初始状态……
n <- log(c(alg$cell.pop[1],approx(alg$hour,alg$cell.pop,
          1:(li$m-2)*li$dt)$y,max(alg$cell.pop)))

n.mc <- 150000 ## 链的长度
th <- matrix(0,length(theta),n.mc)
y <- alg$cell.pop

a.th <- rep(0,length(theta)); a.n <- 0 ## 接受计数器
sd.theta <- c(.2,.5,.3,.3,.2); sd.n <- .05 ## 适当的标准差
ll <- c(-Inf,-Inf,-Inf,log(.03),log(5)) ## 参数下限
ul <- c(Inf,Inf,log(25000),Inf,Inf) ## 参数上限
```

```
  lf0 <- lfey(theta,n,y,li)
  for (i in 1:n.mc) { ## mcmc 循环
    for (j in 1:5) { ## 更新参数
      theta0 <- theta[j]
      theta[j] <- theta[j] + rnorm(1)*sd.theta[j]
      lf1 <- lfey(theta,n,y,li)
      if (runif(1)<exp(lf1-lf0)&&ll[j]<theta[j]
                                  &&ul[j]>theta[j]) { ## 接受
        lf0 <- lf1
        a.th[j] <- a.th[j] + 1
      } else { ## 拒绝
        theta[j] <- theta0
        lf1 <- lf0
      }
    } ## 参数更新完成
    for (j in 1:li$m) { ## 更新状态
      nj <- n[j]
      n[j] <- n[j] + rnorm(1)*sd.n
      lf1 <- lfey(theta,n,y,li)
      if (runif(1)<exp(lf1-lf0)) { ## 接受
        lf0 <- lf1
        a.n <- a.n + 1
      } else { ## 拒绝
        n[j] <- nj
        lf1 <- lf0
      }
    } ## 状态更新完成
    th[,i] <- theta ## 储存 theta
    if (i%%1000==0) cat(".")
  } ## mcmc 循环结束
```

注意 `ll` 和 `ul` 向量，它们分别给定了一些参数的下限和上限（如果两个都有的话，那么先验是一个合适的均匀概率密度函数）. 同样地，`a.n` 和 `a.th` 用于给定接受率，使得 `sd.theta` 和 `sd.n` 在试运行的调试中可以达到适用于单元素更新的大约为 50% 的接受率.

图 6-6 给出了模拟的结果，连同最后一步模拟的数量向量 `n` 覆盖在了原始数据上. 初始数量 n_0 的初始值看起来无法清晰识别，但除此之外混合似乎是合理的. 利用 `coda` 包的 `effectiveSize(mcmc(th[I,ind]))`，r 的有效样本大小约为

1800，对于 n_0 它约为 370，对于其他的参数它超过了 3000. n 可以转换为一个有 e_t 个值的向量，我们可以计算残差用以检验采样误差分布. 下面的代码可以实现这一点：

```
n0 <- exp(theta[2]); r <- exp(theta[1])
K <- exp(theta[3]); n.n <- length(n)
ind <- 1:(n.n-1);
e <- c(n[1]-log(n0),n[ind+1]-n[ind]-r+exp(n[ind])/K)
rsd <- y - exp(n[li$ip]*li$wp+n[li$im]*li$wm)
par(mfrow=c(2,3),mar=c(5,5,1,1))
qqnorm(e); plot(e); acf(e)
qqnorm(rsd); plot(rsd); acf(rsd)
```

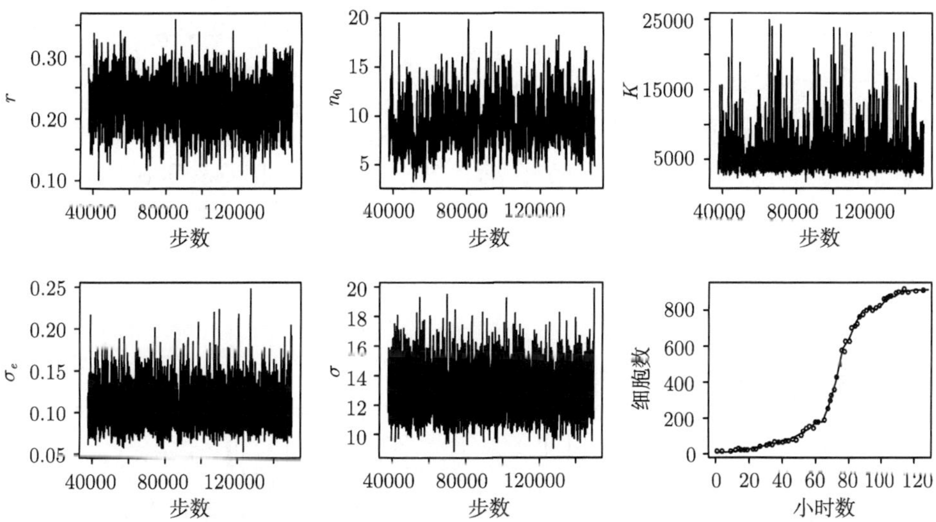

图 6-6　前 5 个图：本节的模型每隔 25 步取样的藻类模型 MCMC 链. 最后 1 个图：模拟的最后一步的状态（黑线）覆盖在细胞数据（圆圈）上

图 6-7 给出了结果. 显然，测度误差模型不太正确，但除此之外模型假设貌似是对的. 最后，下面是 r 的 90% 的置信区间（将前 30 000 次模拟视作老化舍弃）：

```
> exp(quantile(th[1,30000:n.mc],c(.05,.95)))
       5%       95%
0.1689796 0.2817391
```

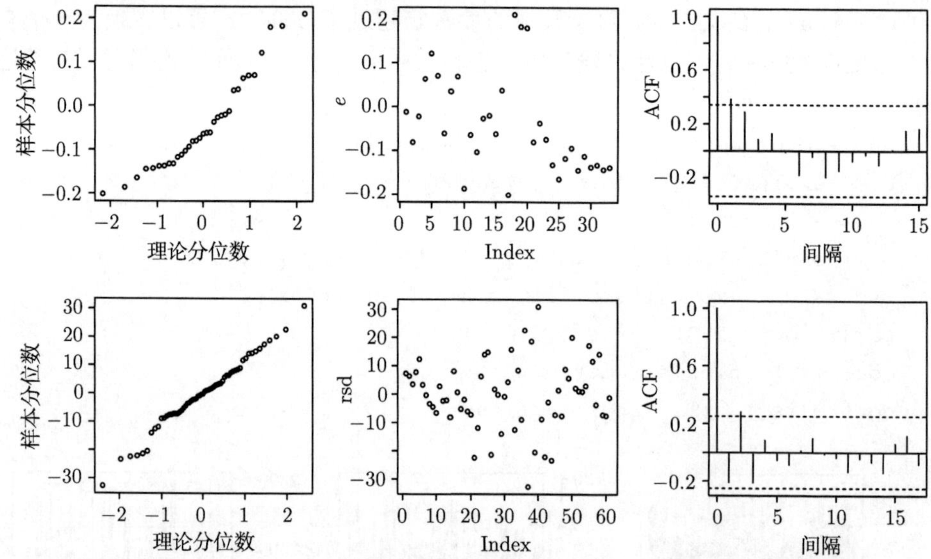

图 6-7 从左向右依次为正态 QQ 图、残差与次序、残差的自相关函数. 上面一行是 e_t 的图，下面一行是残差的图. 下面一行中间的图表明测度误差模型在实验开始时并不是很正确：误差方差不是常数. 上面一行也表明它比正常的 e_t 更重尾

6.5 几何抽样与建立更好的分布

上一节中藻类生长的例子强调了建立好的建议分布的难度. 为了调整分布并得到合理的进展，有必要使用单分量更新. 这增加了每次完整更新的成本，但混合仍然很慢. 为了设计更高效的分布，我们需要理解维度和相关性是如何双重影响分布的.

6.5.1 后验相关

假设 $\boldsymbol{\theta}$ 的后验密度 (包括任意随机效应) 表明 $\boldsymbol{\theta}$ 的元素是高度非独立的. 在这种情况下，基于每个分量的独立跳跃的单分量更新和联合更新会使混合很缓慢. 如果不是经常性地提出不太可能的移动的话，两种方法都不可能有大的进展. 图 6-8 说明了这个问题. 分布在利用相关结构时，既不是按分量也不是联合的，而是独立的，结果是如果要避免可忽略的后验概率的区域只能采取小步骤. 因此链的移动很缓慢.

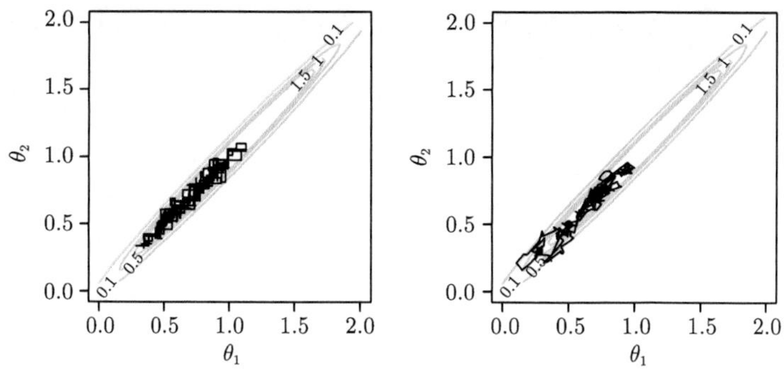

图 6-8　后验相关对 MCMC 混合的影响。在两个图中，灰色的是 $\boldsymbol{\theta}$ 的后验：在所示的大部分区域中，后验密度接近于零。左图展示了分别更新 θ_1 和 θ_2 时，从点 (0.5, 0.5) 开始的链的进展。右图展示了当 $\boldsymbol{\theta}$ 被联合更新时的链的进展。两个链各运行 400 步，并调整建议标准偏差，以获得最佳的接受率。链的进展缓慢，因为必须保持小的步长来保证 $\boldsymbol{\theta}$ 在高后验概率区域内

相关性的问题是吉布斯采样的根本限制（尽管重新参数化和/或更新模块的参数经常有用），但是对于 MH 采样通常可以利用后验的相关结构来改善分布. 最简单的方法是用多变量正态密度来近似后验密度，然后将它作为分布的基础.

用于获取多变量正态近似的两种方法是用 6.1 节中的式 (6.2)，或者运行一个试验链，从中提取 $\hat{\boldsymbol{\mu}} \sim E(\boldsymbol{\theta})$ 和 $\hat{\boldsymbol{\Sigma}} \simeq \text{cov}(\boldsymbol{\theta})$，所以这个近似是

$$\boldsymbol{\theta}|\boldsymbol{y} \sim N(\hat{\boldsymbol{\mu}}, \hat{\boldsymbol{\Sigma}}). \tag{6.7}$$

下面是使用近似值的两个简单的选择.

(1) 直接使用密度来提出独立分布，其中第 i 个分布为 $\boldsymbol{\theta}'_i \sim N(\hat{\boldsymbol{\mu}}, \hat{\boldsymbol{\Sigma}})$. 因为这不是一个对称的分布，所以 $q(\boldsymbol{\theta}|\boldsymbol{\theta}')/q(\boldsymbol{\theta}'|\boldsymbol{\theta})$ 不再等于 1，但是此计算简单地涉及计算多变量正态密度在两个参数向量处的值的比.

(2) 使用简化的 $\hat{\boldsymbol{\Sigma}}$ 作为在随机游走中多变量正常跳跃的基础. 所以第 i 个分布为 $\boldsymbol{\theta}'_i \sim N(\boldsymbol{\theta}_{i-1}, \hat{\boldsymbol{\Sigma}}k^2)$. 结果证明在高维情况下 $k = 2.4/\sqrt{d}$ 基本上是最优的（见参考文献 [13]），尽管在某些特殊情况下可能需要一些调整. 在这种情况下，移动和反向移动的概率密度是相等的，所以 q 比为 1.

图 6-9 用黑色等高线展示了后验的两种方法. 左图是第一种方法，它的分布直接由灰色等高线代表的正态近似生成. 分布的中心是好的，但是很少到达尾部区域，这与它们的后验密度相关. 在它们出现的极少情况，MH 通过长时间将链停留在这样的尾值上弥补这种缺陷. 此图中的黑色圆点就是这样的一个尾值. 链的粘性是由比值 $q(\boldsymbol{\theta}|\boldsymbol{\theta}')/q(\boldsymbol{\theta}'|\boldsymbol{\theta})$ 造成的. 根据分布，到达这样一个点是几乎不可能的，所

以 $q(\boldsymbol{\theta}|\boldsymbol{\theta}')$（在这里它实际上不依赖于 $\boldsymbol{\theta}'$）是极小的. 相反，$\boldsymbol{\theta}'$ 通常不在分布的远尾，使得 $q(\boldsymbol{\theta}'|\boldsymbol{\theta})$ 是适当的：比值很小，MH 接受率可能也很小，并且需要很多迭代来离开那个点. 因此，只有当后验的正态近似预计非常好的时候，才建议使用第一种方法. 右图展示了第二种方法：随机游走基于简化的协方差矩阵估计进行更新. 灰色等高线是两个点的分布密度：高的后验密度区域的圆圈和尾部区域的黑色圆点. 这个分布在高密度区域是合理的. 相似地，这个分布很有可能先到达尾部点再离开它.

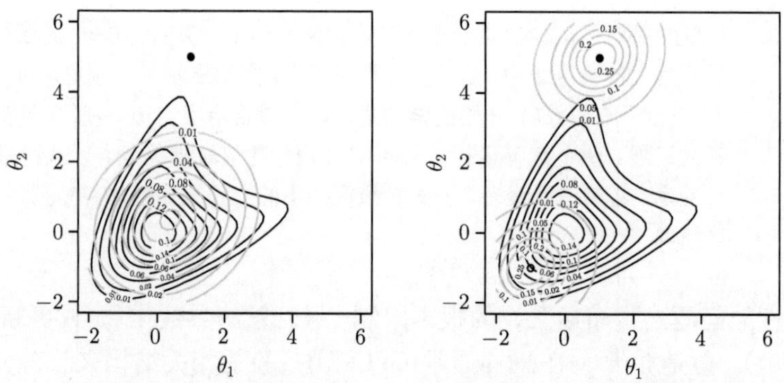

图 6-9　基于后验的多元正态（MVN）近似的简单分布. 黑色等高线是实际的后验. 左图：灰色等高线是后验的多元正态近似，基于后验的一个样本的经验平均和协方差矩阵. 可以直接由这个近似来求分布，但是这样的话黑色圆点处的概率会很低，尽管它的后验概率密度是不可忽略的. 因此提出这个分布后，链会在多次迭代中卡在这个点. 右图：灰色等高线是同一个点的随机游走分布的密度，其中分布的协方差是正态分布的简化的协方差. 显然随机游走分布更有可能先到达这个点再离开它，同样用灰色等高线画出的是圆圈标出的点的分布密度：随机游走分布在高后验密度区域也是合理的

6.5.2　维数带来的问题

细心的读者可能已经注意到，前面章节讨论的随机游走的分布需要分布的标准偏差与 $1/\sqrt{d}$ 成比例，这里的 d 是 $\boldsymbol{\theta}$ 的维数. 换言之，随着维数的增加，为了获得最佳混合必须减少 $\boldsymbol{\theta}$ 的每个组分的改变. 图 6-10 展示了使用 MH 法从 $N(\mathbf{0}, \boldsymbol{I}_d)$ 密度中取 $d=2$ 和 $d=100$ 采样时这种结果产生的必然性. 这里使用了随机游走分布 $\boldsymbol{\theta}'_{i+1} \sim N(\boldsymbol{\theta}_i, \boldsymbol{I}_d\sigma_p^2)$，通过调整 σ_p 的值来对每个 d 获得最大的样本量. 显然这里与相关性无关，但是对于相对高维的问题混合仍然是非常慢的.

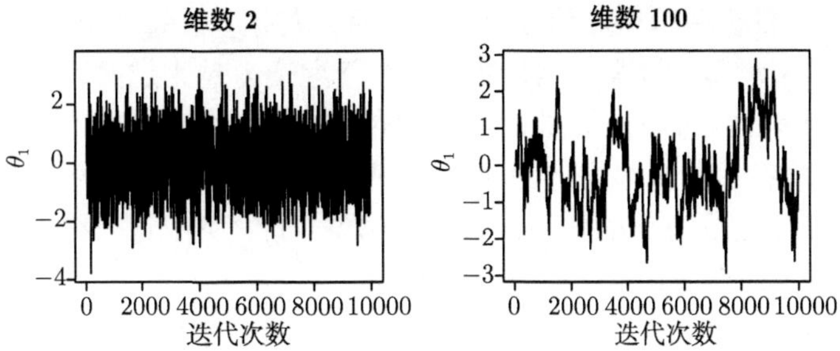

图 6-10 $N(0, \boldsymbol{I}_d)$ 中取 $d = 2$（左图）和 $d = 100$（右图）的 MH 采样. 两种情况下分布的形式都是 $\boldsymbol{\theta}'_{i+1} \sim N(\boldsymbol{\theta}_i, \boldsymbol{I}_d\sigma_p^2)$. $d = 2$ 和 $d = 100$ 使用不同的 σ_p，它们被调整成给出最大可能的有效的样本大小. 注意对高维问题混合是如何变得更慢的：几何图形的一个简单结果

当使用对称随机游走分布时，这种效应在几何上是不可避免的. 基本的问题是，随着维数的增加，与起点相比，对称随机游走提出了更少的实际能够增加后验密度的跳跃. 图 6-11 展示了从 $d = 1$ 到 $d = 2$ 维时的这种下降，考虑这样一

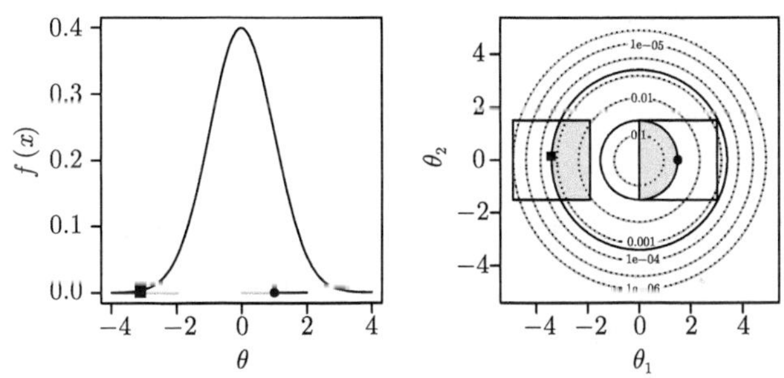

图 6-11 随着维数的增加，对称随机游走建议分布变得更加不可能. 左图：一个一维 $N(0, 1)$ 概率密度函数. $N(0, 1)$ 分布中大约有 68% 的部分比黑色圆点可能性更大，有 99.7% 的部分比黑色方块可能性更大. 考虑根据只能达到 $\theta = 0$ 的黑色圆点给出一个对称均匀建议分布. 这样一个建议分布的可能的范围如图中穿过黑色圆点的水平线：这个建议分布的 50%（灰色部分）比初始值的概率更高，50%（黑色部分）比初始值的概率更低. 如果从黑色方块开始应用这个建议分布，比例是一样的. 右图：密度是 $N(\mathbf{0}, \boldsymbol{I}_2)$ 时的二维情形. $N(\mathbf{0}, \boldsymbol{I}_2)$ 中仍然是大约有 68%的部分比黑色圆点可能性更大，有 99.7%的部分比黑色方块可能性更大. 再次考虑以这些点为中心并且黑色圆点只能取到 0, 0 的对称均匀建议分布. 被建议分布均匀覆盖的区域是图中以两个点为中心的正方形. 为了让一个建议分布落在密度增加的区域，它必须位于穿过初始点的黑色等高线的内部（即灰色阴影的内部）. 显然对于黑色圆点来说，建议分布落在概率增加的灰色区域的概率远低于 50%. 在更远的尾部，即黑色方块的区域，概率会高一些，但仍然不到 50%

个简单的情形，目标后验密度为 $N(\mathbf{0}, \boldsymbol{I}_d)$，而分布是基于每一个 θ 的独立的（近似）$U(-\sqrt{d}, \sqrt{d})$ 增量. 随着 d 的增加，这个问题变得越来越严重，尤其是在分布的中心附近. 事实上，考虑类似图 6-11 的黑色圆点这样的均匀分布，我们容易计算出分布的概率落在后验概率增加的区域. 它是半径为 r 的 d 球的体积的一半除以边长为 $2r$ 的 d 维超立方体的体积：$\pi^{d/2}/\{\Gamma(d/2+1)2^{d+1}\}$. 这个概率从 $d=1$ 时的 0.5 降低到 $d=8$ 时的 0.01.

此处用来阐释问题的例子远非病态. 这里没有显示相关性，而且密度函数与我们希望的一样好. 另外，不失一般性，我们可以将任意多变量正态密度转换为这种情况，而且在大样本极限下许多后验趋于多变量正态.

6.5.3 基于近似后验正态的改进的分布

这些基本问题促使人们在改进 MH 方案方面做了大量工作，他们利用改进的非对称建议分布来增加后验，并且采用了相对更大的步长. 其中大部分的工作远远超出了我们这里的范围. 基于上述见解让我们来考虑建立一些简单的改进方案.

混合多变量正态建议分布的一个最大的优点是它会让更多的点分布在中心而不是尾部，缺点是它可能对近似得很差的尾部访问太少，导致真正访问时会被卡住. 随机游走的优点是它能够到达尾部而不被卡住，但这是通过对低概率区域提出很多建议分布来实现的. 有一种很显然的混合策略是用一个混合分布来提出建议. 可调概率是 γ 从 $N(\hat{\boldsymbol{\mu}}, \hat{\boldsymbol{\Sigma}})$ 来提出，否则从 $N(\boldsymbol{\theta}_i, \hat{\boldsymbol{\Sigma}}k^2)$ 来提出. 现在建议分布及其逆的概率密度必须用混合分布来计算，然后再计算 MH q 比，不过这并没有问题.

一种更简单的方法是通过直接判断对称随机游走的趋势来提出不大可能的高维移动，然后沿着 $\hat{\boldsymbol{\mu}}$ 的方向从 $\boldsymbol{\theta}_i$ 开始移动建议分布的中心. 定义 $\|\boldsymbol{\theta}-\hat{\boldsymbol{\mu}}\|_{\hat{\Sigma}}^2 = (\boldsymbol{\theta}-\hat{\boldsymbol{\mu}})^{\mathrm{T}}\hat{\boldsymbol{\Sigma}}^{-1}(\boldsymbol{\theta}-\hat{\boldsymbol{\mu}})$ 和

$$
\boldsymbol{m}(\boldsymbol{\theta}) = \begin{cases} \boldsymbol{\theta} - \gamma(\boldsymbol{\theta}-\hat{\boldsymbol{\mu}})/\|\boldsymbol{\theta}-\hat{\boldsymbol{\mu}}\|_{\hat{\Sigma}}, & \|\boldsymbol{\theta}-\hat{\boldsymbol{\mu}}\|_{\hat{\Sigma}} > \gamma, \\ \boldsymbol{\theta}, & \text{其他}, \end{cases}
$$

建议分布的密度变成了 $N(\boldsymbol{m}(\boldsymbol{\theta}), \hat{\boldsymbol{\Sigma}}k^2)$. 我们必须选择 γ 并且通常能够在某种程度上增加 k.

6.5.4 藻类种群例子的改进的建议分布

就计算工作量的有效样本大小来说，6.4 节构造的采样器的表现很让人失望. 150 000 次迭代仍然只能给出大约 370 个 n_0 的有效样本大小，每一次更新都需要分别对 $\boldsymbol{\theta}$ 和 $\boldsymbol{n}$ 的每个元素进行接受/拒绝计算. 本节比较前一小节中讨论的基于第一次运行得到的参数协方差矩阵的简单改进更新.

如果每一次迭代的状态向量 n 被存储为矩阵 nn 的列，那么第一步就是计算向量 $\boldsymbol{b} = (\boldsymbol{\theta}^{\mathrm{T}}, \boldsymbol{n}^{\mathrm{T}})^{\mathrm{T}}$ 的均值和协方差矩阵:

```
## tn 是参数和状态，不考虑老化……
tn <- rbind(th,nn)[,-(1:20000)]
mu <- rowMeans(tn) ## mu hat
V <- cov(t(tn)) ## Sigma hat
```

在进行下一步之前，需要通过 tn 的行的 pairs 图来看一下能不能期望用 $N(\hat{\boldsymbol{\mu}},\hat{\boldsymbol{\Sigma}})$ 来捕捉一些关于后验的有用信息. 在这个例子中它能做到，所以首先考虑用 $N(\hat{\boldsymbol{\mu}},\hat{\boldsymbol{\Sigma}})$ 作为一个固定的建议分布. 所有的建议分布都能预先生成，例如用 R 中的 MASS 库的 mvrnorm:

```
library(MASS)
sp <- mvrnorm(n.mc,mu,V)
```

所以 sp 的每一行包含一个建议分布. MH 接受率的 q 比需要每一个建议分布的密度，下面的代码会求出 sp 所有行的密度的对数:

```
dmvn <- function(x,mu,V) {
## x 的每一列有一个向量
  R <- chol(V)
  z <- forwardsolve(t(R),x-mu)
  -colSums(z^2)/2-sum(log(diag(R)))-log(2*pi)*length(mu)/2
}
lfsp <- dmvn(t(sp),mu,V)
```

因此，如果链的状态是 $\boldsymbol{b}$=sp[i,]，建议分布是 $\boldsymbol{b}'$=sp[j,]，那么 exp(Ifsp[i]-Ifsp[j]) 给出 $q(\boldsymbol{b}|\boldsymbol{b}')/q(\boldsymbol{b}'|\boldsymbol{b})$. 图 6-12 给出了这个建议分布的链的输出. 注意链被卡住的这一个长的阶段，同 6.5.1 节和图 6-9 讨论的一样.

显然，这些结果并不令人满意. 我们肯定不能舍弃链的卡住的部分，因为只有卡住的部分能够确保后验的这一部分按照正确的比例进行了采样. 但是这一部分存在并且只有一个这一事实清楚地说明了，我们并没有运行足够长的链来对后验的这个区域充分取样.

随机游走的建议分布不会这样卡住，它的 $\boldsymbol{b}' \sim N(\boldsymbol{b}, \hat{\boldsymbol{\Sigma}}k^2)$. 可以用 sp <-mvrnorm(n.mc,rep(0,ncol(V)),V) 来预先生成跳跃，所以建议分布是 bp <-b+sp[i,]*k. 现在 q 比是 1. 图 6-13 给出了这样的链的结果. 50 000 次迭代给出的大约 350 的最小有效样本大小说明这种方法比 6.4 节的原始采样效率更高，后者需要多用 15 000 步来取得相同的结果. 但是在这里维数灾难仍然会使得混合缓慢.

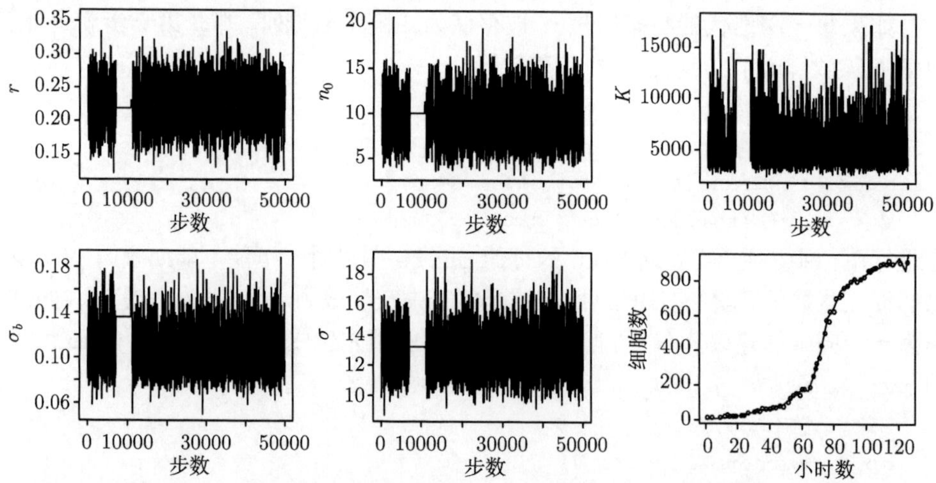

图 6-12　等价于图 6-6 的藻类模型 MCMC 输出，基于试运行的均值和协方差矩阵用一个固定的多变量正态建议分布进行了 50 000 次迭代. 注意在后验密度合适而建议密度很低的时候链是如何被卡住的，接下来需要很多次迭代来解卡：这种现象的解释见围绕图 6-9 的讨论

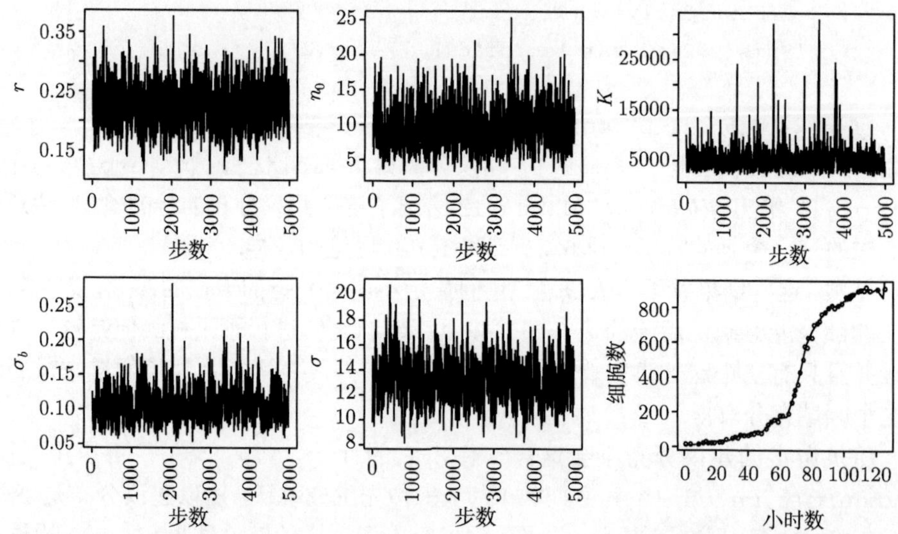

图 6-13　等价于图 6-6 的藻类模型 MCMC 输出，基于试运行的协方差矩阵的简化模型用带有相关多变量正态跳跃的随机游走建议分布进行了 50 000 次迭代. 尽管比图 6-6 中用的链效率更高，6.5.2 节中讨论的维数灾难意味着进展仍然很缓慢

在 6.5.3 节的方法中，对这个问题来说有偏随机游走的结果比混合建议分布更

好，并且更容易实现，所以这里考虑这种方法. q 比需要的密度现在不能预先计算，所以我们得能够在计算中高效地算出它们. 如果在迭代之前计算了协方差矩阵的乔莱斯基分解的话，这并不难，所以下面的代码实现了这些:

```
rwp <- mvrnorm(n.mc,rep(0,nrow(V)),V) ## 用于跳跃

dmvnr <- function(x,mu,R) {
## 计算 x~N(mu,R'R) 的对数密度
  z <- forwardsolve(t(R),x-mu)
  -sum(z^2)/2 - sum(log(diag(R))) - log(2*pi)*length(mu)/2
}

R <- chol(V) ## R'R = V
th <- matrix(0,length(ll),n.mc)
theta <- ind <- 1:5
b0 <- b <- mu ## 混合 theta 与 n
th[,1] <-theta <- b[ind]; n <- b[-ind]

lf0 <- lfey(theta,n,y,li)
accept <- 0

gamma=.5; ## 使 mu 接近总体均值
k <- 2.4/sqrt(length(b))*1.2 ## 跳跃大小

## 计算第一个建议均值向量，muw……
z <- forwardsolve(t(R),b-mu); dz <- sqrt(sum(z^2))
if (dz>gamma) muw <- b - (b-mu)*gamma/sqrt(sum(z^2)) else
           muw <- b

for (i in 2:n.mc) { ## mcmc 循环
  muw.0 <- muw ## 当前状态的均值
  b0 <- b
  b <- muw.0 + rwp[i,] * k ## 来自 N(mun.0,v*k^2) 的建议分布
  ## 从 b 开始求建议分布的均值……
  z <- forwardsolve(t(R),b-mu);dz <- sqrt(sum(z^2))
  if (dz>gamma) muw <- b-(b-mu)*gamma/sqrt(sum(z^2)) else
            muw <- b

  theta <- b[ind]; n <- b[-ind]
```

```
    lf1 <- lfey(theta,n,y,li)
    q.rat <- dmvnr(b0,muw,R*k)-dmvnr(b,muw.0,R*k)
    if (runif(1) < exp(lf1-lf0+q.rat)&&
                      sum(theta>ul|theta<ll) == 0) { ## 接受
      accept <- accept + 1
      lf0 <- lf1
    } else { ## 拒绝
      b <- b0
      muw <- muw.0
    }
    th[,i] <- theta
    if (i%%3000==0) cat(".")
  } ## 循环结束
```

这个链实现了在 50 000 次迭代中将有效样本大小最小化为 1200：由图 6-14 可以看到更好的混合. 按照每个最小有效样本大小的计算时间，这个采样器的效率大约是 6.4 节中原始采样器的 100 倍. 注意是因为这个例子的后验正态近似不是太差它才会成立：如果后验不够合适的话，那么我们就需要一些更成熟的东西.

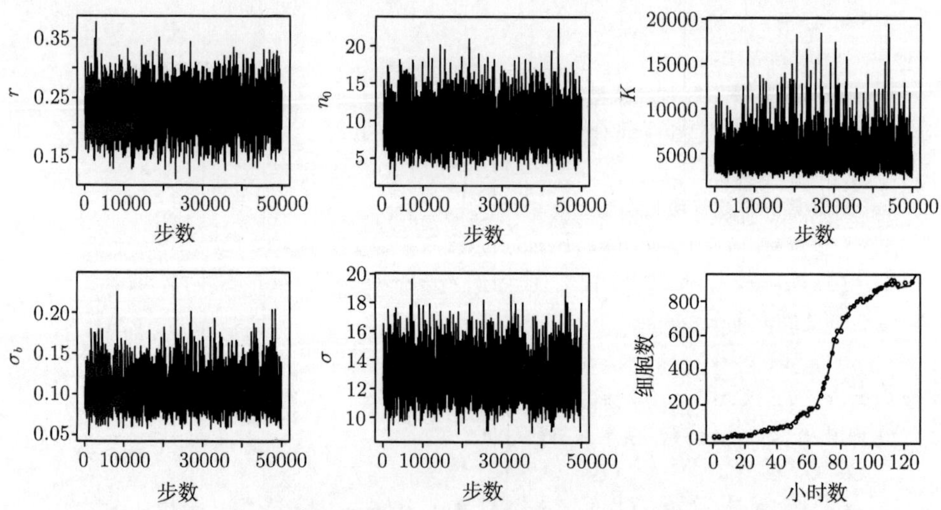

图 6-14　等价于图 6-6 的藻类模型 MCMC 输出，基于试运行的协方差矩阵的简化模型用带有相关多变量正态跳跃的有偏随机游走建议分布进行了 50 000 次迭代，均值从链的当前状态移动到了试运行的总平均值. 这是这里试过的采样器中效率最高的

6.6 图模型与自动吉布斯采样

MCMC 采样的实施显然很耗费时间，所以出现了建立采样器自动化的问题. 事实证明，自动吉布斯采样可以成功应用于**贝叶斯图模型**，其中模型变量之间的依赖结构可以用一个**有向非循环图**（DAG）来表示. 基本技巧是将模拟从一个高维后验分解为一系列本质上低维的吉布斯采样步骤.

自动化过程与模型的 DAG 结构密切相关，所以这里需要研究一下这些概念. 5.5.3 节已经给出了图，其中计算图（DAG 的例子）用于自动微分. 有向图是由一组用有向边（箭头）连接的**结点**构成的. 这些箭头从**父节点**到**子节点**. 图模型中的每一个变量是一个节点，这种模型的关键特征是如果你知道一个节点的所有父节点的值已知的话，这个变量/节点的分布就是完全已知的. 图是**有向的**这个事实说明任意节点都不是它自己的父节点：在图中从一个点出发你找不到沿着箭头方向能回到这个点的路线.

区分 3 种类型的节点对我们会很有帮助.

(1) 随机节点是分布随机依赖于其他节点的变量. 它们可以是观测变量（即相当于数据）或非观测变量（参数或随机效应）.

(2) 确定性节点是其他节点的确定性（逻辑）函数. 它们无法观测.

(3) 常量是确定的数，没有父节点.

箭头有两种类型. 节点间的确定性/逻辑关系通常用虚线箭头表示，随机关系则用实线箭头表示.

图 6-15 展示了 6.4 节藻类模型的 DAG 的一部分，假设为 r、K、$1/\sigma_e^2$ 和 $1/\sigma^2$

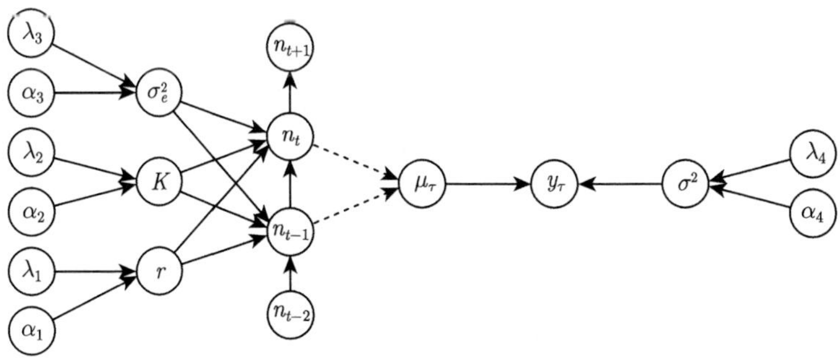

图 6-15　6.4 节藻类模型有向无环图的一部分，假设用的是本节中介绍的先验. 这里主要给出的是一个观测值在时间 τ 处的节点图的一部分，τ 位于离散模拟时间 t 和 $t+1$ 之间. 图中没有画出与 n_{t-2} 和 n_{t+1} 相连的大部分的边. 我们注意到最左端和最右端的节点没有父节点，它们是用于定义先验的固定常数. 相反地，观测值节点 y_t 没有子节点，但这只是这个模型的一个特点，而不是一种必需的形式

指定了合适的 $\Gamma(\alpha_j, \lambda_j)$ 先验. 图的最左端和最右端没有父节点的节点是指定各个伽马先验的常量：这里必须提供实际的数. 所示图的一部分围绕在数据节点 y_τ 周围，它的观测时间在离散更新时间 t 和 $t+1$ 之间，所以期望值通过在 n_t 和 n_{t+1} 之间线性插值来得到. 从 n_t 和 n_{t-1} 到确定性节点 μ_τ 的箭头为虚线是因为它的线性插值是纯确定性的.

现在来考虑为什么图模型能让自动吉布斯采样变得方便. 一般用 x_i 来表示与图中第 i 个节点对应的变量. 从图中编码的依赖关系可以得到，(不是常量的）节点的联合密度是

$$f(\boldsymbol{x}) = \prod_i f(x_i|\text{parent}\{x_i\}), \tag{6.8}$$

其中乘积是对不是常量的节点. 如果这个不明显，就从没有子节点的（终端）节点开始，然后用 1.4.2 节讲过的条件密度和联合密度之间的基本关系返回.

吉布斯采样包括模拟所有随机节点的全部条件，而不是与数据响应的那些，它们在观测值处是固定的. 事实证明，这些条件涉及的项通常比全联合密度要少得多. 根据条件概率密度函数的定义，

$$f(x_j|\boldsymbol{x}_{-j}) = \frac{f(\boldsymbol{x})}{\displaystyle\int f(\boldsymbol{x})\mathrm{d}x_j} = \frac{\prod_i f(x_i|\text{parent}\{x_i\})}{\displaystyle\int \prod_i f(x_i|\text{parent}\{x_i\})\mathrm{d}x_j},$$

乘积中唯一需要留在积分内的项是涉及 x_j 的那些项：给出了父节点的 x_j 的条件密度和 x_j 的每个给出了父节点的子节点的条件密度. 式 (6.8) 中其余的项都可以移到积分外，因此在 $f(x_j|\boldsymbol{x}_{-j})$ 的上下相互抵消. 简单来说，

$$\begin{aligned} f(x_j|\boldsymbol{x}_{-j}) &= \frac{f(x_j|\text{parent}\{x_j\})\prod_{i\in\text{child}\{j\}} f(x_i|\text{parent}\{x_i\})}{\displaystyle\int f(x_j|\text{parent}\{x_j\})\prod_{i\in\text{child}\{j\}} f(x_i|\text{parent}\{x_i\})\mathrm{d}x_j} \\ &\propto f(x_j|\text{parent}\{x_j\})\prod_{i\in\text{child}\{j\}} f(x_i|\text{parent}\{x_i\}), \end{aligned}$$

因此，不管模型和相应的 DAG 有多复杂，x_j 的吉布斯更新所需要的 $f(x_j|\boldsymbol{x}_{-j})$ 只依赖于 x_j 的父条件密度和它的子节点.

6.6.1 建造采样器

前面的讨论构成了吉布斯采样器自动构建的基础. 模型的 DAG 结构用于识别在每个 $f(x_j|\boldsymbol{x}_{-j})$ 中起作用的相对少数的项，并尽量找到 $f(x_j|\boldsymbol{x}_{-j})$ 的准确分布，当这些无法实现时，就构建耗费更高的通用采样器. 分布的精确识别取决于分布之间的已知**共轭**关系，而**切片采样**的巧妙方法却往往是有用的.

1. **共轭分布**

再次考虑，

$$f(x_j|\boldsymbol{x}_{-j}) \propto f(x_j|\text{parent}\{x_j\}) \prod_{i\in\text{child}\{j\}} f(x_i|\text{parent}\{x_i\}).$$

右边完全具有先验的结构，x_j 的 $f(x_j|\text{parent}\{x_j\})$ 乘以 x_j 的似然项，其中子节点 x_i 充当数据. 这一事实使我们能将已知的分布的共轭性用于自动确定给出 $f(x_j|\boldsymbol{x}_{-j})$ 的密度.

如果对于给定的似然，某些量的先验和后验来自于同一个分布族①，那么我们称此分布是那个似然的共轭. 在构建 6.2.8 节的简单吉布斯采样器时我们已经见过一个这方面的例子：那里证明了正态分布是正态似然项的平均值的共轭，而伽马分布是正态的精度（倒数方差）的共轭. 这种标准共轭结果的整个库都是已知的，② 因此可以用于自动构建吉布斯采样器.

2. **切片采样**

当不能获得方便的密度 $f(x_j|\boldsymbol{x}_{-j})$ 分析形式时，就必须采用一些其他的随机模拟方法来求密度. 一种完美的简单方法是**切片采样**（见参考文献 [27]）. 其基本观察是这样的：如果我们对任意有限非零的 k 画出 $kf(x)$ 与 x 的图，然后根据以 $kf(x)$ 和 x 为界的区域的均匀密度来产生 x 和 y 坐标轴，那么所得到的 x 值就来自于 $f(x)$.

当然，问题是根据所需要的均匀密度直接生成 x 和 y 的均匀密度并不比从 $f(x)$ 本身来生成更容易. 如果我们考虑 x 和 y 的吉布斯更新，就可以将其简化. 一般地，

$$f(y|x) \sim U(0, kf(x)),$$

而

$$f(x|y) \sim U(x : kf(x) \geqslant y),$$

所以吉布斯更新会从 $(0, kf(x))$ 区间中均匀地提取 y，然后从 x 值的集合中均匀地提取 x，其中 $kf(x) \geqslant y$（技术名称是“切片”）. 现在唯一的问题是识别我们所需要的 x 值的集合. 对于单峰分布，这个集合会构成单个间隔，它的位置可能很容易确定，但是对于多峰分布，可能需要识别几个区间. 当然，实际上只需要识别包含

① 例如，一个正态先验产生一个正态后验，或者一个伽马先验生成一个伽马后验. 当然，在先验和后验中分布的参数是不同的.

② 在拜读贝叶斯于 1763 年发表在英国皇家学会的文章之后，以及足够便宜计算机的出现使得 1953 年或 1979 年的 MH 算法能用于预算小于美国原子武器的事情之前，贝叶斯统计学家们需要找一些事情来做.

所需集合的一个或一组区间，然后我们可以在外围区间上均匀提取，直到得到满足 $kf(x) \geqslant y$ 的一个 x. 如果外围区间太大的话，效率会很低.

6.6.2 BUGS 和 JAGS

统计学中通过自动创建的吉布斯采样器得到的应用最广泛的软件是 BUGS（Bayesian updating via Gibbs Sampling），现在又出现了 openBUGS，它有 R 包界面 `brugs`. BUGS 为指定图模型建立了简单的语言，从而带来了一些其他的实现，包括这里会介绍的带有 R 界面包 `rjags` 的 JAGS（Just Another Gibbs Sampler）.

JAGS 必须作为独立程序来安装，也可以直接使用，但是通过 `rjags` 来使用更方便，这也是这里要讲的方法. `rjags` 还很容易与 `coda` 软件集成来进行收敛性判断. JAGS 模型由一个使用 BUGS 专用语言的文本文件来确定. 这个文件的名称以及包含了相应数据的列表会提供给 `jags.model` 函数，然后它调用 JAGS 本身来自动生成一个采样器，作为类`"jags"`的对象返回. 接下来就可以通过调用 `jags.samples` 或密切相关的 `coda.samples` 来用这个对象生成样本了.

小例子

回顾 6.2.8 节正态模型的小例子，我们有 $n = 20$ 个观测值 $y_i \sim N(\mu, \phi)$，其中 $1/\phi \sim G(a, b)$（一个伽马随机变量），并且（独立地）$\mu \sim N(c, d)$. a、b、c 和 d 是常数. 在图模型项中，每个 y_i、μ 和 $\tau = 1/\phi$ 都是随机节点，而 a、b、c 和 d 是常数节点：这个图总共有 26 个节点. BUGS 语言的设定有利于确定各个节点和它们之间的关系（有向边）. 下面是对我们的小模型进行编程的 norm.jags 文件的内容：

```
model {
  for (i in 1:N) {
     y[i] ~ dnorm(mu,tau)
  }
  mu ~ dnorm(0.0,0.01)
  tau ~ dgamma(0.05,0.005)
}
```

对每一个读到这里的人来说，这个语言是很直观的. ~ 这个符号指定了一种随机依赖（即图中的→），BUGS/JAGS 语句 `y[i] ~ dnorm(mu,tau)` 完全等价于数学语句 $y_i \sim N(\mu, 1/\tau)$. 默认情况下，正态分布按照精度进行参数化，而不是按照方差. 注意使用循环来处理向量. R 程序员总是避免用循环来填充向量，但在这里是没有问题的：这个代码将由 JAGS 来编译以生成采样器，并且 R 的效率问题不适用.

下面是用 JAGS 来建立采样器的 R 代码，用向量 `y` 给定 20 个观测值：

```
library(rjags)
setwd("some/directory/somewhere")
jan <- jags.model("norm.jags",data=list(y=y,N=20))
```

setwd 函数将 R 的工作目录定位到 norm.jags，然后 jags.model 生成采样器，将 data 中识别的节点设为它们的观测值. JAGS 将 N 作为模型中的一个常数节点，所以会显示模型里有 27 个节点，而不是之前数的 26 个.

Jags.model 函数也能运行多个自适应迭代，调整可以调整的组件采样器来尝试优化它们的性能. n.adapt 参数控制自适应迭代的次数，默认值为 1000. 在这个阶段 jan 包含一个 JAGS 模型对象，它可以用来生成样本. 只要被创建并初始化，采样器就可以使用了：

```
> um <- jags.samples(jan,c("mu","tau"),n.iter=10000)
  |**************************************************| 100%
```

第二个参数 c("mu","tau")指定每个步骤应该监控的节点，n.iter 给出步数（将参数 thin 的值设置为一个大于 1 的整数，就能监控每一个 thin 步骤）. 结果存储在一个有两个元素的列表 um 中，可用于生成与图 6-2 几乎相同的图.

rjags 也能够创建便于与 MCMC 诊断包 coda 一起使用的输出. 下面是一些实现代码，绘制如图 6-16 所示的链式 ACF，并计算有效样本大小：

```
> er <- coda.samples(jan,c("mu","tau"),n.iter=10000)
  |**************************************************| 100%
> autocorr.plot(er)
> effectiveSize(er)
      mu       tau
9616.071 10000.000
```

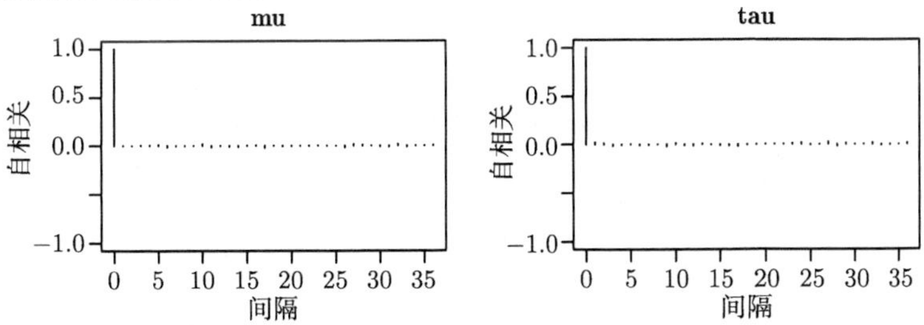

图 6-16　对本节中用 JAGS 模拟的小模型，用 coda 包中的 autocorr.plot 来计算 ACFs. 这里几乎没有自相关性：可以用 acfplot 函数来获得更多关于低相关性的细节

JAGS 具有内置函数 dic.samples，用于获取模型的 DIC. 它对 p_D 的计算略有不同，需要来自两个独立链的样本（见 jags.model 中的参数 n.chains）. 例如：

```
jan <- jags.model("norm.jags",data=list(y=y,N=20),
                                    n.chains=2)
dic.samples(jan,n.iter=10000)
```

6.3 节的重要性抽样方法也可以用于估计 JAGS 的边缘似然. 后验样本可以用刚刚讲过的方法来得到，而先验样本是通过建立和运行没有数据的模型得到的. 稍微不方便的地方是在 JAGS 模型的外部 $f(\boldsymbol{y}|\boldsymbol{\theta})$ 必须重新编码. 但是现在让我们先转换到一个不那么简单的例子.

6.6.3　JAGS 藻类种群实例

6.4 节的藻类种群生长模型用 JAGS 很容易实现. 这个例子的图里一共有 874 个节点，其中一部分见图 6-15. 模型设定文件的内容如下：

```
model {
  n[1] ~ dnorm(n0,tau)
  for (i in 2:M) {
    n[i] ~ dnorm(n[i-1] + r - exp(n[i-1]/K),tau)
  }
  for (i in 1:N) {
    mu[i] <- wm[i]*n[im[i]] + wp[i]*n[ip[i]]
    y[i] ~ dnorm(exp(mu[i]),tau0)
  }
  K ~ dgamma(1.0,.001)
  tau ~ dgamma(1.0,.1)
  r ~ dgamma(1.0,.1)
  n0 ~ dgamma(1.0,.1)
  tau0 ~ dgamma(1.0,.1)
}
```

注意，现在有两个循环. 第一个循环对藻类数量对数的动态模型迭代 M 步. 第二个循环依次经过 N 个观测到的藻类数量节点 `y[i]`，将它们关联到 `n[i]`. 所需的线性插值是通过确定性节点 `mu[i]` 来实现的，使用了 6.4 节定义的 `lint` 函数所生成的插值指数和权重. 符号“`<-`”等价于图 6-15 中的虚线箭头.

对于这个例子来说，使用该模型的 R 代码更加复杂，因为我们需要为状态向量 `n` 生成插值权重和初始值. 如果没有合理的初始值的话，JAGS 就无法成功初始化这个模型.

```
library(rjags)
setwd(" ~location/of/model/file")
li <- lint(alg$hour,t0=0,dt=4)
dat <- list(y=alg$cell.pop,N=length(alg$cell.pop),M=li$m,
```

```
          ip=li$ip,im=li$im,wp=li$wp,wm=li$wm)
## 通过对数据的线性插值求 n 的初始状态……
ni <- log(c(alg$cell.pop[1],approx(alg$hour,alg$cell.pop,
          1:(li$m-2)*li$dt)$y,max(alg$cell.pop)))
jal <- jags.model("algae.jags",data=dat,inits=list(n=ni),
               n.adapt=10000)
ug <- coda.samples(jal,c("n0","r","K","tau0"),
               n.iter=40000,thin=10)
```

这里每 10 个样本中只有最后一个存储在 ug 里. 根据 coda，对于 K、n_0、r 和 τ_0，有效样本量分别为 1891、559、514 和 4000，其他诊断图看起来都是合理的. 下面我们通过让 JAGS 每 1000 次迭代监控一次，看一下基本状态 n:

```
pop <- jags.samples(jal,c("n"),n.iter=40000,thin=1000)
plot(alg)
ts <- 0:(li$m-1)*li$dt
for (i in 1:40) lines(ts,exp(pop$n[,i,1]),col="grey")
with(alg,points(hour,cell.pop))
```

结果见图 6-17: 显然当数量较大时状态的可变性太大，如果做一些修改的话模型会更好.

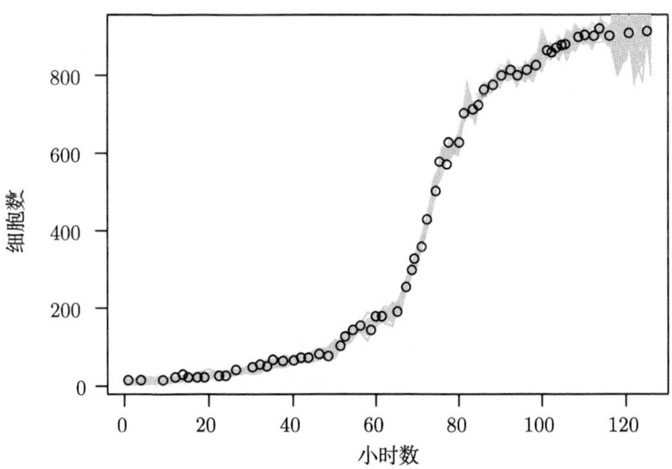

图 6-17　按照 JAGS 模拟对本节中藻类数量模型的基本状态 $\exp(n)$ 进行了 40 次重复，如灰线所示. 观测数据如图中的圆圈所示. 显然在数据的尾端状态的变化太大了

6.6.4 JAGS 混合模型实例

图 6-18 展示了 82 个星系速度的天文数据，这里有一个有趣的科学问题，即潜在的分布是否为多模态的（这是统计学文献经典数据集中的一个）. 对这样的数据进行建模的常用方法是使用混合分布. 例如，将数据看作来自混合正态密度. 令 y 表示一个随机选择的星系的速度，单位是 1000 kms^{-1}，概率密度函数可能是

$$f(y) = \sum_{k=1}^{K} \alpha_k \phi(y; \mu_k, \sigma_k^2),$$

其中 $\phi(y; \mu_k, \sigma_k^2)$ 表示一个均值为 μ_k，方差为 σ_k^2 的正态概率密度函数，混合权重为正数 α_k，和为 1. 混合参数的后验 MCMC 采样的常用方法是引入辅助分配变量，如 z_i，它表明了每个观测值来自混合物的哪一部分. 然后从这一部分的均值和方差以及辅助变量的后验取样. 注意，我们可以在不改变模型的情况下置换 μ_k, σ_k^2 的指标（即“标签交换问题”）. 在一维情况下我们可以通过重新参数化来处理这个问题，或者直接忽略它，但是为了保持图片美观，我采用一种实用的设计，将每个观测值明确分配给每一部分（即将 z_i 中的 K 当作已知的）. 否则的话，建模时认为 z_i 取 k 的概率是 α_k，其中 α_k 服从狄利克雷分布（见 A.2.4 节）. 正态先验用于 μ_k，伽马先验用于 $1/\sigma_k^2$.

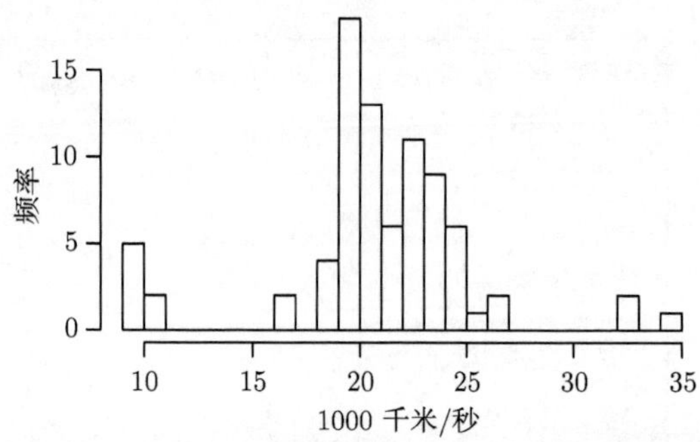

图 6-18 MASS 库中 galaxies 数据的（除以 1000）柱状图. 数据显示了 82 个星系的速度，潜在分布中几种模式的存在是遥远宇宙中的空隙和大团簇存在的证据

JAGS 代码如下，其中 z_i 是 comp[i]，comp.tau[k] 是 $1/\sigma_k^2$，comp.mu 是 μ_k：

```
model {
  for (i in 1:N) {
    comp[i] ~ dcat(pc[1:K]) ## 将 obs. 赋值给 comp.s
    mu[i] <- comp.mu[comp[i]] ## 选出 comp. 的均值
    tau[i] <- comp.tau[comp[i]] ## 选出 comp. prec
```

```
    y[i] ~ dnorm(mu[i],tau[i]) ## f(y|theta)
  }
## 设定先验分布……
pc[1:K] ~ ddirch(K.ones) ## 狄利克雷先验
for (i in 1:K) {
  comp.tau[i] ~ dgamma(1,.1)
  comp.mu[i] ~ dnorm(p.mean[i],1e-2)
 }
}
```

可以用类似下面的代码在 R 中利用上述内容，其中要考虑一个三元素混合物:

```
library(MASS);library(rjags)
y <- galaxies/1000 ## 注意 y 按升序排列
K <- 3;p.mean <- c(10,21,34) ## 设置先验均值和 K
## 确定 obs 与元素的先验均值最接近……
comp <- rep(NA,N); comp[1] <- 1;comp[N] <- K
if (K>2) for (j in 2:(K-1)) {
  abs(y-p.mean[j])->zz; comp[which(zz==min(zz))] <- j
}
n.sim <- 20000
jam <- jags.model("mixture.jags",data=list(y=y,N=N,K=K,
    K.ones=rep(1,K),p.mean=p.mean,comp=comp),n.chains=1)
um <- jags.samples(jam,c("comp.mu","comp.tau"),
    n.iter=n.sim,thin=10)
```

链的输出如图 6-19 所示.

混合物可以包含多少组成成分？这个例子中使用的先验是模糊且相当随意的，所以基于后验模型概率或贝叶斯因子的推断似乎不合理. z_i 分配变量的出现也使得 DIC 本来很合理的问题也变得不可能. 如果做一下修正，用基于混合分布的似然直接进行极大似然估计，那么 BIC 可能是一种可能性（前提是我们仔细检查过标签交换问题能够通过与 MLEs 兼容的重新参数化来消除掉）. 然而，一种基于预测后验模拟的更简单的方法对于这种简单的单变量情形更具科学意义.

本质上我们想选择的模型应该最有可能生成像观测到的数据那样的数据，检查这一点最显而易见的方法就是在给定模型参数后验分布的条件下模拟新的数据. 用 JAGS 很容易实现. 我们只需要在模型中添加更多的节点来允许模拟复制数据. 下面是一个代码片段，将它添加到原来的 JAGS 代码中可以实现这一点:

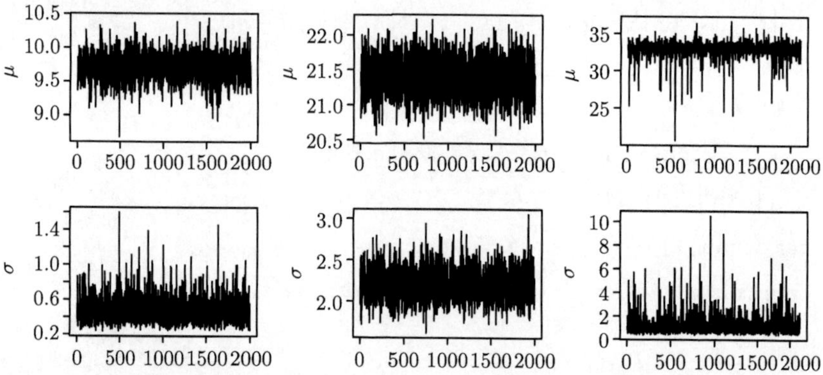

图 6-19 如本节所讨论的，用 JAGS 进行模拟的星系数据三元素混合模型的均值和标准差链

```
for (i in 1:N) {
  compp[i] ~ dcat(pc[1:K]) ## 将 obs 赋值给 comps
  mup[i] <- comp.mu[compp[i]] ## 选出 comp 的均值
  taup[i] <- comp.tau[compp[i]] ## 选出 comp prec
  yp[i] ~ dnorm(mup[i],taup[i]) ## pred. of y~f(y|theta)
}
```

所以 `yp` 现在包含根据模型参数的后验分布模拟的新数据（注意辅助变量是重新提取的，而不是来自它们的后验）. 将这个模型建立好之后，与之前完全一样，我们将从中采样，监测 `yp`:

```
um <- jags.samples(jam,c("yp"),n.iter=n.sim,thin=10)
```

为了比较后验预测分布和实际数据，我们可以看一下 QQ 图，`plot(q, sort(y))`，基于分位数估计 `q <-quantile(um$yp[,,1],((0:81)+.5)/82)`. 图 6-20 是 K 从 2 到 4 的图. 更正式地，我们可以用 `yp` 中的后验预测样本来形成 y 的经验累积密度函数，然后计算 $u_i = \hat{F}^{-1}(y_i)$，如果模型是正确的，那么它与 $U(0, 1)$ 应该没有区别. 下面是计算这样的 u_i，并使用标准 Kolmogorov-Smirnov 检验来测试它们的均匀性的代码：

```
n <- length(as.numeric(um$yp[,,1]))
uq <- (1:n-0.5)/n
u <- approx(sort(um$yp[,,1]),uq,y)$y
ks.test(u,"punif")
```

所得到的 0.32 的 p 值不能作为星系数据不是来自三组分混合物的证据，尽管相应的 QQ 图显示了与直线的偏差. 双组分混合物的 QQ 图很难看，并且 p 值更低，但仍然没有进入坚决拒绝的范围. 四组分的时候，p 值超过 0.98，QQ 图几乎是一条直线. 五组分会产生略高的 p 值，之后它又开始减少. 所以即使没有任何偏好，我们也会选择四组分混合物，尽管在给定这些数据时很难排除 K 较小的可能性. 关于用后验模型模拟进行检验的更多内容见参考文献 [13].

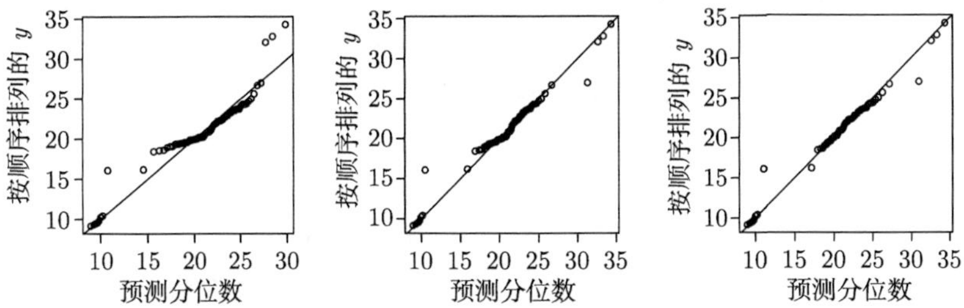

图 6-20　星系数据的 QQ 图，其中理论分位数分别是 K 等于 2（左图）、3（中图）和 4（右图）时的后验模拟生成的. $K>5$ 时的图跟右图很像

6.6.5 JAGS 海胆生长实例

现在考虑 5.4 节中的海胆生长模型，但是方差参数有模糊伽马先验，平均参数有正态先验. 下面是 JAGS 模型指定文件（urchin.jags），由于分布假设是观测体积的平方根，因此在模型指定中我们需要一个 `data` 部分来实现平方根转换：[①]

```
data {
for (i in 1:N) { rv[i] <- sqrt(v[i])}
}
model {
  for (i in 1:N) {
    p[i] ~ dlnorm(mup,taup)
    g[i] ~ dlnorm(mug,taug)
    am[i] <- log(p[i]/(g[i]*omega))/g[i]
    murv[i] <- (a[i] < am[i])*sqrt(omega*exp(g[i]*a[i])) +
        (a[i] >= am[i])*sqrt(p[i]/g[i] + p[i]*(a[i]-am[i]))
    rv[i] ~ dnorm(murv[i],tauv)
  }
  tauv ~ dgamma(1.0,.1)
  taup ~ dgamma(1.0,.1)
  taug ~ dgamma(1.0,.1)
  mup ~ dnorm(0,0.0001)
  mug ~ dnorm(0,0.0001)
  omega ~ dgamma(1.0,.1)
}
```

① 这与 BUGS 处理数据转换的方式稍有不同.

注意不能用 `log(p[i]) ~ dnorm(mup,taup)` 来代替 `p[i] ~ dlnorm(mup, taup)`，并且在算术表达式中 `TRUE/FALSE` 被解释为 `1/0`. 下面是用这个模型进行设置和模拟的代码，假设数据来自数据帧 `uv`：

```
N <- nrow(uv)
jan <- jags.model("urchin.jags",
    data=list(v=uv$vol,a=uv$age,N=N))
um <- jags.samples(jan,c("mup","mug","taup","taug",
    "omega","tauv"),n.iter=100000,thin=100)
```

`omega` 和 `mug` 的混合速度较慢，因此看起来有较高的后验相关性（相关系数是 -0.9）：见图 6-21 中的轨迹图.

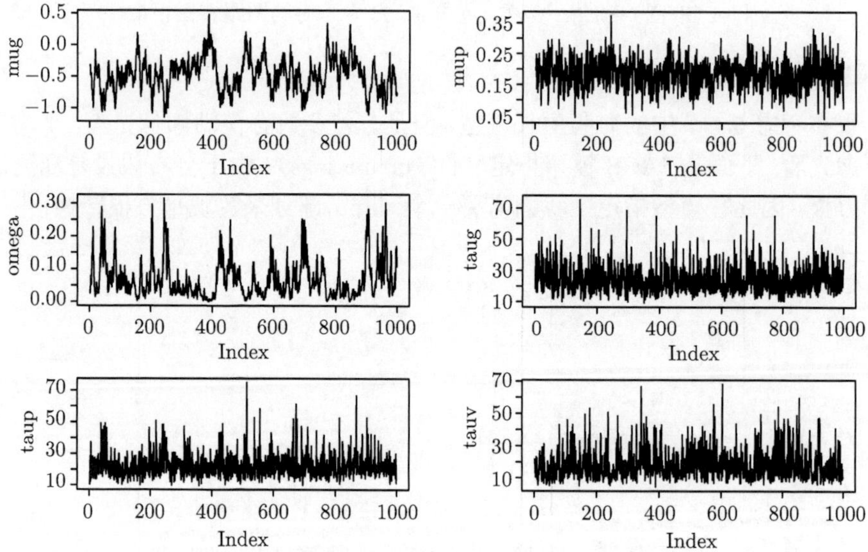

图 6-21 用 JAGS 模拟的本节中海胆模型的轨迹图. `omega` 和 `mug` 之间显然是负相关的，因此这些链的混合很缓慢

现在让我们以观测体积为基础来看一下模型中两个样本的预测海胆体积：

```
rn <- jags.samples(jan,c("murv"),n.iter=1001,thin=1000)
par(mfrow=c(1,2))
plot(uv,col="grey",pch=19);
points(uv$age,rn$murv[,1,]^2,pch=19,cex=.5)
plot(uv,col="grey",pch=19);
points(uv$age,rn$murv[,2,]^2,pch=19,cex=.5)
```

结果见图 6-22，它看起来很合理. 也可以通过向 JAGS 代码添加复制循环来用模型参数的后验分布模拟体积，这与现有的循环是类似的，但是分别用预测变量

pp、gp、amp、murvp 和 rvp 来代替 p、g、am、murv 和 rv. 然后就可以监测 rvp 并将它与原始根体积数据进行比较了.

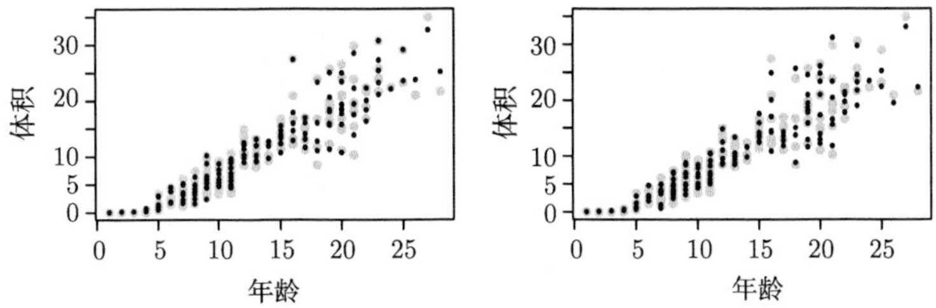

图 6-22 海胆体积后验分布的两个样本，在图中是覆盖在灰色圆点数据上的黑色圆点

6.7 习题

6.1 2.1 节介绍的 nhtemp 数据可以用那一节第二个例子中给出的基于 t_α 的模型进行建模.

a. 根据 μ、σ 和 α 的后验模拟写一个 Metropolis Hastings 采样器，假设在 μ 和 σ 上不具有均匀先验，但是具有 $\alpha-1$ 时 $p=0.05$ 的几何先验.

b. 检验链的收敛性.

c. 借助新的后验模拟数据检验模型的可行性.

d. 再写一个模型，其中 μ_i 随着年份线性增加，在这种情况下，从参数的后验分布中抽样，然后通过找到适当的置信区间，检验是否有证据表明几年内的平均气温正在变化.

e. 比较两个模型的 DIC 值，并且检验在这种情况下它们的结论与置信区间是否相同.

6.2 用 JAGS 重复问题 6.1 中的分析.

6.3 根据 6.5.2 节编写代码重画图 6-10，并用这个例子考察如何使用 6.5.3 节的最终改进方案（当然，在这种情况下静态多变量正态建议分布会是最理想的!）.

6.4 用 JAGS 对 2.1 节例 4 中骨髓存活模型参数的后验进行模拟. 使用模糊先验.

6.5 当 r 的值足够大时，6.4 节中的模型式 (6.6) 会产生高度非线性“混沌”动力.

a. 根据式 (6.6) 用 $r=3.8$、$K=20$、$N_0=10$ 模拟一个有 50 个数据点的时间序列，假设我们实际观测到的并不是 N_t，而是 $Y_t \sim \text{Poi}(N_t)$.

b. 给定模拟的 y_t，根据模型参数的后验编写代码进行模拟，记住 6.4 节中所需的插值在这里是不需要的，尽管根据 $n_t=\log N_t$ 比根据 e_t 进行模拟更为明智.

c. 一旦采样器能够运行之后，尝试编写一个根据 e_t 而不是 n_t 的采样器，并尝试找出为什么它混合得不好.

6.6 用 waiting 次数和喷发的 duration，对练习 5.6 中引入的 MASS 库中的 geyser 数据建立一个更好的模型. 从它的参数的后验密度进行采样.

第 7 章　线性模型

本书前面部分侧重用于非标准模型统计推断的一般统计方法. 这种一般性是以近似为代价的，在大多数极大似然估计的应用中，它是借助大样本理论实现的，而在大多数贝叶斯分析问题中，它是利用随机模拟（或拉普拉斯近似）实现的. 然而，有一类广泛使用的统计模型，其在给定模型的情况下，并不依赖于近似. 这就是**线性模型**，本章将简要介绍它们的基本理论和应用.

线性模型是在一些参数 $\boldsymbol{\beta}$ 和一些零均值随机误差 $\boldsymbol{\epsilon}$ 中**响应**向量 $\boldsymbol{y}$ 为线性的模型，因此

$$\boldsymbol{y} = \boldsymbol{X\beta} + \boldsymbol{\epsilon}.$$

模型矩阵 $\boldsymbol{X}$ 是由一些已知的**预测**变量（也称**协变量**[①]）确定的，这些变量是与每一个响应观测值 y_i 一起观测得到的. 通常假定 $\boldsymbol{\epsilon}$ 的元素与常数方差 σ^2 相互独立. 为了找到 $\boldsymbol{\beta}$ 的置信区间和测试假设，还假定 ϵ_i 具有正态分布.

两种类型的预测变量构成了 $\boldsymbol{X}$ 的基本成分.

(1) **度量**预测变量是可以帮助预测响应值的一些量的测量值. 例如，如果响应值是患者在临床实验中的血压，那么年龄、脂肪量和身高就有可能是度量预测变量.

(2) **因子**变量是用于将响应测量值分组的标签，它们可能有不同的期望值. 还是以血压为例，变量因子可能是性别和接受的药物治疗（例如，药物 A、药物 B 或安慰剂）. 有点混乱的是，变量因子的分组被称为**级别**，而分组一般没有自然排序，并且即使有的话，模型结构也会忽略它.

考虑下面的例子有助于理解 $\boldsymbol{X}$ 的模型. 假设对于 y_i，我们有度量预测变量 x_i 和 z_i 以及因子变量 g_i，它们包含将 y_i 分成三组的标签. 进一步假设我们认为以下模型是恰当的:

$$y_i = \gamma_{g_i} + \alpha_1 x_i + \alpha_2 z_i + \alpha_3 z_i^2 + \alpha_4 z_i x_i + \epsilon_i, \quad i = 1, \cdots, n,$$

其中对于 g_i 的三个级别中的每一级都有一个不同的 γ 参数. 将 γ 和 α 写入一个向量 $\boldsymbol{\beta}$ 中，我们可以将模型重新写成如下矩阵向量的形式:

---

① 响应和预测变量有时也叫作“独立”和“非独立”变量，这种术语特别混乱，这里不用这种叫法.

$$\begin{bmatrix} y_1 \\ y_2 \\ y_3 \\ y_4 \\ \cdot \\ \cdot \\ \cdot \\ \cdot \\ y_n \end{bmatrix} = \begin{bmatrix} 1 & 0 & 0 & x_1 & z_1 & z_1^2 & z_1x_1 \\ 1 & 0 & 0 & x_2 & z_2 & z_2^2 & z_2x_2 \\ 1 & 0 & 0 & x_3 & z_3 & z_3^2 & z_3x_3 \\ 0 & 1 & 0 & x_4 & z_4 & z_4^2 & z_4x_4 \\ \cdot & \cdot & \cdot & \cdot & \cdot & \cdot & \cdot \\ \cdot & \cdot & \cdot & \cdot & \cdot & \cdot & \cdot \\ \cdot & \cdot & \cdot & \cdot & \cdot & \cdot & \cdot \\ \cdot & \cdot & \cdot & \cdot & \cdot & \cdot & \cdot \\ 0 & 0 & 1 & x_n & z_n & z_n^2 & z_nx_n \end{bmatrix} \begin{bmatrix} \gamma_1 \\ \gamma_2 \\ \gamma_3 \\ \alpha_1 \\ \alpha_2 \\ \alpha_3 \\ \alpha_4 \end{bmatrix} + \begin{bmatrix} \epsilon_1 \\ \epsilon_2 \\ \epsilon_3 \\ \epsilon_4 \\ \cdot \\ \cdot \\ \cdot \\ \cdot \\ \epsilon_n \end{bmatrix}$$

其中因子 g 的第一组为 $y_1 - y_3$，第二组为 y_4，第三组为 y_n. 注意每个因子水平/组是如何在模型矩阵中获得虚拟指示列的，列的元素表示对应的 y_i 属于或不属于该组. 还要注意度量变量如何非线性地进入模型：模型的参数和误差项是线性的，但是预测值不一定.

7.1 线性模型理论

本节展示了如何用最小二乘法来估计线性模型的参数 $\boldsymbol{\beta}$:

$$\boldsymbol{\mu} = \boldsymbol{X\beta}, \quad \boldsymbol{y} \sim N(\boldsymbol{\mu}, \boldsymbol{I}_n\sigma^2). \tag{7.1}$$

假设 $\boldsymbol{X}$ 是一个 n 行 p 列的矩阵，秩为 p（$n > p$）. 结果表明，求出的估计量 $\hat{\boldsymbol{\beta}}$ 是无偏的，并且在数据正态的条件下，$\hat{\boldsymbol{\beta}} \sim N(\boldsymbol{\beta}, (\boldsymbol{X}^{\mathrm{T}}\boldsymbol{X})^{-1}\sigma^2)$. 我们也得到了用于求参数的置信区间和对参数进行假设检验的结果：特别是关于 $\boldsymbol{\beta}$ 的若干元素同时为零的假设.

在这一节中，注意不要混淆向量的**长度**和它的**维数**. 例如，$(1,1,1)^{\mathrm{T}}$ 的维数是 3，长度是 $\sqrt{3}$. 另外注意，我们没有明确区分随机变量和它们的特定观测值：通过上下文就可以了解它的具体含义.

7.1.1 $\boldsymbol{\beta}$ 的最小二乘估计

线性模型参数 $\boldsymbol{\beta}$ 的点估计，可以用最小二乘法来求，也就是通过最小化 $\boldsymbol{\beta}$ 的残差平方和的方式：

$$\mathcal{S} = \sum_{i=1}^{n}(y_i - \mu_i)^2,$$

其中，$\boldsymbol{\mu} = \boldsymbol{X\beta}$. 这个拟合目标由模型的对数似然可以直接得到，但即使没有正态性的假设，**高斯–马尔可夫定理**表明，对变量 $\boldsymbol{\beta}$ 最小化 $\mathcal{S}$ 会生成 $\boldsymbol{\beta}$ 的最小方差线性无偏估计.

为了在线性模型中使用写成一般矩阵向量形式的最小二乘法，首先回忆一下向量的欧几里得长度和其元素的平方和之间的关系. 如果 $\boldsymbol{v}$ 是任意 n 维向量，那么 $\|\boldsymbol{v}\|^2 \equiv \boldsymbol{v}^{\mathrm{T}}\boldsymbol{v} \equiv \sum_{i=1}^n v_i^2$. 因此

$$\mathcal{S} = \|\boldsymbol{y}-\boldsymbol{\mu}\|^2 = \|\boldsymbol{y}-\boldsymbol{X\beta}\|^2.$$

因为 $\mathcal{S}$ 只是向量 $\boldsymbol{y}-\boldsymbol{X\beta}$ 的平方（欧几里得）长度，当 $\boldsymbol{y}-\boldsymbol{X\beta}$ 旋转或映射时它的值不会改变. 这个结果为求 $\hat{\boldsymbol{\beta}}$ 和求线性模型所需分布结果的实用方法提供了基础.

特别地，同任意实矩阵一样，$\boldsymbol{X}$ 总能分解成

$$\boldsymbol{X} = \boldsymbol{Q}\begin{bmatrix}\boldsymbol{R}\\ \boldsymbol{0}\end{bmatrix} = \boldsymbol{Q}_f\boldsymbol{R}, \tag{7.2}$$

其中 $\boldsymbol{R}$ 是 $p\times p$ 阶的上三角矩阵[①]，$\boldsymbol{Q}$ 是 $n\times n$ 阶的正交矩阵，它的前 p 列形成 $\boldsymbol{Q}_f$. 前面讲过，正交矩阵会旋转/反射向量，但不改变它们的长度. 正交也意味着 $\boldsymbol{QQ}^{\mathrm{T}} = \boldsymbol{Q}^{\mathrm{T}}\boldsymbol{Q} = \boldsymbol{I}_n$. 用 $\boldsymbol{Q}^{\mathrm{T}}$ 乘以 $\boldsymbol{y}-\boldsymbol{X\beta}$ 可以得到

$$\|\boldsymbol{y}-\boldsymbol{X\beta}\|^2 = \|\boldsymbol{Q}^{\mathrm{T}}\boldsymbol{y}-\boldsymbol{Q}^{\mathrm{T}}\boldsymbol{X\beta}\|^2 = \left\|\boldsymbol{Q}^{\mathrm{T}}\boldsymbol{y}-\begin{bmatrix}\boldsymbol{R}\\ \boldsymbol{0}\end{bmatrix}\boldsymbol{\beta}\right\|^2.$$

定义 p 维向量 $\boldsymbol{f}$ 和 $n-p$ 维向量 $\boldsymbol{r}$ 使得 $\begin{bmatrix}\boldsymbol{f}\\ \boldsymbol{r}\end{bmatrix} \equiv \boldsymbol{Q}^{\mathrm{T}}\boldsymbol{y}$，有[②]

$$\|\boldsymbol{y}-\boldsymbol{X\beta}\|^2 = \left\|\begin{bmatrix}\boldsymbol{f}\\ \boldsymbol{r}\end{bmatrix}-\begin{bmatrix}\boldsymbol{R}\\ \boldsymbol{0}\end{bmatrix}\boldsymbol{\beta}\right\|^2 = \|\boldsymbol{f}-\boldsymbol{R\beta}\|^2 + \|\boldsymbol{r}\|^2.$$

$\boldsymbol{r}$ 的长度不依赖于 $\boldsymbol{\beta}$，并且通过选择合适的 $\boldsymbol{\beta}$ 使 $\boldsymbol{R\beta}$ 等于 $\boldsymbol{f}$ 可以将 $\|\boldsymbol{f}-\boldsymbol{R\beta}\|^2$ 减少到零. 因此

$$\hat{\boldsymbol{\beta}} = \boldsymbol{R}^{-1}\boldsymbol{f} \tag{7.3}$$

是 $\boldsymbol{\beta}$ 的最小二乘估计. 注意，$\|\boldsymbol{r}\|^2 = \|\boldsymbol{y}-\boldsymbol{X}\hat{\boldsymbol{\beta}}\|^2$，即模型拟合的残差平方和.

---

① 也就是说，如果 $i>j$，那么 $R_{i,j}=0$. 又见 B.5 节.

② 如果最后的等号不明显的话，回忆 $\|\boldsymbol{x}\|^2 = \sum_i x_i^2$，因此如果 $\boldsymbol{x} = \begin{bmatrix}\boldsymbol{v}\\ \boldsymbol{w}\end{bmatrix}$，那么 $\|\boldsymbol{x}\|^2 = \sum_i v_i^2 + \sum_i w_i^2 = \|\boldsymbol{v}\|^2 + \|\boldsymbol{w}\|^2$.

7.1.2 $\hat{\beta}$ 的分布

估计量 $\hat{\beta}$ 的分布是从 $\boldsymbol{Q}^{\mathrm{T}}\boldsymbol{y}$ 的分布得出来的. $\boldsymbol{Q}^{\mathrm{T}}\boldsymbol{y}$ 的多变量正态性是从 $\boldsymbol{y}$ 的多变量正态性得出来的，因此 $\boldsymbol{y}$ 的协方差矩阵是 $\boldsymbol{I}_n\sigma^2$，$\boldsymbol{Q}^{\mathrm{T}}\boldsymbol{y}$ 的协方差矩阵是

$$\boldsymbol{V}_{\boldsymbol{Q}^{\mathrm{T}}\boldsymbol{y}} = \boldsymbol{Q}^{\mathrm{T}}\boldsymbol{I}_n\boldsymbol{Q}\sigma^2 = \boldsymbol{I}_n\sigma^2.$$

此外，

$$E\begin{bmatrix}\boldsymbol{f}\\ \boldsymbol{r}\end{bmatrix} = E(\boldsymbol{Q}^{\mathrm{T}}\boldsymbol{y}) = \boldsymbol{Q}^{\mathrm{T}}\boldsymbol{X}\beta = \begin{bmatrix}\boldsymbol{R}\\ \boldsymbol{0}\end{bmatrix}\beta \Rightarrow E(\boldsymbol{f}) = \boldsymbol{R}\beta \text{ 且 } E(\boldsymbol{r}) = \boldsymbol{0}.$$

因此我们有

$$\boldsymbol{f} \sim N(\boldsymbol{R\beta}, \boldsymbol{I}_p\sigma^2) \text{ 且 } \boldsymbol{r} \sim N(\boldsymbol{0}, \boldsymbol{I}_{n-p}\sigma^2)$$

其中两个向量相互独立.

转向 $\hat{\boldsymbol{\beta}}$ 本身的性质，马上就有无偏性：

$$E(\hat{\boldsymbol{\beta}}) = \boldsymbol{R}^{-1}E(\boldsymbol{f}) = \boldsymbol{R}^{-1}\boldsymbol{R\beta} = \boldsymbol{\beta}.$$

因为 $\boldsymbol{f}$ 的协方差矩阵是 $\boldsymbol{I}_p\sigma^2$，由 1.5 节中式 (1.5) 可得 $\hat{\beta}$ 的协方差矩阵为

$$\boldsymbol{V}_{\hat{\beta}} = \boldsymbol{R}^{-1}\boldsymbol{I}_p\boldsymbol{R}^{-\mathrm{T}}\sigma^2 = \boldsymbol{R}^{-1}\boldsymbol{R}^{-\mathrm{T}}\sigma^2. \tag{7.4}$$

另外，因为 $\hat{\boldsymbol{\beta}}$ 只是正态随机向量 $\boldsymbol{f}$ 的线性转换，所以它一定服从多元正态分布：

$$\hat{\boldsymbol{\beta}} \sim N(\boldsymbol{\beta}, \boldsymbol{V}_{\hat{\beta}}).$$

这个结果对于对 $\boldsymbol{\beta}$ 进行推断没有直接作用，因为 σ^2 通常是未知的，需要被估计，所以应该会引入额外的导致变异性的要素.

7.1.3 $(\hat{\beta}_i - \beta_i)/\hat{\sigma}_{\hat{\beta}_i} \sim t_{n-p}$

本节推导了一个对于个体 β_i 的假设检验和求 β_i 的置信区间通常很有用的结果. 因为 $\boldsymbol{r}$ 的 $n-p$ 个元素是服从 $N(0,\sigma^2)$ 的独立同分布的随机变量，所以

$$\frac{1}{\sigma^2}\|\boldsymbol{r}\|^2 = \frac{1}{\sigma^2}\sum_{i=1}^{n-p} r_i^2 \sim \chi^2_{n-p}$$

（见 A.1.2 节）. 随机变量 χ^2_{n-p} 的均值是 $n-p$，所以这个结果充分（但非必要）推导出的

$$\hat{\sigma}^2 = \|\boldsymbol{r}\|^2/(n-p) \tag{7.5}$$

是 σ^2 的无偏估计. $\boldsymbol{r}$ 和 $\boldsymbol{f}$ 的元素的独立性同样表明了 $\hat{\boldsymbol{\beta}}$ 和 $\hat{\sigma}^2$ 是相互独立的. [①]

现在考虑单参数估计 $\hat{\beta}_i$，它的标准差是 $\sigma_{\hat{\beta}_i}$，由 $\boldsymbol{V}_{\hat{\beta}}$ 的第 i,i 个元素的平方根给出. $\boldsymbol{V}_{\hat{\beta}}$ 的一个无偏估计是 $\hat{\boldsymbol{V}}_{\hat{\beta}} = \boldsymbol{V}_{\hat{\beta}}\hat{\sigma}^2/\sigma^2 = \boldsymbol{R}^{-1}\boldsymbol{R}^{-\mathrm{T}}\hat{\sigma}^2$，因此估计量 $\hat{\sigma}_{\hat{\beta}_i}$ 是由 $\hat{\boldsymbol{V}}_{\hat{\beta}}$ 的第 i,i 个元素的平方根给出的，很明显 $\hat{\sigma}_{\hat{\beta}_i}=\sigma_{\hat{\beta}_i}\hat{\sigma}/\sigma$. 因此，根据 A.1.3 节，

$$\frac{\hat{\beta}_i-\beta_i}{\hat{\sigma}_{\hat{\beta}_i}} = \frac{\hat{\beta}_i-\beta_i}{\sigma_{\hat{\beta}_i}\hat{\sigma}/\sigma} = \frac{(\hat{\beta}_i-\beta_i)/\sigma_{\hat{\beta}_i}}{\sqrt{\frac{1}{\sigma^2}\|\boldsymbol{r}\|^2/(n-p)}} \sim \frac{N(0,1)}{\sqrt{\chi^2_{n-p}/(n-p)}} \sim t_{n-p} \tag{7.6}$$

（其中 $\hat{\beta}_i$ 和 $\hat{\sigma}^2$ 相互独立的条件已经用过）. 这个结果让我们能够求出 β_i 的置信区间，并且它是个体 β_i 的假设检验（例如，$H_0:\beta_i=0$）的基础.

7.1.4　F-ratio 结果

我们也有兴趣获得检验的分布结果，例如，几个模型参数同时等于零. 这种检验对于变量因子和它们之间相互影响的推断尤其有用，因为每个因子（或相互作用）是由 $\boldsymbol{\beta}$ 的一些元素来表示的. 假设我们要测试

$$H_0:\boldsymbol{\mu}=\boldsymbol{X}_0\boldsymbol{\beta}_0,\ H_1:\boldsymbol{\mu}=\boldsymbol{X}\boldsymbol{\beta},$$

其中 $\boldsymbol{X}_0$"嵌套"入 $\boldsymbol{X}$ 中（意味着 $\boldsymbol{X}\boldsymbol{\beta}$ 与任意 $\boldsymbol{X}_0\boldsymbol{\beta}_0$ 可以完全吻合，但是反之不成立）. 不失一般性，我们可以假设元素的排列使得 $\boldsymbol{X}=[\boldsymbol{X}_0\colon \boldsymbol{X}_1]$: 通过重置模型参数总是可以实现这种情况. 假设 $\boldsymbol{X}_0$ 和 $\boldsymbol{X}_1$ 分别有 $p-q$ 列和 q 列，令 $\boldsymbol{\beta}_0$ 和 $\boldsymbol{\beta}_1$ 为 $\boldsymbol{\beta}$ 的响应的子向量. 那么原假设可以被重写为 $H_0:\boldsymbol{\beta}_1=\boldsymbol{0}$.

现在考虑式 (7.2)，$\boldsymbol{X}$ 的原始 QR 分解的特殊形式是

$$\boldsymbol{X}=\boldsymbol{Q}\begin{bmatrix}\boldsymbol{R}\\ \boldsymbol{0}\end{bmatrix}\Rightarrow\boldsymbol{Q}^{\mathrm{T}}\boldsymbol{X}=\begin{bmatrix}\boldsymbol{R}\\ \boldsymbol{0}\end{bmatrix}\Rightarrow\boldsymbol{Q}^{\mathrm{T}}[\boldsymbol{X}_0:\boldsymbol{X}_1]=\begin{bmatrix}\tilde{\boldsymbol{R}}_0:\boldsymbol{R}_1\\ \boldsymbol{0}\end{bmatrix}\Rightarrow\boldsymbol{Q}^{\mathrm{T}}\boldsymbol{X}_0=\begin{bmatrix}\tilde{\boldsymbol{R}}_0\\ \boldsymbol{0}\end{bmatrix},$$

其中 $\tilde{\boldsymbol{R}}_0$ 是 $\boldsymbol{R}$ 的前 $p-q$ 列. 因为 $\boldsymbol{R}$ 是上三角，$\tilde{\boldsymbol{R}}_0$ 的后 q 行是 0，所以，用 $\boldsymbol{R}_0$ 表示 $\tilde{\boldsymbol{R}}_0$ 的前 $p-q$ 行（即 $\boldsymbol{R}$ 的前 $p-q$ 行和列）. 用 $\boldsymbol{Q}^{\mathrm{T}}$ 旋转 $\boldsymbol{y}-\boldsymbol{X}_0\boldsymbol{\beta}_0$ 有

$$\|\boldsymbol{y}-\boldsymbol{X}_0\boldsymbol{\beta}_0\|^2=\left\|\boldsymbol{Q}^{\mathrm{T}}\boldsymbol{y}-\begin{bmatrix}\boldsymbol{R}_0\\ \boldsymbol{0}\end{bmatrix}\boldsymbol{\beta}_0\right\|^2=\|\boldsymbol{f}_0-\boldsymbol{R}_0\boldsymbol{\beta}_0\|^2+\|\boldsymbol{f}_1\|^2+\|\boldsymbol{r}\|^2,$$

其中与之前完全一样，$\boldsymbol{Q}^{\mathrm{T}}\boldsymbol{y}$ 已经被分块为 $\boldsymbol{f}$ 和 $\boldsymbol{r}$，但是 $\boldsymbol{f}$ 被进一步分块为 $p-q$ 维向量 $\boldsymbol{f}_0$ 和 q 维向量 $\boldsymbol{f}_1$，使得 $\boldsymbol{f}=\begin{bmatrix}\boldsymbol{f}_0\\ \boldsymbol{f}_1\end{bmatrix}$. 因为这个零模型的残差平方和现在

① 回忆 $\|\boldsymbol{r}\|^2=\left\|\boldsymbol{y}-\boldsymbol{X}\hat{\boldsymbol{\beta}}\right\|^2$.

是 $\|\boldsymbol{f}_1\|^2+\|\boldsymbol{r}\|^2$，所以从模型中舍弃 $\boldsymbol{X}_1$（即令 $\boldsymbol{\beta}_1=\mathbf{0}$）所可得，$\|\boldsymbol{f}_1\|^2$ 是残差平方和的增加. 也就是说，$\|\boldsymbol{f}_1\|^2$ 是“完全模型”和“零模型”之间的残差平方和之差.

现在，我们知道 $\boldsymbol{f}\sim N(\boldsymbol{R}\boldsymbol{\beta},\boldsymbol{I}_p\sigma^2)$，另外还知道在 H_0 下 $\boldsymbol{\beta}_1=\mathbf{0}$（即 $\boldsymbol{\beta}$ 的后 q 个元素为零）. 因此

$$E\begin{bmatrix}\boldsymbol{f}_0\\ \boldsymbol{f}_1\end{bmatrix}=\boldsymbol{R}\boldsymbol{\beta}=(\tilde{\boldsymbol{R}}_0:\boldsymbol{R}_1)\begin{bmatrix}\boldsymbol{\beta}_0\\ \boldsymbol{\beta}_1\end{bmatrix}=(\tilde{\boldsymbol{R}}_0:\boldsymbol{R}_1)\begin{bmatrix}\boldsymbol{\beta}_0\\ \mathbf{0}\end{bmatrix}$$

$$=\tilde{\boldsymbol{R}}_0\boldsymbol{\beta}_0=\begin{bmatrix}\boldsymbol{R}_0\\ \mathbf{0}\end{bmatrix}\boldsymbol{\beta}_0=\begin{bmatrix}\boldsymbol{R}_0\boldsymbol{\beta}_0\\ \mathbf{0}\end{bmatrix}.$$

所以，如果 H_0 为真，那么 $E(\boldsymbol{f}_1)=\mathbf{0}$ 且 $\boldsymbol{f}_1\sim N(\mathbf{0},\boldsymbol{I}_q\sigma^2)$. 从而有

$$\frac{1}{\sigma^2}\|\boldsymbol{f}_1\|^2\sim\chi^2_q.$$

我们也知道 $\boldsymbol{f}_1$ 和 $\boldsymbol{r}$ 是相互独立的. 因此，为了求 **F-ratio 统计量**，假设 H_0 成立并利用 A.1.4 节，有

$$F=\frac{\|\boldsymbol{f}_1\|^2/q}{\hat{\sigma}^2}=\frac{\frac{1}{\sigma^2}\|\boldsymbol{f}_1\|^2/q}{\frac{1}{\sigma^2}\|\boldsymbol{r}\|^2/(n-p)}\sim\frac{\chi^2_q/q}{\chi^2_{n-p}/(n-p)}\sim F_{q,n-p},\tag{7.7}$$

这个结果可以用来求假设测验的 p 值. 记住，$\|\boldsymbol{f}_1\|^2$ 是被比较的两个模型残差平方和的差，而 q 是它们自由度的差. 所以也可以将 F 写为

$$F=\frac{(\|\boldsymbol{y}-\boldsymbol{X}_0\hat{\boldsymbol{\beta}}_0\|^2-\|\boldsymbol{y}-\boldsymbol{X}\hat{\boldsymbol{\beta}}\|^2)/\{\dim(\boldsymbol{\beta})-\dim(\boldsymbol{\beta}_0)\}}{\|\boldsymbol{y}-\boldsymbol{X}\hat{\boldsymbol{\beta}}\|^2/\{n-\dim(\boldsymbol{\beta})\}}.$$

7.1.5 影响矩阵

影响矩阵（**帽子矩阵**）是线性模型的一个有用的矩阵. 用数据向量 $\boldsymbol{y}$ 后乘这个矩阵会生成拟合值向量 $\hat{\boldsymbol{\mu}}$. 回想 $\boldsymbol{Q}_f$ 的定义，它是 $\boldsymbol{Q}$ 的前 p 列，$\boldsymbol{f}=\boldsymbol{Q}_f^{\mathrm{T}}\boldsymbol{y}$，所以

$$\hat{\boldsymbol{\beta}}=\boldsymbol{R}^{-1}\boldsymbol{Q}_f^{\mathrm{T}}\boldsymbol{y}.$$

此外，$\hat{\boldsymbol{\mu}}=\boldsymbol{X}\hat{\boldsymbol{\beta}}$ 并且 $\boldsymbol{X}=\boldsymbol{Q}_f\boldsymbol{R}$，所以

$$\hat{\boldsymbol{\mu}}=\boldsymbol{Q}_f\boldsymbol{R}\boldsymbol{R}^{-1}\boldsymbol{Q}_f^{\mathrm{T}}\boldsymbol{y}=\boldsymbol{Q}_f\boldsymbol{Q}_f^{\mathrm{T}}\boldsymbol{y}.$$

因此矩阵 $\boldsymbol{A}\equiv\boldsymbol{Q}_f\boldsymbol{Q}_f^{\mathrm{T}}$ 是使得 $\hat{\boldsymbol{\mu}}=\boldsymbol{A}\boldsymbol{y}$ 的影响矩阵.

影响矩阵有两个有趣的性质. 首先，影响矩阵的迹是模型中（可识别的）参数的个数，因为

$$\mathrm{tr}(\boldsymbol{A})=\mathrm{tr}(\boldsymbol{Q}_f\boldsymbol{Q}_f^{\mathrm{T}})=\mathrm{tr}(\boldsymbol{Q}_f^{\mathrm{T}}\boldsymbol{Q}_f)=\mathrm{tr}(\boldsymbol{I}_p)=\boldsymbol{p}.$$

其次，$\boldsymbol{AA}=\boldsymbol{A}$，该性质称为**幂等性**. 证明很简单：

$$\boldsymbol{AA}=\boldsymbol{Q}_f\boldsymbol{Q}_f^{\mathrm{T}}\boldsymbol{Q}_f\boldsymbol{Q}_f^{\mathrm{T}}=\boldsymbol{Q}_f\boldsymbol{I}_p\boldsymbol{Q}_f^{\mathrm{T}}=\boldsymbol{Q}_f\boldsymbol{Q}_f^{\mathrm{T}}=\boldsymbol{A}.$$

7.1.6 残差 $\hat{\boldsymbol{\epsilon}}$ 和拟合值 $\hat{\boldsymbol{\mu}}$

影响矩阵对获得拟合值 $\hat{\boldsymbol{\mu}}$ 和残差 $\hat{\boldsymbol{\epsilon}}$ 的性质有帮助. $\hat{\boldsymbol{\mu}}$ 是无偏的，因为 $E(\hat{\boldsymbol{\mu}})=E(\boldsymbol{X}\hat{\boldsymbol{\beta}})=\boldsymbol{X}E(\hat{\boldsymbol{\beta}})=\boldsymbol{X}\boldsymbol{\beta}=\boldsymbol{\mu}$. 拟合值的协方差矩阵是从以下事实获得的：$\hat{\boldsymbol{\mu}}$ 是随机向量 $\boldsymbol{y}$ 的线性变换，$\boldsymbol{y}$ 具有协方差矩阵 $\boldsymbol{I}_n\sigma^2$，因此，利用 1.5 节中式 (1.5)，由 $\boldsymbol{A}$ 的幂等性（和对称性），有

$$\boldsymbol{V}_{\hat{\boldsymbol{\mu}}}=\boldsymbol{A}\boldsymbol{I}_n\boldsymbol{A}^{\mathrm{T}}\sigma^2=\boldsymbol{A}\sigma^2,$$

$\hat{\boldsymbol{\mu}}$ 的分布是退化的多元正态分布.

类似的讨论对残差也适用：

$$\hat{\boldsymbol{\epsilon}}=\boldsymbol{y}-\hat{\boldsymbol{\mu}}=(\boldsymbol{I}-\boldsymbol{A})\boldsymbol{y},$$

所以

$$E(\hat{\boldsymbol{\epsilon}})=E(\boldsymbol{y})-E(\hat{\boldsymbol{\mu}})=\boldsymbol{\mu}-\boldsymbol{\mu}=\boldsymbol{0}.$$

在拟合值的情况下，我们有

$$\boldsymbol{V}_{\hat{\boldsymbol{\epsilon}}}=(\boldsymbol{I}_n-\boldsymbol{A})\boldsymbol{I}_n(\boldsymbol{I}_n-\boldsymbol{A})^{\mathrm{T}}\sigma^2=(\boldsymbol{I}_n-2\boldsymbol{A}+\boldsymbol{AA})\sigma^2=(\boldsymbol{I}_n-\boldsymbol{A})\sigma^2.$$

同样，残差的分布是退化的正态分布. 残差的结果对于模型检验是有用的，因为模型正确的话残差可被标准化为具有恒定方差.

7.1.7 线性模型的几何形式

线性模型的最小二乘估计等于找到由 n 维响应数据 $\boldsymbol{y}$ 到 $\boldsymbol{X}$ 的列所张成的 p 维线性子空间上的正交投影. 线性模型表明 $E(\boldsymbol{y})$ 位于由 $n\times p$ 模型矩阵 $\boldsymbol{X}$ 的列所有可能的线性组合所张成的空间中，最小二乘要在欧氏距离空间中找到最接近 $\boldsymbol{y}$ 的点. 图 7-1 阐述了模型的几何形式.

$$\begin{bmatrix}0.05\\0.40\\0.65\end{bmatrix}=\begin{bmatrix}1&0.1\\1&1\\1&0.6\end{bmatrix}\begin{bmatrix}\beta_0\\\beta_1\end{bmatrix}+\begin{bmatrix}\epsilon_1\\\epsilon_2\\\epsilon_3\end{bmatrix}.$$

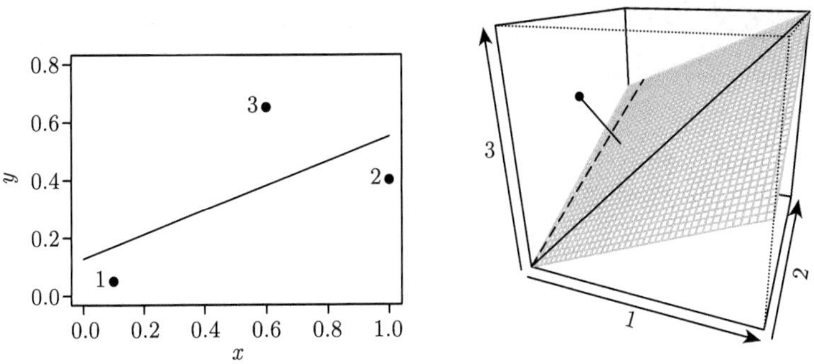

图 7-1　最小二乘的几何解释. 左图：拟合 x, y 的 3 个数据的一条直线. 右图：空间中数据的 y 坐标定义单个点，模型矩阵的列（实线和虚线）所张成的子空间用灰色表示. $E(\boldsymbol{y})$ 的最小平方估计是数据点到模型子空间的正交投影

7.1.8　$\boldsymbol{X}$ 的结果

目前为止我们展示的是在实际中用于拟合线性模型的方法（利用 QR 分解①）. 通过这种方法，可以简洁地得到式 (7.6) 和式 (7.7) 的结果，无须使用高等线性代数. 然而，由于历史原因，这些结果更常见于模型矩阵 $\boldsymbol{X}$，而不是其 QR 分解的分量.

首先考虑 $\hat{\boldsymbol{\beta}}$ 的协方差矩阵. 这变成了$(\boldsymbol{X}^{\mathrm{T}}\boldsymbol{X})^{-1}\sigma^2$，很容易看出它等价于式 (7.4)：

$$\boldsymbol{V}_{\hat{\boldsymbol{\beta}}} = (\boldsymbol{X}^{\mathrm{T}}\boldsymbol{X})^{-1}\sigma^2 = (\boldsymbol{R}^{\mathrm{T}}\boldsymbol{Q}_f^{\mathrm{T}}\boldsymbol{Q}_f\boldsymbol{R})^{-1}\sigma^2 = (\boldsymbol{R}^{\mathrm{T}}\boldsymbol{R})^{-1}\sigma^2 = \boldsymbol{R}^{-1}\boldsymbol{R}^{-\mathrm{T}}\sigma^2.$$

最小二乘估计的表达式是 $\hat{\boldsymbol{\beta}} = (\boldsymbol{X}^{\mathrm{T}}\boldsymbol{X})^{-1}\boldsymbol{X}^{\mathrm{T}}\boldsymbol{y}$，它等价于式 (7.3)：

$$\hat{\boldsymbol{\beta}} = (\boldsymbol{X}^{\mathrm{T}}\boldsymbol{X})^{-1}\boldsymbol{X}^{\mathrm{T}}\boldsymbol{y} = \boldsymbol{R}^{-1}\boldsymbol{R}^{-\mathrm{T}}\boldsymbol{R}^{\mathrm{T}}\boldsymbol{Q}_f^{\mathrm{T}}\boldsymbol{y} = \boldsymbol{R}^{-1}\boldsymbol{Q}_f^{\mathrm{T}}\boldsymbol{y} = \boldsymbol{R}^{-1}\boldsymbol{f}.$$

那么影响矩阵可以写为 $\boldsymbol{A} = \boldsymbol{X}(\boldsymbol{X}^{\mathrm{T}}\boldsymbol{X})^{-1}\boldsymbol{X}^{\mathrm{T}}$. 这些结果是理论上的，通常不用于计算目的.

7.1.9　互动和可识别性

之前的理论假设 $\boldsymbol{X}$ 是满秩的. 在使用因子时要加以注意来确保这个条件成立. 当考虑简单的线性模型时，问题很容易理解：

$$y_i = \alpha + \gamma_{k(i)} + \epsilon_i,$$

其中 α 和 γ_k 是参数，$k(i)$ 给出了 i 所属的观测值的组. 从概念上讲这个模型是很合理的：α 是总体平均值，γ_k 是第 k 组的元素造成的与总体平均值的偏差. 问题

① 通过求解 $\boldsymbol{X}^{\mathrm{T}}\boldsymbol{X}\hat{\boldsymbol{\beta}} = \boldsymbol{X}^{\mathrm{T}}\boldsymbol{y}$，一些程序仍然可以拟合模型，但比这里描述的旋转法计算稳定性差，虽然它稍快一些.

在于 α 和 γ_k 是不可识别的. 任意常数 c 可以被加到 α 上并同时被从所有 γ_k 中减去，而不改变 y_i 的模型预测分布. 因此我们无法使模型参数由数据唯一确定. 这种识别性的缺乏直接导致 $\boldsymbol{X}$ 秩亏，通过写出模型矩阵的示例很容易看出这一点. 假设，有任意 3 个组，使得

$$\boldsymbol{X}=\begin{bmatrix}1&1&0&0\\1&.&.&.\\1&1&0&0\\1&0&1&0\\1&.&.&.\\1&0&1&0\\1&0&0&1\\1&.&.&.\\1&0&0&1\end{bmatrix}.$$

$\boldsymbol{X}$ 的任意一列是其他 3 列的线性组合，因此矩阵的秩是 3. 可以通过给模型参数一个单线性约束来消除它的缺乏可识别性，最简单的方法是将参数之一设为零. 它可以是 α，但是一种可以推广到多因子模型的选择是让 α 任意取值，而将因子的第一级设为零，从而将模型矩阵相应的列去掉并恢复满秩. 如果你用 m 因子变量和截距写出一个例子模型，你会看到需要 m 个约束条件. 将每个因子的第一级设为零是一种简单的自动生成方法，在 R 中这也是默认的. 注意，这些约束不会改变模型对响应分布的描述. 改变的只是对参数的解释：α 现在是第一级因子的均值，而 γ_2，γ_3 等是每个因子水平和第一个因子水平之间的差.

通常在线性模型中，我们会对涉及几个预测变量的“交互”项感兴趣. 正规来说，当一个预测变量的参数依赖于另一个预测变量时（例如，年龄本身的回归斜率取决于因子变量性别），模型中就产生了交互作用. 结果证明，与交互相关联的模型矩阵列是由交互的所有可能的成对乘积给出的. 此外，如果这些效应是可识别的（可能通过已经施加的约束），那么以这种方式构造的交互也是可识别的. 这是在假设数据足以估计效果的条件下：例如，如果该类别不包含任何的个体的话，那么我们不能估计一个样本中超过 50 岁与每周运动超过 5 小时之间的相互作用系数.

作为例子，考虑这样一个模型：它有两个因子和一个度量变量，两个因子和度量变量的第一个分量之间具有相互作用. 为了简便，假设每个因素有两个等级. 模型为

$$y_i=\alpha+\gamma_{k(i)}+\delta_{j(i)}+\eta_{k(i),j(i)}+\nu x_i+\omega_{k(i)}x_i+\epsilon_i.$$

假设有 14 个观测值，前 8 个为第一级的第一个因子，剩余的来自第二级，并且观测值在第二个因子的 1 级和 2 级之间交替. 那么利用刚才描述的简单约束，秩亏全模型矩阵为左侧矩阵，而响应的全秩矩阵为右侧矩阵：

$$\begin{bmatrix} 1 & 1 & 0 & 1 & 0 & 1 & 0 & 0 & 0 & x_1 & x_1 & 0 \\ 1 & 1 & 0 & 0 & 1 & 0 & 0 & 1 & 0 & x_2 & x_2 & 0 \\ 1 & 1 & 0 & 1 & 0 & 1 & 0 & 0 & 0 & x_3 & x_3 & 0 \\ 1 & 1 & 0 & 0 & 1 & 0 & 0 & 1 & 0 & x_4 & x_4 & 0 \\ 1 & 1 & 0 & 1 & 0 & 1 & 0 & 0 & 0 & x_5 & x_5 & 0 \\ 1 & 1 & 0 & 0 & 1 & 0 & 0 & 1 & 0 & x_6 & x_6 & 0 \\ 1 & 1 & 0 & 1 & 0 & 1 & 0 & 0 & 0 & x_7 & x_7 & 0 \\ 1 & 1 & 0 & 0 & 1 & 0 & 0 & 1 & 0 & x_8 & x_8 & 0 \\ 1 & 0 & 1 & 1 & 0 & 0 & 1 & 0 & 0 & x_9 & 0 & x_9 \\ 1 & 0 & 1 & 0 & 1 & 0 & 0 & 0 & 1 & x_{10} & 0 & x_{10} \\ 1 & 0 & 1 & 1 & 0 & 0 & 1 & 0 & 0 & x_{11} & 0 & x_{11} \\ 1 & 0 & 1 & 0 & 1 & 0 & 0 & 0 & 1 & x_{12} & 0 & x_{12} \\ 1 & 0 & 1 & 1 & 0 & 0 & 1 & 0 & 0 & x_{13} & 0 & x_{13} \\ 1 & 0 & 1 & 0 & 1 & 0 & 0 & 0 & 1 & x_{14} & 0 & x_{14} \end{bmatrix} \rightarrow \begin{bmatrix} 1 & 0 & 0 & 0 & x_1 & 0 \\ 1 & 0 & 1 & 0 & x_2 & 0 \\ 1 & 0 & 0 & 0 & x_3 & 0 \\ 1 & 0 & 1 & 0 & x_4 & 0 \\ 1 & 0 & 0 & 0 & x_5 & 0 \\ 1 & 0 & 1 & 0 & x_6 & 0 \\ 1 & 0 & 0 & 0 & x_7 & 0 \\ 1 & 0 & 1 & 0 & x_8 & 0 \\ 1 & 1 & 0 & 0 & x_9 & x_9 \\ 1 & 1 & 1 & 1 & x_{10} & x_{10} \\ 1 & 1 & 0 & 0 & x_{11} & x_{11} \\ 1 & 1 & 1 & 1 & x_{12} & x_{12} \\ 1 & 1 & 0 & 0 & x_{13} & x_{13} \\ 1 & 1 & 1 & 1 & x_{14} & x_{14} \end{bmatrix}$$

现在考虑一个一般的 $n \times p$ 模型矩阵 $\boldsymbol{X}$，它的秩 $r < p$，响应的参数向量是 $\boldsymbol{\beta}$. 最小二乘所做的就是在由 $\boldsymbol{X}$ 的列张成空间中找到尽可能接近 $\boldsymbol{y}$ 的点（在欧几里得距离的意义上）. 所以我们可以通过定义 $\boldsymbol{\beta} = \boldsymbol{C}\tilde{\boldsymbol{\beta}}$ 来解决秩亏的问题，其中 $\boldsymbol{C}$ 是使得 $\tilde{\boldsymbol{X}} = \boldsymbol{X}\boldsymbol{C}$ 秩为 r（满秩）的任意 $p \times r$ 阶矩阵. $\tilde{\boldsymbol{\beta}}$ 是约束参数的 r 向量，$\tilde{\boldsymbol{X}}$ 是对应的模型矩阵. 这种观测值表明我们有很大的自由度来定义约束矩阵 $\boldsymbol{C}$，使得约束参数是有意义的. 这些替代的约束参数化被称为替代**对比**.

7.2 R 中的线性模型

R 中的 `lm` 函数用于将线性模型拟合到数据，并且是用于拟合标准类模型的很多其他函数的原型. `lm` 的第一个参数是一个**模型公式**，用于指定响应变量和模型矩阵的结构. 第二个（可选）参数是包含模型公式指向的变量的数据框. 在给定所有必要的可识别性约束后，`lm` 完全用前面描述的 QR 方法来估计模型. 它返回类型为 `"lm"` 的拟合模型对象.

返回的拟合模型对象可以通过各种方法函数来查询，用于打印、汇总、生成残差图等. 下面是一个简单的例子，其中的数据由

$$y_i = \alpha + \gamma_{k(i)} + \delta x_i + \epsilon_i$$

模拟得到，然后用最小二乘法从结果数据来估计参数:

```
> set.seed(0);g <- rep(1:3,10); x <- runif(30)
> y <- 1 + x + g + rnorm(30) * 0.5
> g <- factor(g)
> dat <- data.frame(y=y,g=g,x=x)
>
> mod <- lm(y ~ g + x,dat)
> mod ## 为 mod 调用输出方法

Call:
lm(formula = y ~ g + x, data = dat)

Coefficients:
(Intercept)         g2          g3           x
     2.0362     0.9812      2.1461      0.8590
```

模型的结构是由公式 `y ~ g + x` 来指定的，其中g被指定为 `"factor"` 类型，这使它在模型拟合中被当作因子. `lm` 在这里自动实现了可识别性约束，将因子 `g` 的第一个系数设为零，因此现在的截距是因子 `g` 的级别 1 的截距.

也可以获得如下关于模型的更深入的总结:

```
> summary(mod)

Call:
lm(formula = y ~ g + x, data = dat)

Residuals:
     Min       1Q   Median       3Q      Max
-0.64293 -0.26466 -0.07511 0.27505 0.89931

Coefficients:
            Estimate Std. Error t value Pr(>|t|)
(Intercept) 2.0362 0.2023  10.067 1.84e-10 ***
g2          0.9812  0.1873  5.237  1.80e-05 ***
g3          2.1461  0.1849  11.605 8.76e-12 ***
x           0.8590  0.2579  3.331  0.0026 **
--
Signif. codes: 0 '***' 0.001 '**' 0.01 '*' 0.05 '.' 0.1
```

```
Residual standard error: 0.411 on 26 degrees of freedom
Multiple R-squared: 0.8436, Adjusted R-squared: 0.8256
F-statistic: 46.75 on 3 and 26 DF, p-value: 1.294e-10
```

在输出模型调用和残差分布的概要之后，系数表给出了参数估计值和它们的标准误差，以及用于测试每个参数是否等于零的 t 统计量和这种测试的 p 值（基于 7.1.3 节）. 注意如何通过相关联的预测变量的名称来识别系数（R 不知道我们会选择什么来调用系数，它只知道关联变量）. 利用 2.7 节的结果，来自该表的输出也能用来计算模型系数的置信区间. 剩余标准差是 $\hat{\sigma}$，而 F 统计量是用于测试零假设的 F 比，零假设是一种对于平均响应来说常数与模型实际的拟合值一样好的情形. 在这种情况下，相关联的 p 值并不适用.

R 平方统计量是模型与响应数据接近程度的测度. 它的基本思想是，拟合后剩余的未解释的部分变异性是残差的变异性，因此未解释的变异性的比例是剩余方差与 y_i 的原始方差的比值. 1 减去未解释的方差是解释的方差：

$$r^2 = 1 - \frac{\sum_i \hat{\epsilon}_i^2/n}{\sum_i (y_i - \bar{y})^2/n}.$$

这种传统定义（n 可以取消）使用有偏方差估计量. 结果 r^2 会过高地估计模型的效果. **调整后的** r^2 通过使用无偏估计量，在某种程度上避免了这种过高估计，

$$r^2_{\text{adj}} = 1 - \frac{\sum_i \hat{\epsilon}_i^2/(n-p)}{\sum_i (y_i - \bar{y})^2/(n-1)},$$

其中 p 是模型参数的个数. r^2_{adj} 可以为负. ①

高 r^2 值（接近 1）表示拟合很贴切，但低 r^2 值不一定表示差的模型：也许它只是表示数据有很多随机分量.

7.2.1 模型公式

在 R 中，模型公式用于指定响应变量和模型结构. 考虑这个例子：

```
y ~ x + log(z) + x:z
```

~ 左边的变量指定响应变量，右边的所有表达式则指定如何设置模型矩阵. "+"表示包含它左边的变量和它右边的变量（它不表示左右求和）. ":"表示它左右变量之间的相互作用. 所以如果 x 是一个度量变量，那么上面的公式指定

$$y_i = \beta_1 + \beta_2 x_i + \beta_3 \log(z_i) + \beta_4 x_i z_i + \epsilon_i.$$

① 这发生在模型对数据的拟合是纯虚数的情况下.

而如果 x 是一个因子变量，那么模型是

$$y_i = \beta_1 + \gamma_{k(i)} + \beta_2 \log(z_i) + \alpha_{k(i)} z_i + \epsilon_i.$$

注意截距项是如何用默认值包含在里面的.

除了“+”和“:”，下面几个其他的符号在模型公式中也有特殊含义.

- “*”表示包含主效应和交互作用，所以 `a * b` 与 `a + b + a:b` 相同.
- “^”用于包含达到指定级别的主效应和交互作用. 所以 `(a+b+c)^2` 等价于 `a + b + c + a:b + a:c +b:c`，而 `(a+b+c)^3` 也会增加 `a:b:c`. 注意，此运算符不会产生你可能期望的度量变量的所有二阶项.
- “-”排除掉一些本来可能包含的项. 例如，`-1` 排除了默认情况下会包含的截距，而 `x * z - z` 会生成 `x + x:z`.

正如我们已经看到的，你可以在模型公式中使用简单的数学函数来变换变量，但是在关于函数的讨论之外，通常的算术运算符都有特殊的含义. 这意味着如果我们想将一般的算术意义复原到一个公式的运算符中，那么必须采取特殊措施，通过将表达式作为恒等函数 `I()` 的变量来做到这一点. 例如，`y ~ I(x+z)` 将指定模型 $y_i = \alpha + \beta(x_i + z_i) + \epsilon_i$. 有时模型矩阵会包含相应的 β 系数固定为 1 的列. 这样的列被称为 **offset**: `offset (z)` 会包含这种类型的列 `z`. 更多细节请参见 R 中的 `?formula`.

7.2.2　模型检测

与所有统计建模一样，在进行正式的统计推断之前检查线性模型的可信度是很重要的. 对于一个明显错误的模型，计算 AIC、进行假设检验或求置信区间都是无意义的，因为所有这些过程都要基于可信的模型. 对于线性模型，关键的假设是关于恒定方差和独立性的，有任何违反这些假设的证据时都应该检验残差. 如果其他假设可行，那么还需要检验残差的正态性，但中心极限定理倾向于认为，相对于其他假设，正态性是第二重要的.

通常恒定方差的假设不成立，因为方差实际上取决于响应的平均值，所以画出 $\hat{\epsilon}_i$ 和 $\hat{\mu}_i$ 的图可能是非常有用的. 当在空间或时间上接近的观测值相关时，或当模型的均值结构出错时，例如忽略了一个预测变量，或者包含一个错误的预测变量（例如，本应是二次效应的时候，将它指定为线性的），独立性会不成立. 画出残差与预测变量和潜在预测变量的图，以及在空间和时间上对相关度进行估计都是有用的.

另一件要检验的事是确定一些个体观测值是否对模型结果有不当的影响. 残差很大的点有时可能是有问题的：也许它们被错误地记录了，也许它们只是与其他数据是来自不同总体的观测值. 对大的异常值要进行调查. 有时是相应的观测值有问

题，那么在分析时排除这些点是合理的，但有时，经过更仔细的调查，这些观测值包含数据集中最有趣的信息. 如果除了本身是异常值之外，这些值看上去没有什么不寻常的，那么最好对有和没有这些点的情况进行重复分析，以检查结论对这些点的敏感性. 然而，几乎在任何时候，异常值都不应该因为异常而被简单地舍弃（如果 Geiger 和 Marsden 舍弃了 1909 年 Rutherford 的实验中的异常值，那么他们就无法发现原子中的原子核）.

一个与此相关的问题是关于杠杆的：一些点具有不当的影响，不是因为它们的响应变量明显地偏离直线，而是因为预测变量的不寻常组合使得整个拟合对相应的响应观测值过度敏感. 图 7-2 说明了这一点.

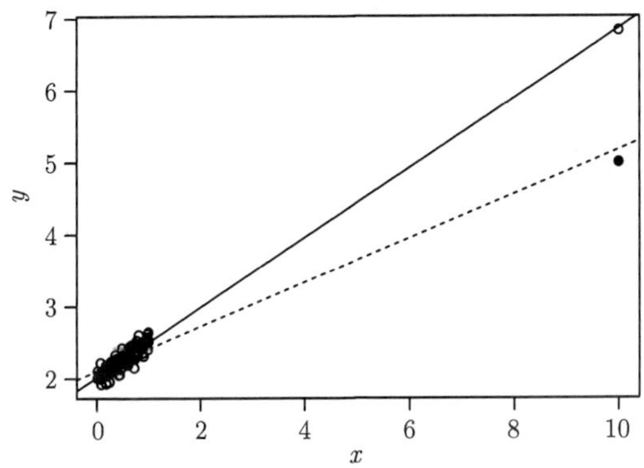

图 7-2 杠杆：基本问题. 黑色实线为用最小二乘拟合 100 个空心圆代表的数据所得的直线. 在这种情况下，对所有数据的拟合是合理的. 虚线为 $x=10$ 处的点移动到黑色圆点处时的最小二乘拟合直线. 为了容纳远离其他点的数据，直线对其余 99 个数据的拟合变得很差

作为一些基本的模型检测的例子，考虑 R 中提供的 `cars` 数据的一个模型. 数据给出了 20 世纪 20 年代收集的汽车以每小时 `speed` 英里（1 英里 = 1.6093 千米）的速度停下来时所需的停止距离 `dist` 英尺（1 英尺 = 0.000 304 8 千米）. 理论上，汽车的停止距离由驾驶员反应距离和制动距离构成. 前者来自于驾驶员响应停止信号并使用制动器所花费的固定时间长度，因此该距离应该与速度成正比. 一旦施加制动，该距离就由制动器消耗汽车动能的速率确定. 制动器消耗的动能与所行驶距离成正比，并且消耗的能量总量与速度的平方成比例，因此该距离的分量应该与初始速度的平方成比例，从而有模型

$$\texttt{dist}_i = \beta_0 + \beta_1 \texttt{speed}_i + \beta_2 \texttt{speed}_i^2 + \epsilon_i$$

（如果模型背后的推理是正确的，那么 β_0 应该近似为零）. 让我们用 `cars` 数据来拟合这个模型并检查一个 `"lm"` 对象的默认残差图：

```
b <- lm(dist ~ speed + I(speed^2),data=cars)
par(mfrow=c(2,2))
plot(b)
```

结果见图 7-3. 左上角 $\hat{\epsilon}_i$ 与 $\hat{\mu}_i$ 的图显示方差会随着均值增加，这会有些违反恒定方差的假设，尽管在这里效应不太极端. 我们要找到的另一个特征是，当拟合值改变时残差的平均值的模式. 实曲线表示残差的移动平均值，它有助于判断：这里没有明显的模式，这是好的. 其余的图给出了标准化的残差 $\hat{\epsilon}_i/(\hat{\sigma}\sqrt{1-A_{ii}})$，如果模型正确的话，它应该近似服从 $N(0,1)$ 分布（见 7.1.6 节）. 左下图展示的是标准化残差的绝对值的平方根与拟合值（还是移动平均曲线）. 如果一切正常的话，纵轴上的点应该是平均分布的，它们的平均值没有任何趋势. 平均值的趋势可以表明恒定方差假设的问题，在这个例子中显然是存在的. 右上图是有序标准残差与标准正态分布的分位数的图：图的右上角处系统地偏离直线，这表明残差偏离了正态性. 右下图通过画出标准化残差与杠杆的一个测度 A_{ii} 来考察残差的杠杆和影响.

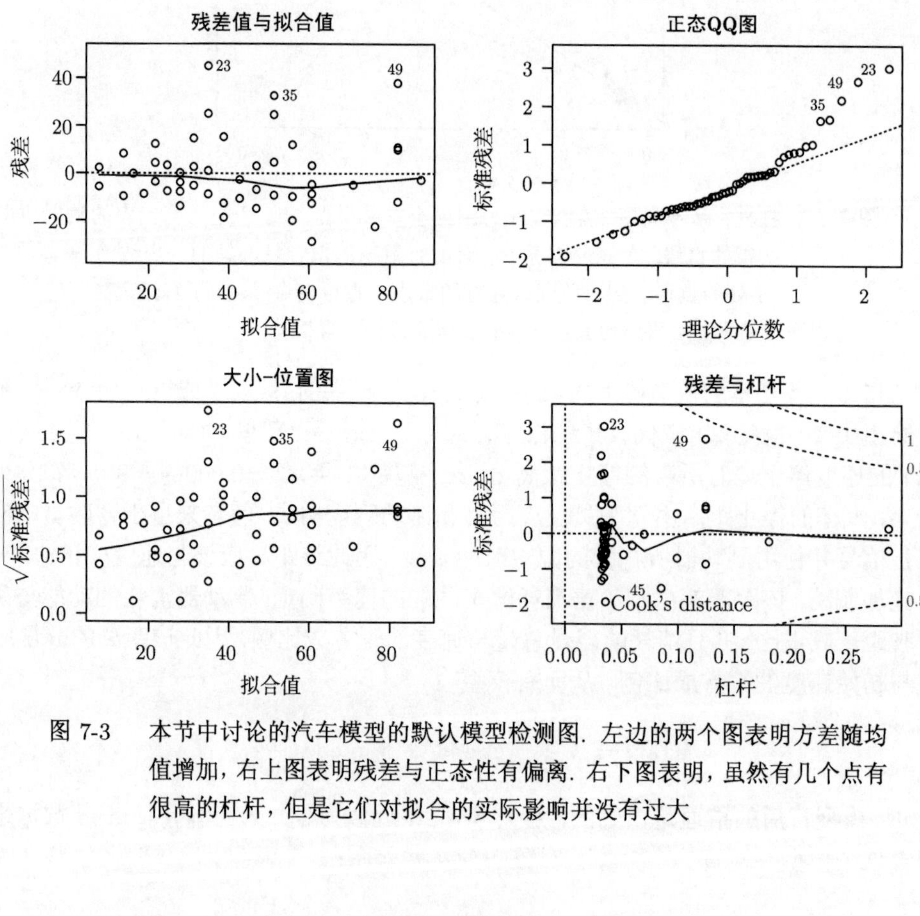

图 7-3 本节中讨论的汽车模型的默认模型检测图. 左边的两个图表明方差随均值增加，右上图表明残差与正态性有偏离. 右下图表明，虽然有几个点有很高的杠杆，但是它们对拟合的实际影响并没有过大

高残差和高杠杆结合表示一个点对拟合具有实质影响. 测量这一点的标准方法是用**库克距离**，它测量的是省略问题中的数据点时所有模型拟合值的变化. 结果表明库克距离是 A_{ii} 和标准残差的函数，因此库克距离值的等高线显示在图上. 库克距离超过 0.5 时，我们认为处于问题的边界，而超过 1 的值通常被认为有高度影响，所以对这些等高线右边的点有必要进行调查. 这里似乎没有什么问题.

给出这些图后，一个明显可以尝试的模型是可变性随速度增加的模型，例如，$\epsilon_i \sim N(0, \sigma^2 \texttt{speed}_i)$.

`lm(dist ~ speed + I(speed^2),data=cars,weights=1/speed)` 可以拟合并确实有所改善，但是注意，在大多数严谨的分析中，我们需要画出残差与预测变量的图，而不是完全依赖于默认的图，因此需要往下进行.

7.2.3 预测

在拟合模型之后，一个常见任务是在预测变量的新值处预测模型的期望响应. 这很容易：只要用新的预测变量值来创建**预测矩阵** $\boldsymbol{X}^p$，其与用初始值创建 $\boldsymbol{X}$ 完全相同. 那么预测变量为 $\hat{\boldsymbol{\mu}}^p = \boldsymbol{X}^p\hat{\boldsymbol{\beta}}$，且 $\hat{\boldsymbol{\mu}}^p \sim N(\boldsymbol{\mu}^p, \mathbf{X}^p(\boldsymbol{X}^{\mathrm{T}}\boldsymbol{X})^{-1}\boldsymbol{X}^{pT}\sigma^2)$. 在 R 中，方法函数 `predict.lm` 将过程自动化. 以下代码用它将具有 2 个标准误差带的预测距离曲线添加到了汽车数据的图中：

```
with(cars,plot(speed,dist))
dat <- data.frame(speed = seq(0,25,length=100))
fv <- predict(b,newdata=dat,se=TRUE)
lines(dat$speed,fv$fit)
lines(dat$speed,fv$fit + 2 * fv$se.fit,lty=2)
lines(dat$speed,fv$fit - 2 * fv$se.fit,lty=2)
```

结果见图 7-4.

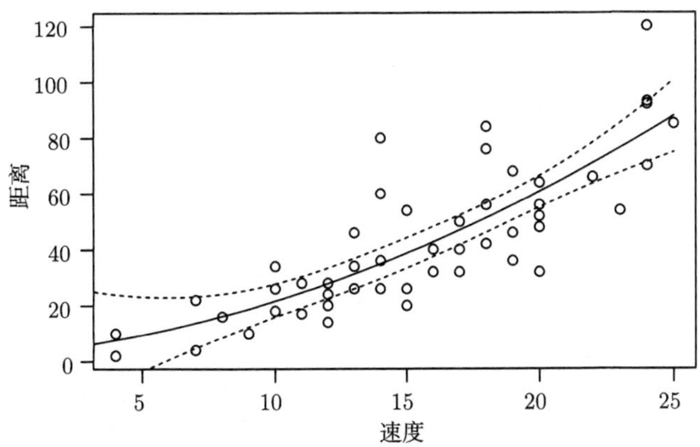

图 7-4 将拟合的汽车模型预测值加入到观测数据中，如本节所讨论的一样

7.2.4 解释、相关性和混杂

在对汽车模型进行总结测试时，发生了一些奇怪的现象：

```
> summary(b)

Call:
lm(formula = dist ~ speed + I(speed^2),data = cars)

Residuals:
   Min      1Q Median     3Q   Max
-28.720 -9.184  -3.188  4.628 45.152

Coefficients:
            Estimate Std. Error t value Pr(>|t|)
(Intercept) 2.47014 14.81716 0.167 0.868
speed       0.91329 2.03422 0.449 0.656
I(speed^2) 0.09996 0.06597 1.515 0.136

Residual standard error: 15.18 on 47 degrees of freedom
Multiple R-squared: 0.6673, Adjusted R-squared: 0.6532
F-statistic: 47.14 on 2 and 47 DF, p-value: 5.852e-12
```

所有模型项的 p 值都非常高，尽管来自模型的预测值作为一个整体清楚地表明我们有理由认为该模型优于零或恒定模型. 这些 p 值不能作为所有项可以从模型中舍弃的指示，但为什么不能呢？答案是，p 值要测试**如果其他项保留在模型中**（即非零），对应的系数是否真的可能为零. 如果各个系数的估计量是不独立的，那么舍弃一项（将其设置为零）会改变其他系数的估计以及它们的 p 值. 因为这个原因，如果我们考虑舍弃项的话，那么应该一次只舍弃一个，在每次舍弃后重新拟合. 单个被舍弃的项是具有高 p 值的那一个一般来说是合理的. 只有当所有的系数估计量都相互独立的时候，我们才能使用这种谨慎的方法并一次性舍弃一个模型中所有高 p 值的项. 然而，这种独立性通常只存在于“平衡”数据的模型中，这些数据是由专门设计的实验生成的.

估计量之间缺乏独立性对解释估计量造成了困难. 基本问题是参数估计量之间的相关性通常源于与参数相关的变量之间的相关性，但是如果预测变量相关的话，就不可能通过检查模型拟合的结果来完全分离它们对响应的影响. 作为示例，考虑使用身高和体重作为预测变量对一组患者中的血压进行建模. 下面是一个简单的模拟，其中真正驱动血压的是体重，但身高和体重是相关的：

```
n <- 50; set.seed(7)
height <- rnorm(n,180,10)
weight <- height^2/400+rnorm(n)*5
bp <- 80 + weight/2 + rnorm(n)*10
```

现在拟合 $\texttt{bp}_i = \beta_0 + \beta_1\texttt{height}_i + \beta_2\texttt{weight}_i + \epsilon_i$，并进行概括：

```
> summary(lm(bp~height+weight))
...
Coefficients:
            Estimate Std. Error t value Pr(>|t|)
(Intercept) 32.76340 30.57422 1.072 0.2894
height      0.45497  0.26894  1.692 0.0973 .
weight      0.09462  0.27248  0.347 0.7299
...
```

在这个例子中，对血压的大部分影响已经归因于身高，基本上是因为身高和体重之间的相关性约为 0.9，所以无法确定哪个变量在驱动反应. 对两个单效应模型的对比加强了困难性：

```
> summary(lm(bp~height))
...
Coefficients:
            Estimate Std. Error t value Pr(>|t|)
(Intercept) 25.4937 22.0782 1.155 0.254
height      0.5382  0.1209  4.453 5.05e-05 ***
...
> summary(lm(bp~weight))
...
Coefficients:
            Estimate Std. Error t value Pr(>|t|)
(Intercept) 81.3987 10.6049 7.676 6.83e-10 ***
weight      0.5054  0.1260  4.012 0.00021 ***
...
```

注意其他相关预测量的出现如何改变了两个模型的系数（height 的真实系数值为 0，weight 为 0.5）. 另一种看待这一点的方式是，在这些数据中，height 可以很好地替代 weight，以至于我们无法判断体重与它的替代者哪个才是更好的预测量. 经过思考，确定哪个是因果变量的唯一方法是控制另一个. 也就是说，保持身高为常数，找到一种方法来比较不同的体重，然后保持体重为常数来比较不同的身高. 病例控制研究就是用这种方式来操作，尽量区分除了被研究的变量之外其余相关变量都匹配的成对的患者.

一个明显相关的问题是隐藏的混杂因子的问题，它是不在模型中的变量，与响应变量和所包含的预测因子中的一个或多个相关. 由于包含的预测变量是混杂因素的替代量，因此它们的系数估计值会被曲解，因为它既包含一个与其直接影响有关的分量，也包含作为混杂因子替代值的与它们的效应相关的分量.

隐藏混杂和相关性的问题是实验设计中基于因果推理（例如决定“这种药物是否有效?”）的主要原因. 通过合理的设计，我们能够保证与实验中控制的不同效应相关的参数是独立的. 此外，通过将实验单元（例如患者）随机分配到因子控制的不同水平，我们可以破坏由实验控制的因子变量与可能是混杂因子的变量之间的任何关联. 见 2.6 节.

7.2.5 模型比较与选择

7.1.4 节的结果使我们能够通过假设检验来比较嵌套的线性模型，R 函数 anova 可以自动实现这一点. 作为示例，考虑对前面的 cars 数据检验零模型 $\texttt{dist}_i = \beta\texttt{speed}_i^2 + \epsilon_i$ 与全模型. 以下代码执行适当的 F 比检验（使用由模型检查提出的方差修正）：

```
> b <- lm (dist~speed+I(speed^2),data=cars,weights=1/speed)
> b0 <- lm(dist~I(speed^2)-1,data=cars,weights=1/speed)
> anova(b0,b)
Analysis of Variance Table

Model 1: dist ~ I(speed^2) - 1
Model 2: dist ~ speed + I(speed^2)
  Res.Df RSS Df Sum of Sq F Pr(>F)
1   49 756.11
2   47 663.42 2 92.693 3.2834 0.04626 *
```

因此在这个例子中存在一些反对零模型的证据. 如果 anova 被单个参数调用，那么通过按顺序从模型中移除项而获得的简单模型的序列会生成一个表. 表的每一行检验序列中的一个模型与序列中最接近的更为复杂的模型. 这些表在平衡设计的实验中才是合理的，在这些实验中效应是相互独立的. 否则 drop1 函数通常会是一个更好的选择：它生成的表是通过 F 比检验来比较全模型和从全模型中去掉单个效果产生的每个模型来得到的.

AIC 函数通过 AIC 比较模型（见 4.6 节）. 例如：

```
> AIC(b0,b)
  df     AIC
b0 2 414.8026
b  4 412.2635
```

这再次表明更大的模型在这里是更好的. BIC 也可用.

模型选择策略

当模型中有大量可能的预测项时，常用模型比较方法来从模型空间中进行尝试和选择，以找到在某种意义下“最好”的模型. 传统的方法是**向后选择**，它从“最大可能的模型”开始，重复删除具有最高 p 值（如 drop1 中报告的一样）的模型项并重新拟合，直到所有 p 值低于某个阈值. **向前选择**从一个简单模型开始，重复添加在 F 比检测最可信的单个预测项，直到没有任何项能产生显著的改善. 理论上来讲，向前选择稍微有点问题，因为在该过程的早期两个被比较的模型可能明显错误，这使得检验的理论基础不成立. 或者更严谨地说，在过程的早期，由于一些重要的项还没有包含在模型中，残余方差可能严重放大，这意味着早期的检验缺乏力度，并且可能结束得太早. 但实际上，它可能是大问题的唯一解决方法. 自然地，还存在**向后–向前**策略，即向后选择和向前选择交替循环直到收敛，从而使前面被舍弃的项有机会再次进入模型.

基于假设检验的选择策略是以某种方式搜索与数据兼容的最简单的模型. 作为这种方法的替代，我们还可以使用 AIC 来比较替代模型. R 中的 step 函数能够自动实现基于 AIC 的向后、向前或向后–向前选择的过程. 在简单的情况下，也可以拟合一些初始最大模型的所有可能的子模型，并且只选择具有最小 AIC 的子模型.

另一种选择方法在预测变量的数量相对于数据的数量来说很大时很常用，它向着零的方向惩罚模型系数，使得当惩罚增加时，许多系数的估计值变为零（见参考文献 [21]）. 例如，模型的拟合问题变为

$$\hat{\boldsymbol{\beta}} = \underset{\beta}{\operatorname{argmin}} \|\boldsymbol{y} - \boldsymbol{X}\boldsymbol{\beta}\|^2 + \lambda \sum_{i=1}^{p} \|\beta_i\|,$$

其中惩罚参数 λ 增加以使模型中连续有更多项被去掉. 显然，必须要小心地对预测变量进行恰当的标准化，从而使这种套索方法行得通.

7.3 扩展

事实证明线性模型非常有用，因此它们在许多方面得到了扩展.

• **线性混合模型**用数据随机可变性的更加丰富的线性结构来讨论线性模型结构（见参考文献 [30]）. 那么基础模型就变为

$$\boldsymbol{y} = \boldsymbol{X}\boldsymbol{\beta} + \boldsymbol{Z}\boldsymbol{b} + \boldsymbol{\epsilon}, \quad \boldsymbol{b} \sim N(\boldsymbol{0}, \boldsymbol{\psi}), \quad \boldsymbol{\epsilon} \sim N(\boldsymbol{0}, \boldsymbol{I}\sigma^2),$$

其中 $\boldsymbol{\beta}$、σ^2 和 $\boldsymbol{\psi}$ 现在是参数（由于 $\boldsymbol{\psi}$ 通常具有一些结构，因此它实际上只依赖于一小组参数 $\boldsymbol{\theta}$）. $\boldsymbol{Z}$ 是一个模型矩阵，它指定响应的随机结构如何依赖于随机效应

$\boldsymbol{b}$. 现在就是利用 $\boldsymbol{y} \sim N(\boldsymbol{X\beta}, \boldsymbol{I}\sigma^2 + \boldsymbol{Z}\psi\boldsymbol{Z}^{\mathrm{T}})$，基于极大似然估计进行推断（并且在实际问题中通常利用 $\boldsymbol{Z}$ 和 ψ 的一些特殊结构）. 一个有意思并且在计算上有用的事实是，给定其余的参数，$\hat{\beta}$ 和 $\boldsymbol{b}|\boldsymbol{y}$ 使得

$$\|\boldsymbol{y} - \boldsymbol{X\beta} - \boldsymbol{Zb}\|^2/\sigma^2 + \boldsymbol{b}^{\mathrm{T}}\boldsymbol{\psi}^{-1}\boldsymbol{b}$$

取得最小值，这是一个惩罚最小二乘问题. 见 R 的 `nlme` 库中的 `lme`.

• **广义线性模型**（GLM）允许响应变量具有一些指数族分布（泊松分布、伽马分布、二项分布等），而均值结构中也允许一些非线性的出现（见参考文献 [26]）. 定义 $\mu_i = E(y_i)$，一个广义线性模型有如下形式：

$$g(\mu_i) = \boldsymbol{X}_i\boldsymbol{\beta}, \quad y_i \sim EF(\mu_i, \phi),$$

其中 g 是一些已知的单调函数（如恒等函数或对数函数），$\boldsymbol{X}_i$ 是 $\boldsymbol{X}$ 的第 i 行，$EF(\mu_i, \phi)$ 表示具有平均值 μ_i 和尺度参数 ϕ 的一些指数族分布. $\mathbf{X}\beta$ 被称为模型的**线性预测变量**，常记为 $\boldsymbol{\eta}$. 极大似然估计理论为模型估计和这些模型的进一步推断提供了基础，但是本章的线性模型有很多链接. 特别地，注意对于任何指数族分布 $\mathrm{var}(y_i) = V(\mu_i)\phi$，其中 V 是已知函数，事实证明用牛顿法进行极大似然估计与用工作加权线性模型进行迭代估计是等价的，就像下面这样（这里使用了期望黑塞）. 令 $\hat{\mu}_i = y_i + \Delta_i$，$\hat{\eta}_i = g(\hat{\mu}_i)$（其中 Δ_i 是一个小扰动，用于确保 $\hat{\eta}_i$ 的存在），迭代以下两个步骤直到收敛.

(1) 对 $i=1,\cdots,n$，令 $\hat{\eta}_i = g(\hat{\mu}_i)$，$z_i = g'(\hat{\mu}_i)(y_i - \hat{\mu}_i) + \hat{\eta}_i$，且 $w_i = V(\hat{\mu}_i)^{-1}g'(\hat{\mu}_i)^{-2}$.

(2) 计算

$$\hat{\boldsymbol{\beta}} = \underset{\beta}{\operatorname{argmin}} \sum_{i=1}^{n} w_i(z_i - \boldsymbol{X}_i\boldsymbol{\beta})^2$$

且更新 $\hat{\eta}_i = \boldsymbol{X}_i\hat{\boldsymbol{\beta}}$ 和 $\hat{\mu}_i = g^{-1}(\hat{\eta}_i)$.

在收敛点式 (4.5) 变为 $\hat{\boldsymbol{\beta}} \sim N(\boldsymbol{\beta}, (\boldsymbol{X}^{\mathrm{T}}\boldsymbol{WX})^{-1}\phi)$，其中 $\boldsymbol{W}$ 是收敛后的 w_i 的对角矩阵（当然，这是一个大样本估计）. 这些模型的拟合见 R 中的 `glm`.

• **广义相加模型**（GAM）是广义线性模型，其中线性预测变量线性地依赖于预测变量的未知光滑函数（见参考文献 [46]）. 通常模型变为

$$g(\mu_i) = \boldsymbol{X}_i^*\boldsymbol{\beta}^* + \sum_j L_{ij}f_j, \quad y_i \sim EF(\mu_i, \phi),$$

其中 $\boldsymbol{X}_i^*\beta^*$ 是线性预测变量的参数分量（通常只是截距项），f_k 是一个或多个预测变量的光滑函数，L_{ij} 是线性函数. 最常见的例子是 L_{ij} 是赋值函数，所以模型为

$$g(\mu_i) = \boldsymbol{X}_i^*\boldsymbol{\beta}^* + \sum_j f_j(x_{ji}), \quad y_i \sim EF(\mu_i, \phi),$$

其中 x_{ji} 表示第 j 个预测变量（可能是一个向量）的第 i 个观测值. 这个模型伴随着**光滑**函数所应具有的精确特征，以函数波动的测度的形式表现出来，例如样条惩罚函数 $\int f''(x)^2\mathrm{d}x$.

相对于纯参数 GLM，模型提供了方便的灵活性，但代价是必须对函数进行估计，包括估计它们的光滑性. 一种方便的方法是用线性基础展开式 $f_j(x)=\sum_{k=1}^{K} b_{jk}(x)\gamma_k$ 代替每个 f_j，其中 γ_k 是要估计的系数，$b_{jk}(x)$ 是经选择的具有良好近似理论性质（例如样条基）的基函数. K 的选择要在避免近似误差偏差和实现高效计算之间达到平衡. 给定基础扩展，现在 GAM 的形式是相当丰富地参数化的 GLM，$g(\mu_i)=\boldsymbol{X}_i\boldsymbol{\beta}$，其中 $\boldsymbol{X}$ 包含初始 $\boldsymbol{X}^*$ 和由在协变量值（或它们的线性函数）处取值的每个基函数构成的列，$\boldsymbol{\beta}$ 包含收集的参数. 惩罚函数变成了二次形式 $\boldsymbol{\beta}^{\mathrm{T}}\boldsymbol{S}_j\boldsymbol{\beta}$，其中 $\boldsymbol{S}_j$ 是已知系数的矩阵.

为了避免过度拟合，用惩罚最大似然估计来进行估计，所以我们求

$$\hat{\boldsymbol{\beta}}=\underset{\beta}{\operatorname{argmax}}\, l(\boldsymbol{\beta})-\frac{1}{2}\sum_j \lambda_j\boldsymbol{\beta}^{\mathrm{T}}\boldsymbol{S}_j\boldsymbol{\beta}.$$

λ_j 是控制拟合平滑性权衡的可调谐**光滑参数**. 事实上，光滑参数的给定值 $\hat{\boldsymbol{\beta}}$ 可以通过用于拟合 GLM 的迭代加权最小二乘法的惩罚版本来获得，其变化是在算法的第二步处，

$$\hat{\boldsymbol{\beta}}=\underset{\beta}{\operatorname{argmin}}\sum_{i=1}^{n} w_i(z_i-\boldsymbol{X}_i\boldsymbol{\beta})^2+\sum_j \lambda_j\boldsymbol{\beta}^{\mathrm{T}}\boldsymbol{S}_j\boldsymbol{\beta}.$$

有两种主要的方法用于估计 λ_j. 第一种选择 λ_i 来优化模型对（估计中未使用的）新数据的拟合程度的估计，例如 AIC 或一些交叉验证分数. 另一种将惩罚函数视为由模型系数 $\boldsymbol{\beta}\sim N\{(\boldsymbol{0},\tau(\sum_j\lambda_j\boldsymbol{S}_j)^{-}\}$（这里的协方差矩阵是总惩罚矩阵的伪逆）上的不当的高斯先验所引出的. 然后可以使用拉普拉斯近似来对 λ_j 和 ϕ 的边缘似然中的 $\boldsymbol{\beta}$ 进行积分，并且可以最大化该边缘似然来估计尺度参数（如果需要的话）和光滑参数. 计算过程与估计随机效应的方差参数相似，但是在解释时需要小心. 很少有这样的情况，即建模者认为 f_k 将在每次数据复制时从其先验中重新采样，因此这个过程最好被当作贝叶斯过程. 在任意情况下，f_k 都可以同时作为光滑函数和随机场的后验模式来理解. 基于大样本贝叶斯结果 $\boldsymbol{\beta}\sim N\{\hat{\boldsymbol{\beta}},(\boldsymbol{X}^{\mathrm{T}}\boldsymbol{W}\boldsymbol{X}+\sum_j\lambda_j\boldsymbol{S}_j)^{-1}\phi\}$ 时，推断是最有用的. 见 R 的 `macv` 包中的函数 `gam`.

不出所料，这些不同的扩展被组合成了广义线性混合模型（GLMN）和广义相加混合模型（GAMM）等. 给定估计光滑函数和估计随机效应之间的联系，这些后面的扩展用 GAM 所用的相同方法可以计算. 用 MCMC 方法也可以得到这些模型类型的完整的贝叶斯方法（见参考文献 [9]，独立的 BayesX 包及其 R 接口），或

者基于嵌套拉普拉斯近似的高阶近似（见参考文献 [38]，独立的 INLA 包及其 R 接口）.

7.4 习题

7.1 从 x_i 和 y_i 出发，通过关于 β 最小化 $\sum_i (y_i - \beta x_i)^2$ 来求模型 $y_i = \beta x_i = \epsilon_i$ 中 β 的最小二乘估计的表达式.

7.2 这个问题提供了最小二乘估计的另一种推导方法. 令 $\boldsymbol{\mathcal{S}}(\boldsymbol{\beta})$ 表示 $\|\boldsymbol{y} - \boldsymbol{X}\boldsymbol{\beta}\|^2$. 如果 $\boldsymbol{X}^{\mathrm{T}}\boldsymbol{X}\boldsymbol{\beta}_0 = \boldsymbol{X}^{\mathrm{T}}\boldsymbol{y}$，证明

$$\boldsymbol{\mathcal{S}}(\boldsymbol{\beta}) - \boldsymbol{\mathcal{S}}(\boldsymbol{\beta}_0) = \|\boldsymbol{X}(\boldsymbol{\beta} - \boldsymbol{\beta}_0)\|^2.$$

由此你能得到关于 $\boldsymbol{\beta}_0$ 的什么结论？

7.3 只考虑 $E(r_i^2)$（并且不假设它有正态性），证明

$$\hat{\sigma}^2 = \frac{\|\boldsymbol{r}\|^2}{n-p}$$

是剩余方差 σ^2 的无偏估计.

7.4 证明，在一般线性模型表示下，$\boldsymbol{X}^{\mathrm{T}}\boldsymbol{y} = \boldsymbol{X}^{\mathrm{T}}\hat{\boldsymbol{\mu}}$，因此如果一个线性模型包括一个截距项，那么残差的和一定是 $\sum_i \hat{\epsilon}_i$.

7.5 以 $\boldsymbol{y} = \boldsymbol{X}\boldsymbol{\beta} + \boldsymbol{\epsilon}$ 的形式写出以下 3 种模型（注：$\boldsymbol{y}$、$\boldsymbol{\beta}$ 和 $\boldsymbol{\epsilon}$ 总是向量，而 $\boldsymbol{X}$ 是矩阵）. 在所有情况下，y 是响应变量，ϵ 是剩余“误差”，而其他希腊字母表示模型参数.

a. “平衡单因素 ANOVA 模型”，$y_{ij} = \beta_i + \epsilon_{ij}$，其中 $i = 1, \cdots, 3$，$j = 1, \cdots, 2$.

b. 具有两个解释变量（因子变量和连续变量）的模型，x：

$$y_i = \beta_j + \gamma x_i + \epsilon_i \quad \text{如果 obs. } i \text{ 来自因子水平 } j$$

假设 $i = 1, \cdots, 6$，前 2 个观测值的因子水平为 1，其余 4 个的因子水平为 2，x_i 为 0.1、0.4、0.5、0.3、0.4 和 0.7.

c. 在每个因子变量组合中有 2 个解释因子变量和 1 个观测值的模型：$y_{ij} = \alpha + \beta_i + \gamma_j + \epsilon_{ij}$. 第一因子（$\beta$）有 3 个水平，第二因子有 4 个水平.

7.6 一位统计学家为响应数据 y_i 提供了 2 种拟合模型. 第一种为 $y_i = \beta_0 + \beta_1 x_i + \epsilon_i$，第二种为 $y_i = \beta_0 + \beta_1 x_i + \gamma_j + \epsilon_i$，其中 y_i 来自第 j 组. 在 R 中，包含组的标签的因子变量是 `trt`. 统计学家想要检验零假设，即更简单的模型是正确的. 为此，在 R 中拟合这 2 个模型，每个模型的摘要片段如下：

```
> summary(b0)
lm(formula = y ~ x)
```

```
...
Resid standard error: 0.3009 on 98 degrees of freedom
> summary(b1)
lm(formula = y ~ x + trt)
...
Resid standard error: 0.3031 on 95 degrees of freedom
```

在 R 中，这个检验本来是可以通过 anova (b0, b1) 进行的，但是请你只用给出的信息（和 R 中的 pf）来进行检验.

7.7 考虑 7.2.2 节的汽车模型. 这个问题是关于使用 QR 分解估计该模型的机制.

a. 为模型创建模型矩阵 $\boldsymbol{X}$，使用 cars 数据框和 model.matrix.

b. 用下面的代码形成 $\boldsymbol{X}$ 的 QR 分解：

```
qrx <- qr(X) ## 返回一个 QR 分解对象
Q <- qr.Q(qrx,complete=TRUE) ## 提取 Q
R <- qr.R(qrx) ## 提取 R
```

c. 证明 R 的结构. 证明 Q 是正交矩阵. 用一些 $\boldsymbol{x}$ 的例子，证明对任意适当维数的 $\boldsymbol{x}$，$\|\boldsymbol{Qx}\|^2=\|\boldsymbol{x}\|^2$（为什么会这样？）

d. 求 $\boldsymbol{f}$ 和 $\boldsymbol{r}$（见 7.1.1 节的符号）.

e. 用 $\boldsymbol{R}$ 和 $\boldsymbol{f}$ 计算 $\hat{\boldsymbol{\beta}}$.

f. 证明在这个模型中 $\|\boldsymbol{r}\|^2=\|\boldsymbol{y}-\boldsymbol{X}\hat{\boldsymbol{\beta}}\|^2$.

g. 由 $\hat{\sigma}^2=\|\boldsymbol{r}\|^2/(n-p)$ 估计 σ^2.

h. 用 $\hat{\sigma}^2$ 和 $\boldsymbol{R}$，求对应于 $\hat{\boldsymbol{\beta}}$ 的估计量协方差矩阵 $\boldsymbol{V}_{\hat{\beta}}$ 的估计.

7.8. 将一种体积未知的材料先分成 2 份，再把每一份分成 2 份，从而把该材料分成大致相等的 4 份. 有 2 种估计每一份的（不同）体积的方法.

A. 对每一份的体积分别进行 2 次估计.

B. 对第一次形成的 2 份分别进行 2 次估计，再对最终的 4 份分别进行 1 次估计.

假设每个估计是独立的，并且是方差为 σ^2 的无偏估计，证明方法 A 和方法 B 的 4 个体积的最小二乘估计方差分别为 $0.5\sigma^2$ 和 $0.6\sigma^2$. 提示：使用 $(\boldsymbol{X}^{\mathrm{T}}\boldsymbol{X})^{-1}\sigma^2$ 形式的参数估计协方差矩阵.

7.9. 一家酒厂举办并赞助了一个名为“威士忌挑战赛”的山地赛事用于促销. 为了在第一年更加引起精英赛跑者的兴趣，有人提议为每个在时间 T_0 之内完成比赛的人提供奖励. 组织者既要将 T_0 设置得足够高来吸引大量的参与者，又要将它设置得足够低以使酒厂不会破产. 为此，他们找到你来提出一个比赛的预测获胜时间. R 的 MASS 包中的 hills 数据框提供了 35 个苏格兰山地赛的获胜时间，这会对你有所帮助. 在 R 中输入 library(MASS);hills 来加载数据并检验它. 找到并估计一个合适的线性模型，用于根据比赛距离 dist（英里）和攀升的总高度 climb（英尺）来预测获胜时间 times（分钟）. 如果不知道该如何开始，可以在 Wikipedia 上查找“Naismith's Rule”. 威士忌挑战赛将是一场赛程 7 英里，攀升 2400 英尺的比赛.

附录 A　一些分布

本附录介绍了一些对构建模型有用的标准分布. **伽马函数**会经常出现，它的定义是

$$\Gamma(x)=\int_0^\infty t^{x-1}\mathrm{e}^{-t}\mathrm{d}t.$$

它的数值求解见 R 中的 `?gamma`. 注意，如果 n 是正实数，那么 $\Gamma(n)=(n-1)!$

贝塔函数也很容易定义，

$$\mathcal{B}(a,b)=\int_0^1 t^{a-1}(1-t)^{b-1}\mathrm{d}t=\frac{\Gamma(a)\Gamma(b)}{\Gamma(a+b)},$$

其中 $a>0$ 且 $b>0$（都是实数）. 见 R 中的 `?beta`.

A.1　连续型随机变量：正态分布和相关分布

正态分布在统计学中无处不在，因此我们从正态分布和它的相关分布开始介绍.

A.1.1　正态分布

如果一个随机变量 X 具有如下概率密度函数

$$f(x)=\frac{1}{\sqrt{2\pi}\sigma}\exp\left\{-\frac{1}{2\sigma^2}(x-\mu)^2\right\},\quad -\infty<x<\infty,$$

那么它服从均值为 μ，方差为 σ^2 的正态（或“高斯”）分布，其中 $\sigma^2>0$，但是 μ 没有任何限制. 标准记法是 $X\sim N(\mu,\sigma^2)$. 1.9 节的中心极限定理保证了正态分布在统计学中的中心地位，它既可以作为统计量的极限分布，也可以作为可以用其他随机变量的和来刻画的许多变量的合理的模型. 多元正态也同样重要，我们在 1.6 节讲过（它的推广见 6.5.4 节和 B.2 节）. $Z\sim N(0,1)$ 是一个**标准正态**随机变量. 见 R 中的 `?dnorm`. 对连续型正随机变量建模时通常认为它服从对数正态分布. 也就是说，假设变量的对数服从正态分布. 见 R 中的 `?dlnorm`.

在贝叶斯统计中，根据精度 $\tau=1/\sigma^2$ 来对正态分布进行参数化通常是比较方便的. 正态分布与 μ 共轭，而伽马分布与 τ 共轭.

A.1.2 χ^2 分布

令 $Z_1, Z_2, \cdots, Z_n$ 为一组独立的服从 $N(0,1)$ 分布的随机变量. 那么 $X = \sum_{i=1}^n Z_i^2$ 是一个 χ_n^2 随机变量，它的概率密度函数为

$$f(x) = \frac{1}{2\Gamma(n/2)} \left(\frac{x}{2}\right)^{n/2-1} \mathrm{e}^{-x/2}, \quad x \geqslant 0.$$

标准记法是 $X \sim \chi_n^2$. $E(X) = n$，$\mathrm{var}(X) = 2n$. χ^2 随机变量经常在涉及随机变量的平方和的时候出现. χ_2^2 分布也是 $\lambda = 1/2$ 时的指数分布，并且如果 $U \sim U(0,1)$，那么 $-2\log(U) \sim \chi_2^2$. 注意，对非整数的 n，分布也有定义. 见 R 中的 `?dchisq`.

A.1.3 t 分布和柯西分布

令 $Z \sim N(0,1)$，并且 $X \sim \chi_n^2$，两者相互独立. 那么 $T = Z/\sqrt{X/n}$ 服从自由度为 n 的 t 分布. 简记为 $T \sim t_n$. 概率密度函数是

$$f(t) = \frac{\Gamma(n/2+1/2)}{\sqrt{n\pi}\Gamma(n/2)}(1+t^2/n)^{-n/2-1/2}, \quad -\infty < t < \infty,$$

$n \geqslant 1$ 可以不是整数. 如果 $n > 1$，那么 $E(T) = 0$，否则没有定义. 对 $n > 2$，$\mathrm{var}(T) = n/(n-2)$，否则是无穷. t_∞ 是 $N(0,1)$，而对 $n < \infty$，t_n 分布比正态分布"重尾". t_1 也叫作**柯西**分布. 它的多元形式见 1.6.1 节，应用见 2.7 节. 在 R 中见 `?dt` 和 `?dcauchy`.

A.1.4 F 分布

令 $X_n \sim \chi_n^2$，并且 $X_m \sim \chi_m^2$，两者相互独立.

$$F = \frac{X_n/n}{X_m/m}$$

服从自由度为 n 和 m 的 F 分布. 简记为 $F \sim F_{n,m}$. 概率密度函数为

$$f(x) = \frac{\Gamma(n/2+m/2)n^{n/2}m^{m/2}}{\Gamma(n/2)\Gamma(m/2)} \frac{x^{n/2-1}}{(m+nx)^{n/2+m/2}}, \quad x \geqslant 0.$$

如果 $m > 2$，那么 $E(F) = m/(m-2)$. 一个 $F_{1,n}$ 随机变量的平方根服从 t_n 分布. F 分布是线性模型中假设检验的核心，并且在有多余尺度参数出现的情况下使用推广的似然比检验时，它可以作为近似参考分布（见 2.7 节）. 见 R 中的 `?df`.

A.2 其他连续型随机变量

除了与正态分布相关的分布外，还有两类随机变量非常重要：非负随机变量和定义在单位区间上的随机变量.

A.2.1 贝塔分布

如果一个定义在单位区间 $[0,1]$ 上的随机变量 X 的概率密度函数具有以下形式：

$$f(x)=\frac{x^{\alpha-1}(1-x)^{\beta-1}}{\mathcal{B}(\alpha,\beta)},$$

那么它服从贝塔分布，其中 $\alpha>0$ 和 $\beta>0$ 是形状参数. 标准记法是 $X\sim \mathrm{Beta}(\alpha,\beta)$（也有其他的记法）：

$$E(X)=\frac{\alpha}{\alpha+\beta}\text{ 且 }\operatorname{var}(X)=\frac{\alpha\beta}{(\alpha+\beta)^2(\alpha+\beta+1)}.$$

在 R 中 `?dbeta:shape1` 是 α，`shape2`是 β. 贝塔分布常用作概率的先验（在里面它常常是共轭的）. $\mathrm{Beta}(1,1)$ 是 $[0,1]$ 上的均匀分布（因此 $f(x)=1$）. 对可以定义在任意有限区间上的均匀分布，见 R 中的 `?dunif`.

A.2.2 伽马分布和指数分布

如果一个正随机变量 X 的概率密度函数是

$$f(x)=\frac{x^{\alpha-1}\mathrm{e}^{-x/\theta}}{\theta^{\alpha}\Gamma(\alpha)},$$

那么它服从形状参数 $\alpha>0$，尺度参数 $\theta>0$ 的伽马分布. $E(X)=\alpha\theta$，$\operatorname{var}(X)=(\alpha\theta^2)$. 标准记法是 $X\sim\mathrm{Gamma}(\alpha,\theta)$，但是要注意，这个分布经常写成关于速率参数 $\beta=1/\theta$ 的形式，甚至直接跟 X 的均值和尺度参数相关的形式. 见 `?dgamma`，其中 `shape` 是 α，`scale` 是 θ. JAGS 用 α 和 β 对 `gamma` 按顺序进行参数化.

$\mathrm{gamma}(1,\lambda^{-1})$ 是**指数分布**，其中 $X\geqslant 0$（即可以取零）. 它的概率密度函数简化为 $f(x)=\lambda\exp(-\lambda x)$，而 $E(X)=\lambda^{-1}$，$\operatorname{var}(X)=\lambda^{-2}$. 它可以用来描述独立随机事件之间的时间间隔. 见 R 中的 `?dexp`.

A.2.3 韦尔布分布

如果随机变量 T 的概率密度函数是

$$f(t)=\frac{k}{\lambda}\left(\frac{t}{\lambda}\right)^{k-1}\mathrm{e}^{-t^k/\lambda^k},\quad t\geqslant 0$$

其余为 0，那么它服从韦尔布分布. $k>0$ 且 $\lambda>0$. 这个分布通常用来对失败前的时间（或其他事件）数据进行建模，其中失败（事件）率（也叫作危险函数）是由 $k/\lambda(t/\lambda)^{k-1}$ 给出的.

$$E(T)=\lambda\Gamma(1+1/k)\text{ 和 }\operatorname{var}(T)=\lambda^2\{\Gamma(1+2/k)-\Gamma(1+1/k)^2\}.$$

见 R 中的 `?dweibull`，其中 k 是 `shape`，λ 是 `scale`.

A.2.4 狄利克雷分布

考虑由非负随机变量 X_i 构成的 n 维向量 $\boldsymbol{X}$，其中 $\sum_{i=1}^{n} X_i = 1$. 如果 $\boldsymbol{X}$ 的概率密度函数是

$$f(\boldsymbol{x}) = \frac{\Gamma(\alpha_0)}{\prod_{i=1}^{n}\Gamma(\alpha_i)}\prod_{i=1}^{n} x_i^{\alpha_i - 1},$$

那么它服从参数为 $\alpha_1, \cdots, \alpha_n$ 的狄利克雷分布，其中 $\alpha_0 = \sum_{i=1}^{n}\alpha_i$.

$$E(X_i) = \frac{\alpha_i}{\alpha_0} \text{ 且 } \mathrm{var}(X_i) = \frac{\alpha_i(\alpha_0 - \alpha_i)}{\alpha_0^2(\alpha_0 + 1)}.$$

狄利克雷分布主要用作概率和一定为 1 的向量的先验分布.

A.3 离散型随机变量

A.3.1 二项分布

考虑 n 次独立试验，每次成功的概率是 p. 成功的总次数 $x = 0, 1, \cdots, n$, 服从二项分布，概率函数为

$$f(x) = \frac{n!}{x!(n-x)!}p^x(1-p)^{n-x}.$$

$E(X) = np$，$\mathrm{var}(X) = np(1-p)$. 见 R 中的 `?dbinom`.

A.3.2 泊松分布

令二项分布中的 $n \to \infty$，$p \to 0$，但是保持它们的乘积为常数 $np = \lambda$，就产生了泊松分布，它的概率质量函数为

$$f(x) = \frac{\lambda^x \mathrm{e}^{-\lambda}}{x!},$$

其中 x 是任意非负整数. $E(X) = \mathrm{var}(X) = \lambda$. 泊松分布常用于描述偶然发生的事件的次数. 见 R 中的 `?dpois`.

A.3.3 负二项分布

一般来说计数数据并不与泊松分布完全一致，而是有更大的方差，但是如果我们允许泊松参数 λ 本身服从伽马分布的话，那么就可以得到一个更加分散的计数分布：负二项分布. 如果 X 的概率函数是

$$f(x) = \frac{\Gamma(x+n)}{\Gamma(n)x!}(1-p)^x p^n,$$

那么 $X\sim NB(n,p)$，其中 x 是一个非负整数. $E(X)=n(1-p)/p$，$\mathrm{var}(X)=n(1-p)p^2$. 如果 $n\to\infty$ 且 $p\to 1$，那么 $E(X)$ 变成常数 λ，从而分布趋于 $\mathrm{Poi}(\lambda)$. 见 R 中的 `?dnbinom`. 在 JAGS 中参数 n 记为 r.

A.3.4 超几何分布

这个分布在涉及不放回取样时非常有用. 假设有一个容器，里面有 m 个白球和 n 个黑球，你从容器中不放回地随机取 k 个球. 那么你取到的白球个数服从超几何分布. 见 R 中的 `?dhyper`.

A.3.5 几何分布

考虑一系列独立试验，每次试验成功的概率是 p. 如果 X 是首次成功前失败的次数，那么它服从**几何**分布，概率函数为

$$f(x)=p(1-p)^x,$$

其中 x 是非负整数. $E(X)=(1-p)/p$，而 $\mathrm{var}(X)=(1-p)/p^2$. 见 R 中的 `?dgeom`.

附录 B　矩阵运算

统计计算通常包括矩阵方面的数值计算. 在这方面经常会犯一些错误，导致代码的效率比本应该能够达到的要低几个数量级或者很不稳定. 本附录介绍了矩阵运算的稳定性和效率方面的基础知识，以及在统计学中有用的标准矩阵分解. 更详细的内容见参考文献 [16]、[44].

B.1　矩阵运算的效率

考虑 R 中一个简单的例子:

```
n <- 2000
A <- matrix(runif(n*n),n,n)
B <- matrix(runif(n*n),n,n)
y <- runif(n)
system.time(f0 <- A%*%B%*%y) ## 第一种情况
  user system elapsed
  31.50 0.03  31.58
system.time(f1 <- A%*%(B%*%y)) ## 第二种情况
  user system elapsed
  0.08  0.00  0.08
```

f0 和 f1 在机器精度方面是完全相同的，但是 f1 花费的运算时间少得多. 为什么呢？答案与两种情况下乘法运算的顺序和这两种可选顺序所要求的**浮点运算**的数量有关.

(1) 在第一种情况下，首先构造 $\boldsymbol{AB}$，用所得的矩阵左乘向量 $\boldsymbol{y}$.

(2) 在第二种情况下，首先构造向量 $\boldsymbol{By}$，然后用 $\boldsymbol{A}$去左乘所得的向量.

第一种情况花费的时间更多，因为 $\boldsymbol{A}$ 和 $\boldsymbol{B}$ 相乘所需要的浮点运算（$+,-,*,/$）数大约为 $2n^3$，而 $n\times n$ 的矩阵被 n 向量相乘所需的浮点运算数量大约只有 $2n^2$. 因此，f0 需要 $2n^3+2n^2$ 次运算，而 f1 只需要 $4n^2$ 次运算. 所以第一种情况所需的运算是第二种运算的 $n/2$ 倍. ①

另一个简单的矩阵运算是矩阵乘积迹的估计. 同样地，使用不同的方法来计算

① 在这里，所观测到的时间比并不是准确的 1000，因为 R 还要花费时间理解指令、设置存储等，这些都是形成 f1 所花费的时间的重要组成部分；低层次的优化也对所花时间有影响.

相同的数值，所用的时间是完全不同的. 考虑计算 $\mathrm{tr}(\boldsymbol{AB})$，其中 $\boldsymbol{A}$ 是 5000×100 的矩阵，$\boldsymbol{B}$ 是 100×5000 的矩阵：

```
n <- 5000;m <- 100
A <- matrix(runif(n*m),n,m)
B <- matrix(runif(n*m),m,n)
system.time(sum(diag(A%*%B)))
  user system elapsed
  10.46  0.11 10.58
system.time(sum(diag(B%*%A)))
  user system elapsed
  0.2   0.0   0.2
system.time(sum(A*t(B)))
  user system elapsed
  0.02  0.00  0.02
```

(1) 第一种方法先构造 $\boldsymbol{AB}$，浮点计算次数为 $2n^2m$，然后再提取主对角线并求和.

(2) 第二种方法利用 $\mathrm{tr}(\boldsymbol{AB}) = \mathrm{tr}(\boldsymbol{BA})$ 的性质. 它用 $2nm^2$ 次浮点运算构造 $\boldsymbol{BA}$，然后再提取结果中的主导对角线并求和.

(3) 第三种方法直接利用 $\mathrm{tr}(\boldsymbol{AB})= \sum_{ij} A_{ij}B_{ji}$，计算次数为 $2nm$. 这种方法是最快的，因为没有在计算无用的非主对角线矩阵元素上花费任何精力.

注意，第一种方法不仅浪费浮点计算，而且需要存储一个 $n \times n$ 的矩阵，这比单独存储 $\boldsymbol{A}$ 或 $\boldsymbol{B}$ 的容量要大得多.

不幸的是，在进行矩阵运算时，自动选择最高效的方法往往是不可能的. 即使看似很简单的选择矩阵相乘的最佳顺序问题也很难自动化. 然而，对许多统计计算问题来说，在编码阶段如果能在确定最佳顺序上花点功夫，那么就会在提高计算速度上获得巨大的收益. 总的来说，时刻意识到粗心的矩阵编码有导致运算极为低效的可能，并且时刻考虑矩阵运算中的浮点计算次数是很重要的.

通常在计算浮点运算次数时，知道当 $n \to \infty$ 时运算次数是否与 n^2 或 n^3（举个例子）成比例是很重要的，而知道它是否与 $2n^2$ 或 $4n^2$ 成比例则不是那么重要. 因此，在 $n \to \infty$ 的极限下，简单地考虑所花时间如何随问题规模而变化就足够了，不必考虑比例的精确系数. 所以，举例来说，我们简单考虑一下算法是 $O(n^2)$ 还是 $O(n^3)$(n^2 阶还是 n^3 阶）就可以了.

B.2 乔莱斯基分解：矩阵的平方根

正定矩阵是矩阵代数中的“正实数”. 它们有特别的计算优势，并且在统计学中经常出现，因为协方差矩阵通常是正定的（并且永远是半正定的）. 因此，我们从正定矩阵和它们的矩阵平方根出发，来看看为什么矩阵平方根可能是有用的，考虑如下问题.

例 生成多元正态随机变量. 模拟独立同分布 $N(0,1)$ 的随机变量有许多快速可靠的方法，但是要假设需要 $N(\boldsymbol{\mu},\boldsymbol{\Sigma})$ 的随机变量. 显然可以由 $N(\mathbf{0},\boldsymbol{I})$ 生成向量 $\boldsymbol{z}$. 如果能找到矩阵 $\boldsymbol{R}$ 使得 $\boldsymbol{R}^{\mathrm{T}}\boldsymbol{R}=\boldsymbol{\Sigma}$，那么 $\boldsymbol{y}\equiv\boldsymbol{R}^{\mathrm{T}}\boldsymbol{z}+\boldsymbol{\mu}\sim N(\boldsymbol{\mu},\boldsymbol{\Sigma})$，因为 $\boldsymbol{y}$ 的协方差矩阵是 $\boldsymbol{R}^{\mathrm{T}}\boldsymbol{I}\boldsymbol{R}=\boldsymbol{R}^{\mathrm{T}}\boldsymbol{R}=\boldsymbol{\Sigma}$ 并且 $E(\boldsymbol{y})=E(\boldsymbol{R}^{\mathrm{T}}\boldsymbol{z}+\boldsymbol{\mu})=\boldsymbol{\mu}$.

总的来说，正定矩阵的平方根不是唯一确定的，但是任意正定矩阵都存在唯一的**上三角**平方根：它的**乔莱斯基因子**. 求乔莱斯基因子的算法是很容易得到的. 首先考虑一个 4×4 的例子. 定义矩阵方程为

$$\begin{bmatrix} R_{11} & 0 & 0 & 0 \\ R_{12} & R_{22} & 0 & 0 \\ R_{13} & R_{23} & R_{33} & 0 \\ R_{14} & R_{24} & R_{34} & R_{44} \end{bmatrix}\begin{bmatrix} R_{11} & R_{12} & R_{13} & R_{14} \\ 0 & R_{22} & R_{23} & R_{24} \\ 0 & 0 & R_{33} & R_{34} \\ 0 & 0 & 0 & R_{44} \end{bmatrix}=\begin{bmatrix} A_{11} & A_{12} & A_{13} & A_{14} \\ A_{12} & A_{22} & A_{23} & A_{24} \\ A_{13} & A_{23} & A_{33} & A_{34} \\ A_{14} & A_{24} & A_{34} & A_{44} \end{bmatrix}.$$

如果写出这一表达式的分量方程并按正确顺序求解，那么每个方程只含有一个未知量，如下所示（未知量为黑色字体）：

$$\begin{aligned} A_{11} &= {\boldsymbol{R}_{11}}^2 \\ A_{12} &= R_{11}\boldsymbol{R}_{12} \\ A_{13} &= R_{11}\boldsymbol{R}_{13} \\ A_{14} &= R_{11}\boldsymbol{R}_{14} \\ A_{22} &= R_{12}^2+{\boldsymbol{R}_{22}}^2 \\ A_{23} &= R_{12}R_{13}+R_{22}\boldsymbol{R}_{23} \end{aligned}$$

推广到 $n\times n$ 的情况，并且按惯例令 $\sum_{k=1}^{0}x_i\equiv 0$，我们有

$$R_{ii}=\sqrt{A_{ii}-\sum_{k=1}^{i-1}R_{ki}^2}，\text{以及 } R_{ij}=\frac{A_{ij}-\sum_{k=1}^{i-1}R_{ki}R_{kj}}{R_{ii}},\ j>i.$$

从第一行开始按行的排序求解这些方程，并且每一行都从主对角线分量开始，以确保每一步右端的量都是已知的. 乔莱斯基分解需要 $n^3/3$ 次浮点运算和 n 次平方根运算. 在 R 中它是通过调用 LAPACK 或 LINPACK 中的程序，用 `chol` 函数来实现的. ①

① 事实上，数值分析不必要求乔莱斯基因子是严格意义上的平方根，因为 $\boldsymbol{A}=\boldsymbol{R}^{\mathrm{T}}\boldsymbol{R}$ 是可转置的.

例 （继续）下面的代码模拟从 $N\left(\begin{bmatrix}1\\-1\\3\end{bmatrix},\begin{bmatrix}2&-1&1\\-1&2&-1\\1&-1&2\end{bmatrix}\right)$ 分布中随机抽取 1000 个变量并检查它们的观测均值和协方差：

```
V <- matrix(c(2,-1,1,-1,2,-1,1,-1,2),3,3)
mu <- c(1,-1,3)
R <- chol(V)  ## V 的乔莱斯基因子
Z <-matrix(rnorm(3000),3,1000) ## 1000 N(0,I) 3-vectors
Y <- t(R)%*%Z + mu  ## 1000 N(mu,V) vectors

## 确认结果符合预期……
rowMeans(Y)  ## 观测值 mu
[1] 1.0924086 -0.9694124 2.9926779

  (Y-mu)%*%t(Y-mu)/1000  ## 观测值 V
        [,1]     [,2]     [,3]
[1,] 2.066872 -1.039062 1.003980
[2,] -1.039062 2.054408 -0.980139
[3,] 1.003980 -0.980139 1.833971
```

作为乔莱斯基分解的第二种应用，考虑 $\boldsymbol{\mu}$ 和 $\boldsymbol{\Sigma}$ 的对数似然估计：

$$l=-\frac{n}{2}\log(2\pi)-\frac{1}{2}\log(|\boldsymbol{\Sigma}|)-\frac{1}{2}(\boldsymbol{y}-\boldsymbol{\mu})^{\mathrm{T}}\boldsymbol{\Sigma}^{-1}(\boldsymbol{y}-\boldsymbol{\mu}).$$

如果我们简单地转置 $\boldsymbol{\Sigma}$ 来求最后一项的值，需要 $2n^3$ 次浮点运算，而且仍然需要求行列式的值. 基于乔莱斯基的方法会好很多. 很容易看出 $\boldsymbol{\Sigma}^{-1}=\boldsymbol{R}^{-1}\boldsymbol{R}^{-\mathrm{T}}$，其中 $\boldsymbol{R}$ 是 $\boldsymbol{\Sigma}$ 的乔莱斯基因子. 所以对数似然的最后一项可以写成 $\boldsymbol{z}^{\mathrm{T}}\boldsymbol{z}$，其中 $\boldsymbol{z}=\boldsymbol{R}^{-\mathrm{T}}(\boldsymbol{y}-\boldsymbol{\mu})$. 注意，我们实际上并不需要求 $\boldsymbol{R}^{-\mathrm{T}}$ 的值，只需要由 $\boldsymbol{R}^{\mathrm{T}}\boldsymbol{z}=\boldsymbol{y}-\boldsymbol{\mu}$ 解出 $\boldsymbol{z}$. 为了了解这种做法，再考虑一个 4×4 的例子：

$$\begin{bmatrix}R_{11}&0&0&0\\R_{12}&R_{22}&0&0\\R_{13}&R_{23}&R_{33}&0\\R_{14}&R_{24}&R_{34}&R_{44}\end{bmatrix}\begin{bmatrix}z_1\\z_2\\z_3\\z_4\end{bmatrix}=\begin{bmatrix}y_1-\mu_1\\y_2-\mu_2\\y_3-\mu_3\\y_4-\mu_4\end{bmatrix}.$$

如果从上到下求解这个方程组，那么每一步只有一个未知量（以黑色字体显示）：

$$R_{11}\boldsymbol{z_1}=y_1-\mu_1$$
$$R_{12}z_1+R_{22}\boldsymbol{z_2}=y_2-\mu_2$$

$$R_{13}z_1 + R_{23}z_2 + R_{33}\boldsymbol{z}_3 = y_3 - \mu_3$$
$$R_{14}z_1 + R_{24}z_2 + R_{34}z_3 + R_{44}\boldsymbol{z}_4 = y_4 - \mu_4$$

这种**向前替换**推广到 n 维是显然的. 它所需的浮点运算次数为 $O(n^2)$ 也是显然的: 运算量远小于 $\boldsymbol{R}^{-\mathrm{T}}$ 的显式形式,这种显式形式需要用向前替换来求等式 $\boldsymbol{R}^{\mathrm{T}}\boldsymbol{R}^{-\mathrm{T}} = \boldsymbol{I}$ 中未知的 $\boldsymbol{R}^{-\mathrm{T}}$ 的每一列，需要 $O(n^3)$ 次运算.

在 R 中有一个惯用的 forwardsolve 可以使用下三角矩阵来做向前替换（以及一个惯用的 backsolve 可以使用上三角矩阵来做**向后替换**）. 在使用它之前，仍旧需要考虑 $|\boldsymbol{\Sigma}|$. 这里乔莱斯基因子同样有用. 从行列式的一般性质我们知道 $|\boldsymbol{R}^{\mathrm{T}}||\boldsymbol{R}|=|\boldsymbol{\Sigma}|$，但是因为 $\boldsymbol{R}$ 是三角矩阵，$|\boldsymbol{R}^{\mathrm{T}}| = |\boldsymbol{R}| = \prod_{i=1}^{n} R_{ii}$. 所以，给定乔莱斯基因子，行列式的计算次数为 $O(n)$.

例 下面求协方差矩阵 v 和均值向量 mu 的对数似然，承接前面的例子，给定一个观测值 $\boldsymbol{y}^{\mathrm{T}} = (1, 2, 3)$:

```
  y <- 1:3; n <- length(y)
  z <- forwardsolve(t(R),y-mu)
  logLik <- -n*log(2*pi)/2-sum(log(diag(R)))-sum(z*z)/2
  logLik
[1] -6.824963
```

注意，非正定矩阵的乔莱斯基分解是不可行的. 半正定矩阵同样不可行，因为在这种情况下，乔莱斯基因子的一个主对角元素会变成零，所以计算同一行上的非对角元素是不可能的. 半正定矩阵是很常见的，因此这是一个很实际的问题. 对于半正定的情况，可以通过**旋转**来修改乔莱斯基分解；也就是说，通过重新排列原矩阵的行与列使得在元素全为零的行中，零能结束在乔莱斯基因子的主对角线末尾. 这里不再对此做更深入的探讨. 相反，我们会考虑更常见的矩阵分解来研究矩阵平方根和一些其他的知识.

B.3 特征分解（谱分解）

任意对称矩阵 $\boldsymbol{A}$ 都可以写成

$$\boldsymbol{A} = \boldsymbol{U}\boldsymbol{\Lambda}\boldsymbol{U}^{\mathrm{T}}, \tag{B.1}$$

其中 $\boldsymbol{U}$ 是正交矩阵，$\boldsymbol{\Lambda}$ 是一个对角矩阵，它的第 i 个主导对角元素是 λ_i（按照惯例 $\lambda_i \geqslant \lambda_{i+1}$）. 分解式的两边同时右乘 $\boldsymbol{U}$ 可以得到

$$\boldsymbol{A}\boldsymbol{U} = \boldsymbol{U}\boldsymbol{\Lambda}.$$

每次考虑这个系统的一列，并且写出 $\boldsymbol{U}$ 的第 i 列的元素 $\boldsymbol{u}_i$，我们有

$$\boldsymbol{A}\boldsymbol{u}_i = \lambda_i \boldsymbol{u}_i.$$

因此 λ_i 是 $\boldsymbol{A}$ 的特征值，$\boldsymbol{U}$ 的列是对应的特征向量. 式 (B.1) 是 $\boldsymbol{A}$ 的**特征分解**或**谱分解**.

目前的特征分解的方法是相当复杂的，但是**不**需要 $\boldsymbol{A}$ 的行列式和特征方程. 一种实用的方法如下：(i) 首先，用一种叫作**豪斯霍尔德旋转**的简单秩–正交矩阵重复地左乘或右乘矩阵 $\boldsymbol{A}$，将它化简为三对角形式. (ii) 然后，为了将它化为对角形式，用一个更简单的正交矩阵通过一种叫作**QR–迭代**[①]的迭代方法左乘或右乘这个三对角矩阵. 此时对角矩阵包含特征值，并且所有正交矩阵的乘积给出了 $\boldsymbol{U}$. 特征分解的计算量是 $O(n^3)$，但是一个好的对称特征程序的计算量大约是乔莱斯基程序的 10 倍.

特征分解的一个直接应用是为（半）正定矩阵提供一种特征描述. 所有（半）正定矩阵的特征值都一定是正的（非负的）而且是实数. 这一点很容易看出来. 假设有一些特征值 λ_i 是负数（或零），那么对应的特征向量 $\boldsymbol{u}_i$ 会使得 $\boldsymbol{u}_i^{\mathrm{T}}\boldsymbol{A}\boldsymbol{u}_i$ 为负数（或零）. 同时，存在一个 $\boldsymbol{x}$ 使得 $\boldsymbol{x}^{\mathrm{T}}\boldsymbol{A}\boldsymbol{x}$ 为负数（或零）会导致矛盾，除非至少有一个特征值为负数（或零）. [②]

B.3.1 矩阵的幂

考虑计算 $\boldsymbol{A}$ 的 m 次幂：

$$\boldsymbol{A}^m = \boldsymbol{A}\boldsymbol{A}\boldsymbol{A}\cdots\boldsymbol{A} = \boldsymbol{U}\boldsymbol{\Lambda}\boldsymbol{U}^{\mathrm{T}}\boldsymbol{U}\boldsymbol{\Lambda}\boldsymbol{U}^{\mathrm{T}}\cdots\boldsymbol{U}\boldsymbol{\Lambda}\boldsymbol{U}^{\mathrm{T}} = \boldsymbol{U}\boldsymbol{\Lambda}\boldsymbol{\Lambda}\cdots\boldsymbol{\Lambda}\boldsymbol{U}^{\mathrm{T}} = \boldsymbol{U}\boldsymbol{\Lambda}^m\boldsymbol{U}^{\mathrm{T}},$$

其中 $\boldsymbol{\Lambda}^m$ 是以 λ_i^m 为第 i 个主对角线元素的对角矩阵. 这说明任意能用幂级数表示的含实参数的实值函数 f 都可以自然地扩展为一个含对称矩阵参数的对称矩阵值函数，也就是说

$$f'(\boldsymbol{A}) \equiv \boldsymbol{U}f'(\boldsymbol{\Lambda})\boldsymbol{U}^{\mathrm{T}},$$

其中 $f'(\boldsymbol{\Lambda})$ 表示第i个主对角元素为 $f(\lambda_i)$ 的对角矩阵. 例如，$\exp(\boldsymbol{A})=\boldsymbol{U}\exp(\boldsymbol{\Lambda})\boldsymbol{U}^{\mathrm{T}}$.

B.3.2 另一种矩阵平方根

对特征值非负的矩阵我们可以推广到非负次幂. 例如，已经证明了 $\sqrt{\boldsymbol{A}} = \boldsymbol{U}\sqrt{\boldsymbol{\Lambda}}\boldsymbol{U}^{\mathrm{T}}$ 满足 $\sqrt{\boldsymbol{A}}\sqrt{\boldsymbol{A}} = \boldsymbol{A}$. 注意，(i) $\sqrt{\boldsymbol{A}}$ 与乔莱斯基因子不同，尤其它的矩阵平方根不唯一. (ii) 与乔莱斯基因子不同，对半正定矩阵 $\sqrt{\boldsymbol{A}}$ 有明确的定义（因此对**任意**协方差矩阵都可以计算）.

---

① 不要与 QR 分解混淆.

② 对某些向量 $\boldsymbol{b}$，我们有 $\boldsymbol{x} = \boldsymbol{U}\boldsymbol{b}$. 所以对某些 i 有 $\boldsymbol{x}^{\mathrm{T}}\boldsymbol{A}\boldsymbol{x} < 0 \Rightarrow \boldsymbol{b}^{\mathrm{T}}\boldsymbol{\Lambda}\boldsymbol{b} < 0 \Rightarrow \sum b_i^2\Lambda_i < 0 \Rightarrow \Lambda_i < 0$.

B.3.3 矩阵的逆、秩和条件值

同样的，我们可以通过

$$A^{-1} = U\Lambda^{-1}U^{\mathrm{T}}$$

来研究矩阵的逆，其中对角矩阵 Λ^{-1} 的第 i 个主对角元素为 λ_i^{-1}. 显然，如果任意 λ_i 为零的话会有问题，因为无法定义矩阵的逆. 一个特征值全不为零的矩阵是**满秩**的. 一个矩阵有任意特征值为零的话，它是**秩亏**的，并且没有逆. 非零特征值的个数是矩阵的**秩**.

对秩亏的情况，有时可以定义**广义逆**或**伪逆**，方法是求出非零特征值的倒数，而将零特征值的倒数设为零. 这里不详细论述.

在进行涉及矩阵逆/矩阵方程求解的矩阵运算时，充分了解秩亏带来的后果是很重要的. 这是因为近似秩亏很容易偶然得到，而在有限精度的运算中它跟秩亏的结果一样差. 首先考虑用下面的式子来求解 x:

$$Ax = y.$$

A 是秩亏的. 通过特征分解，解为

$$x = U\Lambda^{-1}U^{\mathrm{T}}y.$$

因此 y 被旋转，变成了 $y' = U^{\mathrm{T}}y$，然后用 y' 的元素除以特征值 λ_i，并对结果进行反向旋转. 问题是如果 $\lambda_i = 0$，那么 y_i'/λ_i 无法定义. 这只是用一种不同的方式展示了你已经知道的东西：秩亏矩阵不能求逆. 但是这种方法对于理解近似秩亏和**病态**也有帮助.

一个解释性的例子可以强调这个问题. 假设一个 $n \times n$ 的对称矩阵 A 有 $n-1$ 个取值在 0.5 到 1 之间的不同的特征值，以及一个数量级小得多的特征值 ϵ. 进一步假设我们要在一台机器上用 A 来进行计算，机器对实数的精度是 ϵ^{-1} 分之 1. 现在考虑求解

$$Ax = u_1 \tag{B.2}$$

中的 x，其中 u_1 是 A 的主特征向量. 显然，正确的解是 $x = u_1$，现在考虑计算一下结果. 前面我们有一个正式解，

$$x = U\Lambda^{-1}U^{\mathrm{T}}u_1,$$

尽管经过分析 $u_1' = U^{\mathrm{T}}u_1 = (1, 0, 0, \cdots, 0)^{\mathrm{T}}$，但是从计算上来讲我们能期待的最好结果是 $u_1' = (1+e_1, e_2, e_3, \cdots, e_n)^{\mathrm{T}}$，其中数值 e_j 是 $\pm\epsilon$ 的次序. 为方便起见，假设 $e_n = \epsilon$. 那么，近似地，$\Lambda^{-1}u_1' = (1, 0, 0, \cdots, 0, 1)^{\mathrm{T}}$，并且 $x = U\Lambda^{-1}u_1' = u_1 + u_n$，

而这是不对的. 如果我们用其余前 $n-1$ 个特征值中的任意一个来代替 $\boldsymbol{u}_1$ 的话, 都会出现相同的错误: 它们都会被一个错误的 $\boldsymbol{u}_n$ 所扭曲, 只有 $\boldsymbol{u}_n$ 本身不变.

现在考虑式 (B.2) 右端的**任意**向量 $\boldsymbol{y}$. 我们总是能将它写成特征向量的加权和 $\boldsymbol{y}=\Sigma w_i\boldsymbol{u}_i$. 这加强了病态问题的严重性: 在乘以 $\boldsymbol{A}^{-1}$ 时, $\boldsymbol{y}$ 的元素中只有一个没被严重扭曲. 相反地, 乘以 $\boldsymbol{A}$ 本身只会扭曲 $\boldsymbol{y}$ 的 $\boldsymbol{u}_n$ 元素, 其余的都不变, 但是 $\boldsymbol{u}_n$ 元素在与 $\boldsymbol{A}$ 相乘后缩小得非常严重, 以至于它对结果几乎没有贡献, 除非我们不幸选择了与 $\boldsymbol{u}_n$ 成比例的 $\boldsymbol{y}$, 而不是任意其他量.

对前面的讨论进行细心验证可以发现, 真正决定近似秩亏后果严重性的是特征值的最大数量级和最小数量级的比值:

$$\kappa=\max|\lambda_i|/\min|\lambda_i|.$$

这个量是 $\boldsymbol{A}$ 的**条件数**. ① 大致来讲, 它是在求解 $\boldsymbol{Ax}=\boldsymbol{y}$ 中的 $\boldsymbol{x}$ 时 $\boldsymbol{y}$ 的误差所乘的因子. 一旦 κ 接近机器精度的导数我们就有麻烦了. 具有大条件数的系统叫作**病态系统**. 正交矩阵的 $\kappa=1$, 这就是为什么数值分析师如此喜欢正交矩阵的原因.

例 考虑一个简单的拟合, 其中的数据都是由一个二次模型拟合得到的, 我们试着直接由 $\hat{\boldsymbol{\beta}}=(\boldsymbol{X}^{\mathrm{T}}\boldsymbol{X})^{-1}\boldsymbol{X}^{\mathrm{T}}\boldsymbol{y}$ 求线性模型参数的最小二乘估计.

```
  set.seed(1); n <- 100
  xx <- sort(runif(n))
  y <- .2*(xx-.5)+(xx-.5)^2 + rnorm(n)*.1
  x <- xx+100
  X <- model.matrix(~ x + I(x^2))
  beta.hat <- solve(t(X)%*%X,t(X)%*%y)
Error in solve.default(t(X) %*% X, t(X) %*% y) :
system is computationally singular:
reciprocal condition number = 3.98648e-19
```

这是一个看似很一般的线性模型拟合问题. 然而, x 的范围是从 100 到 101 这一简单的事实使得 $\boldsymbol{X}$ 的列与线性相关太接近, 从而 $\boldsymbol{X}^{\mathrm{T}}\boldsymbol{X}$ 接近奇异, 这一点我们通过直接计算它的条件数就可以确认:

```
  XtX <- crossprod(X) ## 生成 t(X)%*%X (高效地)
  lambda <- eigen(XtX)$values
  lambda[1]/lambda[3] ## X'X 的条件数
[1] 2.506267e+18
```

当然, 这导致了两个很明显的问题. 我们能否通过 $\boldsymbol{X}$ 直接判断这个问题? `lm` 函数如何避免这个问题 (它能拟合这个模型)? 后面会给出这些问题的答案, 但是我们

① 因为条件数在数值计算中非常重要, 所以有几种方法可用来以比特征分解更小的代价求近似条件数. 例子参见 R 中的 ?kappa.

首先考虑降低 κ 的一个技巧.

B.3.4 预处理

对条件数的讨论与涉及非结构化矩阵（尽管只在对称矩阵背景中出现过）的系统是相关的. 与对条件数的简单计算所给出的结果相比，涉及特殊结构矩阵的系统有时对病态更不敏感. 例如，如果 $\boldsymbol{D}$ 是一个对角矩阵，那么不管 $\kappa(\boldsymbol{D})$ 有多大，我们都可以准确求解 $\boldsymbol{Dy}=\boldsymbol{x}$ 中的 $\boldsymbol{y}$：上溢或下溢是唯一的限制.

我们有时可以利用这一基本事实来调整问题从而改进计算的稳定性. 作为例子，对前面 $(\boldsymbol{X}^{\mathrm{T}}\boldsymbol{X})^{-1}$ 的计算考虑**对角**预处理. 对 $\boldsymbol{X}^{\mathrm{T}}\boldsymbol{X}$ 我们有：

```
  solve(XtX)
Error in solve.default(XtX) :
  system is computationally singular:
  reciprocal condition number = 3.98657e-19
```

但是现在假设我们创建了一个对角矩阵 $\boldsymbol{D}$，其元素为 $D_{ii}=1/\sqrt{(\boldsymbol{X}^{\mathrm{T}}\boldsymbol{X})_{ii}}$. 显然，

$$(\boldsymbol{X}^{\mathrm{T}}\boldsymbol{X})^{-1}=\boldsymbol{D}(\boldsymbol{DX}^{\mathrm{T}}\boldsymbol{XD})^{-1}\boldsymbol{D},$$

但是结果是 $(\boldsymbol{DX}^{\mathrm{T}}\boldsymbol{XD})^{-1}$ 比 $\boldsymbol{X}^{\mathrm{T}}\boldsymbol{X}$ 的条件数小得多：

```
  D <- diag(1/diag(XtX)^.5)
  DXXD <- D%*%XtX%*%D
  lambda <- eigen(DXXD)$values
  lambda[1]/lambda[3]
[1] 4.29375e+11
```

那么现在我们可以计算 $\boldsymbol{X}^{\mathrm{T}}\boldsymbol{X}$ 的逆：

```
  XtXi <- D%*%solve(DXXD,D) ## 计算 X'X 的逆矩阵
  XtXi %*% XtX ## 精确度如何?
     (Intercept) x    I(x^2)
[1,] 9.999941e-01 -3.058910e-04 0.005661011
[2,] 1.629232e-07 1.000017e+00 0.001764774
[3,] -6.816663e-10 -8.240750e-08 0.999998398
```

这不是完美的，但是比完全没有答案要好.

B.3.5 非对称特征分解

如果正定矩阵是方阵系统的正实数，而对称矩阵是实数，那么非对称矩阵就是复数. 这样的话它们就有复特征向量和特征值. 因此有必要区分右和左特征向量（其中一个不再是另一个的转置），并且右和左特征向量矩阵不再是正交矩阵（尽管它们仍然是彼此的逆）. 非对称矩阵的特征分解仍然是 $O(n^3)$，但是本质上比对称

的情况耗费更大. 例如，在 Linux 笔记本上使用基本的 R 设置对一个 1000×1000 的矩阵，非对称特征分解比对称特征分解要多用 4 倍的时间.

用复数进行计算的需要在某种程度上减少了统计学的计算方法中特征分解的实际运用. 如果有一种分解具有特征分解的一些有用的性质而没有复数带来的不便就更好了. 奇异值分解（SVD）满足这种需要.

B.4 奇异值分解

一个 $r \times c$ 矩阵 $\boldsymbol{A}$（$r \geqslant c$）的**奇异值** d_i 是 $\boldsymbol{A}^{\mathrm{T}}\boldsymbol{A}$ 的特征值的非负平方根. 当然，如果 $\boldsymbol{A}$ 是半正定的，那么它的奇异值就是特征值. 对对称矩阵来说，特征值和奇异值如果不同，也只是符号不同. 然而，对于不仅不对称，甚至不是方阵的矩阵来说，奇异值也是确定的.

与奇异值相关的是**奇异值分解**，

$$\boldsymbol{A} = \boldsymbol{U}\boldsymbol{D}\boldsymbol{V}^{\mathrm{T}},$$

其中 $\boldsymbol{U}$ 的列是正交的，与 $\boldsymbol{A}$ 的维数相同，而 $c \times c$ 矩阵 $\boldsymbol{D} = \mathrm{diag}(d_i)$（通常按降序排列），$\boldsymbol{V}$ 是一个 $c \times c$ 正交矩阵.

奇异值分解的计算与对称特征问题使用的方法相同：正交双对角化，然后进行 QR 迭代，计算量为 $O(rc^2)$（不包括计算 $\boldsymbol{A}^{\mathrm{T}}\boldsymbol{A}$）. 它比对称特征分解计算量大，但是比等价的非对称特征分解计算量小. 对一个 1000×1000 的矩阵，SVD 在 R 中所用的时间大约是对称特征分解的 2.5 倍.

矩阵中非零奇异值的格式给出了它的秩，而 SVD 是数值求秩的最可靠方法（通过求与最大奇异值相关的奇异值的大小）. 同样地，条件数的推广定义是最大和最小奇异值的比值 $\kappa = d_1/d_c$.

例 继续简单二次回归拟合失败的例子，考虑 x 的奇异值：

```
d <- svd(X)$d ## 求 X 的奇异值
d
[1] 1.010455e+05 2.662169e+00 6.474081e-05
```

显然，从数值上来看 x 的秩更接近 2，而不是 3. 再来看条件数，

```
d[1]/d[3]
[1] 1560769713
```

$\kappa \approx 2 \times 10^9$ 是相当大的，尤其很容易看出，如果这样的话 $\boldsymbol{X}^{\mathrm{T}}\boldsymbol{X}$ 的条件数一定是 $\kappa^2 \approx 4 \times 10^{18}$. 因此我们现在很明确原始问题的原因了.

事实上，SVD 不仅为这个问题提供了诊断，而且给出了一种可能的解决方法.

我们可以用 X 的 SVD 将标准方程的解重写为:

$$\begin{aligned}(\boldsymbol{X}^{\mathrm{T}}\boldsymbol{X})^{-1}\boldsymbol{X}^{\mathrm{T}}\boldsymbol{y} &= (\boldsymbol{VDU}^{\mathrm{T}}\boldsymbol{UDV}^{\mathrm{T}})^{-1}\boldsymbol{VDU}^{\mathrm{T}}\boldsymbol{y} \\ &= (\boldsymbol{VD}^2\boldsymbol{V}^{\mathrm{T}})^{-1}\boldsymbol{VDU}^{\mathrm{T}}\boldsymbol{y} \\ &= \boldsymbol{VD}^{-2}\boldsymbol{V}^{\mathrm{T}}\boldsymbol{VDU}^{\mathrm{T}}\boldsymbol{y} \\ &= \boldsymbol{VD}^{-1}\boldsymbol{U}^{\mathrm{T}}\boldsymbol{y}\end{aligned}$$

注意两件事:

(1) 我们在结尾处得到的系统的条件数正是 $\boldsymbol{X}$ 的条件数（即标准方程直接解的条件数的平方根）;

(2) 对比表达式的最右端和逆的特征分解的表达式，很明显 $\boldsymbol{VD}^{-1}\boldsymbol{U}^{\mathrm{T}}$ 是 $\boldsymbol{X}$ 的一种**伪逆**.

SVD 有很多种用处. 比较有趣的一个是矩阵的低秩近似. 在明确定义的情形下，矩阵 $\boldsymbol{X}$ 的最优秩 $k \leqslant \mathrm{rank}(\boldsymbol{X})$ 近似可以用 $\boldsymbol{X}$ 的 SVD 表示为

$$\tilde{\boldsymbol{X}} = \boldsymbol{U}\tilde{\boldsymbol{D}}\boldsymbol{V}^{\mathrm{T}},$$

其中 $\tilde{\boldsymbol{D}}$ 是将 $\boldsymbol{D}$ 的 k 个最大的奇异值设为 0，其余的与 $\boldsymbol{D}$ 相同. 用这个结果来求观测协方差矩阵的低秩近似是多元统计学中几种降维技巧的基础（当然，尽管这样的话对称特征分解就等价于 SVD）. 这种近似的一个问题是整个 SVD 都要计算，尽管其中的一部分要被舍弃（注意向你询问返回多少特征或奇异向量的程序：通过让 R 中的 svd 程序只返回 $\boldsymbol{U}$ 和 $\boldsymbol{V}$ 的第一列我节省了 13 秒中的 0.1 秒）. 关于避免此类浪费的方法可以查询 Lanczos 方法和 Krylov 子空间.

B.5 QR 分解

SVD 为线性模型拟合的例子提供了一个稳定解，但是计算量非常大，由此带来的问题是不完全的 SVD 是否有同样的稳定性. 如 7.1.1 节所示，QR 分解给出了肯定的答案. 我们可以将任意 $r \times c$ 矩阵 $\boldsymbol{X}$（$r \geqslant c$）写成一个正交矩阵的列和一个上三角矩阵的乘积:

$$\boldsymbol{X} = \boldsymbol{QR},$$

其中 $\boldsymbol{R}$ 是上三角的，$\boldsymbol{Q}$ 和 $\boldsymbol{X}$ 的维数相同，它的列是正交的（因此 $\boldsymbol{Q}^{\mathrm{T}}\boldsymbol{Q} = \boldsymbol{I}$，但是 $\boldsymbol{QQ}^{\mathrm{T}} \neq \boldsymbol{I}$）. QR 分解的运算量是 $O(rc^2)$，这大约是 SVD 的运算量的三分之一. SVD 和 QR 方法是最小二乘问题的最数值稳定的方法，但是这并不神奇：很有可能创建出跟共线性极接近的模型矩阵使得这些方法失效. 这里给出的教训是，如果可能的话我们应该试着建立条件数保持较小的模型.

QR 分解的另一个应用是行列式计算. 如果 $\boldsymbol{A}$ 是方阵并且 $\boldsymbol{A}=\boldsymbol{QR}$，那么

$$|\boldsymbol{A}|=|\boldsymbol{Q}||\boldsymbol{R}|=|\boldsymbol{R}|=\prod_i R_{ii},$$

因为 $\boldsymbol{R}$ 是三角矩阵，而 $\boldsymbol{Q}$ 是正交的且行列式等于 1. 通常我们需要

$$\log|\boldsymbol{A}|=\sum_i \log|R_{ii}|,$$

它下溢到 $-\infty$ 比 $|\boldsymbol{A}|$ 上溢到零要难得多.

B.6　稀疏矩阵

许多统计学问题涉及**稀疏矩阵**：大部分元素为零的矩阵. 这种稀疏性可以被用来节省计算内存和浮点运算. 我们只需要储存稀疏矩阵的非零元素和这些元素的位置，并且只对非零矩阵元素进行浮点运算. 有很多利用稀疏矩阵的库，例如 R 中的 `Matrix` 包. 利用稀疏性的一个主要难点是**渗透**：例如，一个系数矩阵很少会有一个稀疏的逆矩阵或乔莱斯基因子，即使两个稀疏矩阵的乘积也经常不是稀疏的. 但是，一个矩阵经过**旋转**后（行和列重新排序）有稀疏乔莱斯基因子，因此如果小心处理的话，在某些情况下可以提高效率. Davis 在参考文献 [6] 中有很好的介绍.

附录 C　随机数生成

在前面的章节，特别是第 6 章，我们想当然地认为可以从各种分布中生成随机数. 事实上不能. 我们能做到的最好程度是生成一个完全确定的数列，这些数列涉及要检验的任何相关的统计学性质，它们看起来与随机序列没有区别.[①] 也就是说，我们也许能够生成一个确定性的数列，它可以作为一些分布的随机序列很好地建模. 这样的确定性数列被称为**伪随机**序列，但**伪**的部分通常在某些点被舍弃了.

对于我们的目的来说，基本问题是生成一个伪随机序列，它完全可以用独立同分布 $U(0,1)$ 来建模. 给定这样一个序列，与其他分布产生偏差是很直接的，但独立同分布 $U(0,1)$ 是问题所在. 实际上，如果你对这个问题展开阅读，大多数书籍关于将均匀随机偏差变成大范围其他分布的偏差意见是一致的，但是关于首先如何获得均匀偏差的建议就没有那么统一了.

C.1　简单的生成器和我们可能犯的错误

自 20 世纪 50 年代以来有很多关于线性同余生成器的研究. 直观的动机是这样的：假设我取一个整数，用它去乘一个非常大的因子，将它重写为“极大的东西”，然后只保留小数点后的数字，其余全部舍弃. 结果很难预测，对吗？所以，如果我重复这个操作，将每一步的输出放到下一步的输入中，就会生成一个多少有些随机的序列. 伪随机序列的正式定义是

$$X_{i+1} = (aX_i + b) \bmod M,$$

其中 b 在实际问题中取 0 或 1. 序列由**种子**X_0 开始. X_i 是整数（当然小于 M），但是可以定义 $U_i = X_i/M$. 我们直觉上希望这个方法能够生成可以用独立同分布 $U(0,1)$ 的随机变量来建模的 U_i，但是这一点只有在选择一些非常特殊的 a 和 M 时才能实现，并且需要一些数论知识来给生成器提供任意理论基础（见参考文献 [34]）.

有一种很明显想要实现的性质是**整周期**. 我们希望生成器在重复它本身之前能把 $1-b$ 和 $M-1$ 之间所有可能的整数都访问一遍（显然，当它第一次重新访问某个值时，开始重复其本身）. 我们也希望接下来的 U_i 是不相关的. 有一种声名狼藉

---

① 因此，有趣的悖论是，尽管总的来说统计方法被看作用于区分确定性与随机性的方法，但许多统计方法却正是由于无法区分随机性与确定性才产生的.

但是被广泛应用的生成器叫 RANDU，它曾经是 IBM 机携带的生成器，通过下面的公式满足这些基本考虑：

$$X_{i+1} = (65539X_i) \bmod 2^{31}.$$

在一维时看起来表现很好：

```
n <- 100000 ## 非正式代码
x <- rep(1,n)
a <- 65539;M <- 2^31;b <- 0 ## Randu
for (i in 2:n) x[i] <- (a*x[i-1]+b)%%M
u <- x/(M-1)
qqplot((1:n-.5)/n,sort(u))
```

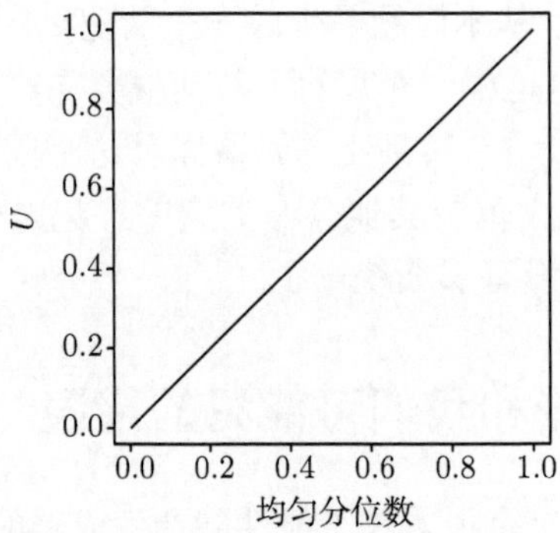

类似地，U_i 与 U_{i-1} 的图表明不必担心序列相关的问题：

```
## 在 3 个时间间隔内用 U 来创建数据帧……
U <- data.frame(u1=u[1:(n-2)],u2=u[2:(n-1)],u3=u[3:n])
plot(U$u1,U$u2,pch=".")
```

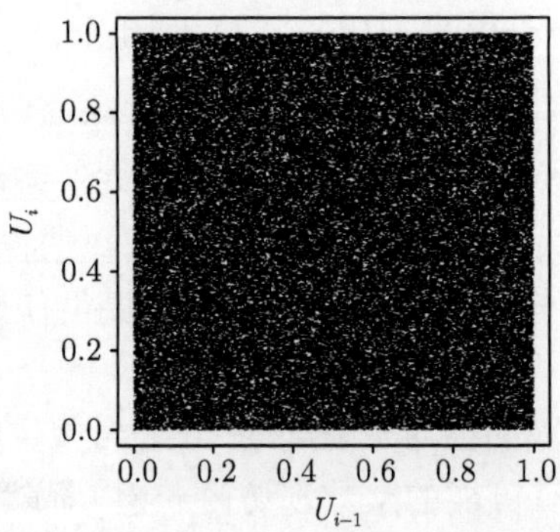

我们还可以在视觉上检查三元的 (U_i, U_{i-1}, U_{i-2}) 的分布情况：

```
library(lattice)
cloud(u1~u2*u3,U,pch=".",col=1,screen=list(z=40,x=-70,y=0))
```

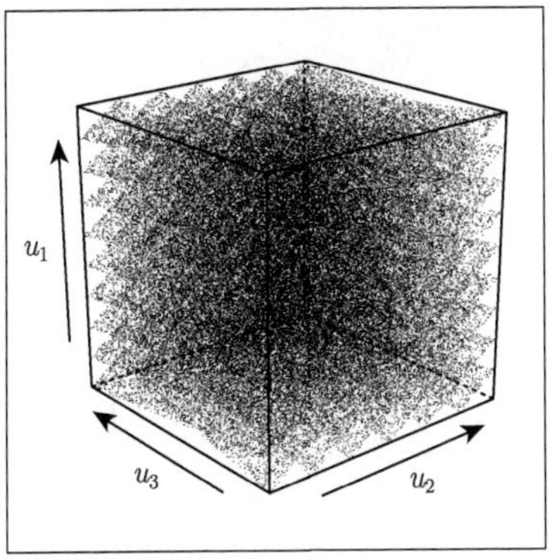

显然看起来不那么随机. 稍做一点旋转给出:

```
cloud(u1~u2*u3,U,pch=".",col=1,screen=list(z=40,x=70,y=0))
```

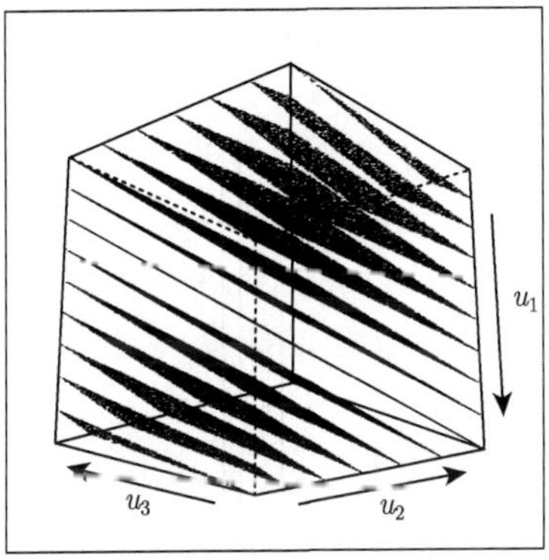

三元数组位于 15 个平面上. 事实上, 可以证明这一定会发生(见参考文献 [34])。

这种缺陷在实践中是否重要? 在随机数的统计应用中, 有很多是用于在某种程度上等价于高维积分的过程. 积分的统计估计量的方差非零, 但可以被设计为无偏的, 并且这种无偏性通常不受积分的维数的影响. 积分的确定性尝试倾向于在离散格上计算被积函数. 它们没有方差, 但它们的偏差是由格间距决定的, 对于固定的计算量, 该偏差随维度急剧增加. 因此, 高维积分的统计估计通常优于确定的积分法则. 然而, 这种估计量的无偏性依赖于能够生成随机数. 如果我们实际上是在格子上生成数字, 那么所得的统计估计量可能存在与确定性积分有偏差的风险.

所以, 最重要的一点是使用对数论有很好理解的人所仔细设计并且经过实证检验的生成器(Marsaglia 的顽固电池的检验提供了一个标准的检验集). 例如, 如果我们坚持用简单的同余生成器, 那么

$$X_i = (69069X_{i-1} + 1) \bmod 2^{32} \tag{C.1}$$

是一种更好的选择. 下面是它的三维图, 任意旋转都无法提供关于它结构的证据.

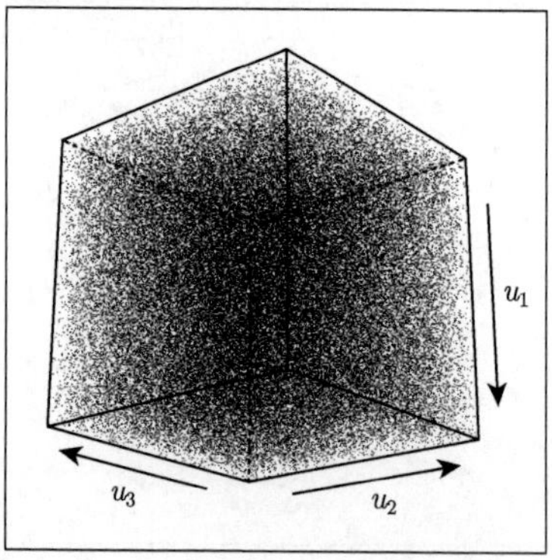

虽然这个生成器比 RANDU 好得多，但仍然有问题. 一个明显不恰当的地方是，一个**非常**小的 X_i 后面永远是异常小的 X_{i+1}（例如，考虑 $X_i = 1$）. 例如，这不是在时间序列模拟中可取的属性. 而不太明显的事实是，对于周期为 M 的任何同余生成器，k 元组 $U_i, U_{i-1}, \cdots, U_{i-k+1}$ 将倾向位于有限数量的 $k-1$ 维平面上（例如，对于 RANDU，我们看到了位于二维平面上的三元组）. **最多**有 $M^{1/k}$ 个这样的平面，而如 RAUDU 所示，平面个数也可以少得多. 这样做的结果是，如果我们将 8 维可视化的话，那么式 (C.1) 的八元组图就像 RANDU 的 3D 图一样惊人. 对于整数来说，8 并非一个大到不合理的维度.

因此一般来说，最好是使用比简单的同余生成器更好的生成器，我们尤其想要 k 元组看起来在 $[0,1]^k$ 上均匀分布的生成器，其中 k 要尽可能高（被称为具有高 k 分布）.

C.2 构建更好的生成器

同余生成器的一种替代选择是生成只含 0 和 1 的随机序列的生成器. 从某些方面来说，在使用现代数字电脑时，这似乎是自然的**基本**随机数生成问题，而在写入时，它似乎也能生成最令人满意的结果. 这种生成器通常被称为**移位寄存**生成器. 基本的方法是使用双向二进制运算来使得二进制序列“自我争夺”. 例如 Press 等人（见参考文献 [32]）推荐的 Marsaglia（2003）Xorshift 生成器.

令 x 为 64 位变量（例如，由 64 个 0 或 1 组成的数组）. 生成器的初始值可以是任意值（除了 64 个 0）. 然后下面的步骤构成一个迭代（更新 x）:

$$x \leftarrow x \wedge (x >> a)$$

$$x \leftarrow x \wedge (x << b)$$

$$x \leftarrow x \wedge (x >> c)$$

每次迭代生成一个新的 0 和 1 的随机序列. ∧ 表示“异或”(XOR), >> 和 << 是右移和左移, 整数 a、b 和 c 给出移动的距离. $a = 21$、$b = 35$ 和 $c = 4$ 看起来是好的常数(一些其他常数可以见参考文献 [32]).

如果你对这些二进制运算符有些生疏, 那么考虑一个 8 位的例子, 其中 `x=10011011`, `z=01011100`:

- `x<<1` 是 `00110110`: 位模式向左移动, 最左边的位被丢弃, 最右边的位被设为零.
- `x<<2` 是 `01101100`: 模式向左移位 2 位, 这也就需要丢弃最左边的 2 位, 将最右边的 2 位设为零.
- `x>>1` 是 `01001101`: 将模式向右移动 1 位.
- `x∧z` 是 `11000111`: `x` 和 `z` 的位数不同时 a 为 1, 位数相同时 a 为 0.

Xorshift 生成器非常快, 周期为 $2^{64} - 1$, 并通过了 Diehard 电池的测试(这并不意外, 因为 Marsaglia 也负责这项工作). 这些移位寄存生成器与同余生成器具有相同的粒度问题(总是存在一些 k, 使得即使有 $2^{64} - 1$ 个点也不能很好地覆盖 $[0, 1]^k$), 但是它的所有比特位是“同等随机”的, 而来自同余生成器序列的较低阶比特位通常具有很好的结构.

现在我们面临一个选择. 为了在更长的时间、更大的 k 分布和更少的低阶相关问题上有更好的表现, 似乎有两个主要的方法: 第一个比较实际, 第二个更理论化

(1) 用一些保持随机性的运算(例如, XOR 和加法, 但不能是乘法)将来自几个“好的”、容易理解的、简单的生成器的输出进行组合. 在进行这种操作时, 组合生成器的输出永远不会反馈到驱动生成器. 更好的做法是组合类型极其不同的生成器. Press 等人(见参考文献 [32])为这种方法提供了令人信服的例子. R 中(见参考文献 [45])有这样的组合生成器的例子, 虽然是基于 3 个非常密切相关的生成器.

(2) 使用更复杂的生成器: 非线性或具有较高维度的状态, 只有单个 X_i(见参考文献 [14]). 例如, 基于保留后 n 个比特位模式的历史, 使用移位寄存型生成器, 并且在比特位加扰操作中使用它们. Matsumoto 和 Nishimura(见参考文献 [25])的 **Mersenne Twister** 就是这种类型. 它达到了 $2^{19937} - 1$ 的周期(这不是印刷错误: $2^{19937} - 1$ 是一个“梅森素数”①), 并以 32 位精度 623 分布. 也就是说, 它的 623 元组不呈均匀分布(在整个周期内每一个出现的次数相同), 并且间隔 2^{-32}(如果没有那个荒谬的周期的话, 这是不可能的). 它通过了 Diehard 测试, 是 R 中的默认生成器, 并且有免费的 C 源代码.

① 这么大的数通常被叫作“天文数字”, 但是这样说是不公平的: 宇宙中的原子个数可能不到 2^{270} 个.

C.3 生成器的统一结论

这个简短的讨论表明，随机数的生成和伪随机数的使用是需要加以注意的特殊问题. 在多数情况下，这种说法假定你选择了一个好的现代生成器，可能就没有问题了. 一般的指导方针如下.

(1) 避免使用低级语言（如 C）提供的黑匣子程序：你不知道会得到什么，过去在这方面有过失败的例子.

(2) 确保你知道使用什么方法来生成你使用的任意均匀随机偏差，并且它对你的目的足够好，因此你是满意的.

(3) 对于依赖于具有高 k 均匀分布的 k 元组的任意随机数生成任务，要特别注意你所使用的生成器. 这包括从某种程度上来说等同于高阶积分的统计任务.

(4) 目前，在大多数情况下，Mersenne Twister 可能是最合理的默认选择. 对于高维问题，用一个不同的高质量生成器来检验结果是个好主意. 如果结果差异很大，那么你需要找出原因（或许从“另一个”生成器开始）.

注意，我没有讨论密码学家使用的方法. 密码学家想使用字节（0 和 1）的（伪）随机序列来加扰消息. 他们的主要关注点是，如果有人要拦截随机序列并猜测所使用的生成器的话，那个人应该无法推断出生成器的状态. 实现这个目标需要很强的计算机背景，这就是为什么用于加密的生成器在用于模拟目的时通常是过度设计的.

C.4 其他偏差

一旦你有了满意的独立同分布 $U(0,1)$ 的偏差流，那么从其他标准分布来生成偏差就更直截了当了. 在概念上，最简单的方法是反演. 我们知道，如果 X 来自具有连续型累积分布函数 F 的分布，那么 $F(X) \sim U(0,1)$. 类似地，如果我们将 F 的反函数定义为 $F^{-}(u) = \min(x|F(x) \geqslant u)$，并且如果 $U \sim U(0,1)$，那么 $F^{-}(U)$ 具有累积分布函数 F 的分布（此时对 F 本身甚至不具有连续性限制）.

作为例子，这里是在 R 中用来生成一百万独立同分布 $N(0,1)$ 的偏差的反演：

```
system.time(X <- qnorm(runif(1e6)))
   user system elapsed
   0.22  0.01  0.24
```

对于大多数标准分布（指数分布除外），有些方法比反演更好. 值得高兴的是，关于采用哪种方法，各类教科书的说法是比较一致的. Ripley 的教材（见参考文献 [34]）比较适合入门，Press 等人的教材（见参考文献 [32]）是更容易的版本. R 中有许多内置的这类方法.

参考文献

[1] AKAIKE H. Information theory and an extension of the maximum likelihood principle. In B. Petran and F. Csaaki (Eds.), *International symposium on information theory*, Budapest: Akadeemiai Kiadi, 1973, 267–281.

[2] BERGER J O, L R PERICCHI. The intrinsic Bayes factor for model selection and prediction. *Journal Of The American Statistical Association*, 1996, 91(433): 109–122.

[3] CASELLA G, R BERGER. *Statistical inference*. Belmont, CA: Duxbury Press, 1990.

[4] COX D R. *Planning of experiments*. New York: Wiley Classics Library, 1992.

[5] COX D R, D V HINKLEY. *Theoretical statistics*. London: Chapman & Hall, 1974.

[6] DAVIS T A. *Direct methods for sparse linear systems*. Philadelphia: SIAM, 2006.

[7] DAVISON A C. *Statistical models*. Cambridge: Cambridge University Press, 2003.

[8] DE GROOT M H, M J SCHERVISH. *Probability and statistics*. Boston: Addison-Wesley, 2002.

[9] FAHRMEIR L, T KNEIB, S LANG. Penalized structured additive regression for space-time data: a Bayesian perspective. *Statistica Sinica*, 2004, 14(3): 731–761.

[10] FRIEL N, A PETTITT. Marginal likelihood estimation via power posteriors. *Journal of the Royal Statistical Society, Series B*, 2008, 70(3): 589–607

[11] GAGE J, P TYLER. Growth and recruitment of the deep-sea urchin echinus affinis. *Marine Biology*, 1985, 90(1): 41–53.

[12] GAMERMAN D, H LOPES. *Markov chain Monte Carlo: stochastic simulation for Bayesian inference*, Volume 68. Boca Raton, FL: Chapman & Hall CRC, 2006.

[13] GELMAN A, J B CARLIN, H S STERN, D B DUNSON, A VEHTARI, D B RUBIN. *Bayesian data analysis*. Boca Raton, FL: CRC press, 2013.

[14] GENTLE J. *Random number generation and Monte Carlo methods* (2nd ed.). New York: Springer, 2003.

[15] GILL P E, W MURRAY, M H WRIGBHT. *Practical optimization*. London: Academic Press, 1981.

[16] GOLUB G H, C F VAN LOAN. *Matrix computations* (4th ed.). Baltimore: Johns Hopkins University Press, 2013.

[17] GREEN P J. Reversible jump Markov chain Monte Carlo computation and Bayesian model determination. *Biometrika*, 1995, 82(4): 711–732.

[18] GRIEWANK A, A WALTHER. *Evaluating derivatives: principles and techniques of algorithmic differentiation*. Philadelphia: SIAM, 2008.

[19] GRIMMETT G, D STIRZAKER. *Probability and random processes* (3rd ed.). Oxford: Oxford University Press, 2001.

[20] GURNEY W S C, R M NISBET. *Ecological dynamics.* Oxford: Oxford University Press, 1998.

[21] HASTIE T, R TIBSHIRANI, J FRIEDMAN. *The Elements of Statistical Learning.* New York: Springer, 2001.

[22] KASS R, A RAFTERY. Bayes factors. *Journal of the American Statistical Association*, 1995, 90(430): 773–795.

[23] KLEIN J, M MOESCHBERGER. *Survival analysis: techniques for censored and truncated data* (2nd ed.). New York: Springer, 2003.

[24] MARSAGLIA G. Xorshift random number generators. *Journal of Statistical Software*, 2003, 8(14): 1–16.

[25] MATSUMOTO M, T NISHIMURA. Mersenne twister: a 623-dimensionally equidistributed uniform pseudo-random number generator. *ACM Transactions on Modeling and Computer Simulation*, 1998, 8: 3–30.

[26] MCCULLAGH P, J A NELDER. *Generalized linear models* (2nd ed.). London: Chapman & Hall, 1989.

[27] NEAL R M. Slice sampling. *Annals of Statistics*, 2003, 31: 705–767.

[28] NOCEDAL J, S WRIGHT. *Numerical optimization* (2nd ed.). New York: Springer verlag, 2006.

[29] O'HAGAN A. Fractional Bayes factors for model comparison. *Journal of the Royal Statistical Society. Series B (Methodological)*, 1995, 57(1): 99–138.

[30] PINHEIRO J C, D M BATES. *Mixed-effects models in S and S-PLUS.* New York: Springer-Verlag, 2000.

[31] PLUMMERl M, N BEST, K COWLES, K VINES. Coda: convergence diagnosis and output analysis for MCMC. *R News*, 2006, 6(1): 7–11.

[32] PRESS W, S TEUKOLSKY, W VETTERLING, B FLANNERY. *Numerical recipes* (3rd ed.). Cambridge: Cambridge University Press, 2007.

[33] R Core Team. *R: a language and environment for statistical computing.* Vienna: R Foundation for Statistical Computing. ISBN 3-900051-07-0. 2012.

[34] RIPLEY B D. *Stochastic simulation.* New York: Wiley, 1987.

[35] ROBERT C. *The Bayesian choice: from decision-theoretic foundations to computational implementation.* New York: Springer, 2007.

[36] ROBERT C, G CASELLA. *Introducing Monte Carlo methods with R.* NewYork: Springer, 2009.

[37] ROBERTS G O, A GELMAN, W R GILKS. Weak convergence and optimal scaling of random walk metropolis algorithms. *The Annals of Applied Probability*, 1997, 7(1): 110–120.

[38] RUE H, S MARTINO, N CHOPIN. Approximate Bayesian inference for latent Gaussian models by using integrated nested Laplace approximations. *Journal of the royal statistical society: Series B*, 2009, 71(2): 319–392.

[39] SCHWARZ G. Estimating the dimension of a model. *Annals of Statistics*, 1978, 6(2): 461–464.

[40] SILVER S D. *Statistical inference.* London: Chapman & Hall, 1970.

[41] SPIEGELHALTER D J, N G BEST, B P CARLIN, A VAN DER LINDE. Bayesian measures of model complexity and fit. *Journal of the Royal Statistical Society, Series B*, 2002, 64(4): 583–639.

[42] STEELE B M. A modified EM algorithm for estimation in generalized mixed models. *Biometrics*, 1996, 52(4): 1295–1310.

[43] TIERNEY L, R KASS, J KADANE. Fully exponential Laplace approximations to expectations and variances of nonpositive functions. *Journal of the American Statistical Association*, 1989, 84(407): 710–716.

[44] WATKINS D S. *Fundamentals of matrix computation.* New York: Wiley, 1991.

[45] WICHMANN B, I HILL. Efficient and portable pseudo-random number generator. *Applied Statistics*, 1982, 31: 188–190.

[46] WOOD S N. *Generalized additive models: an introduction with R*. Boca Raton, FL: CRC press, 2006.

版 权 声 明